生活保護法成立過程の研究

村田 隆史 著

自治体研究社

はしがき

　本書の内容は、1945年～1950年の生活保護法成立過程を分析した社会保障分野の歴史研究である。分析の対象期間は5年間であるが、第二次世界大戦直後の国民生活、政治、経済社会の激動期であり、戦前の基本原理とは異なった社会保障制度体系の基礎が形成されている。多くの国民の生活が困窮状態にあり、諸制度が整わない状況で、最低生活保障をめぐる対立を含みながら社会保障の基本原理が形成されたことに特徴があるといえる。そして、この時代に形成された社会保障の基本原理は、戦後社会保障の発展に寄与した。現在の法制度を形作った時代を分析することに歴史研究としての意義がある。

　本書は同時に、「人権としての社会保障」の実現を志向する理論研究という側面も併せ持つ。現在の社会保障をめぐる状況は極めて厳しいが、「人権としての社会保障」を正面から掲げることに意義があると考えている。限られた時代と制度の分析にもかかわらず、このような課題を設定した理由について、本文と内容が重複する部分もあるが、先に述べておきたい。具体的には、以下の4点である。

　第1に、生活保護法と憲法25条との関係である。生活保護法には、憲法25条の基本理念を具体化した制度であることが明記されている。本書では、憲法25条の成立過程も分析対象としているが、「人権としての社会保障」の実現に必要な基本原理・原則とは何かを分析する。

　第2に、公的扶助（生活保護）の持つ特性である。生活保護法

も憲法25条も多様なアクターの厳しい対抗関係の中で成立している。かつて、井上英夫は「権利としての社会保障を掲げる力と権利を否定する力とが激しく対抗してきたのが、公的扶助＝生活保護の歴史である[1]」と述べているが、公的扶助の特性を端的に表している。特に、制度が成立する過程にはその特性が顕著になるので、社会保障をめぐる対抗関係を分析する。

第3に、日本の生活保護制度が持つ特性である。日本の生活保護制度は、最低生活保障（現金給付・現物給付）のみならず、自立助長（相談援助）も制度の枠組みに含まれている。自立助長（相談援助）の機能を持つこと自体は悪いことではないが、実際の生活保護行政においては、自立＝保護の廃止と捉えられ、自立助長（相談援助）が重視されることが、結果的に生活保護を必要とする人々の生活を脅かすことになった。生活保護法成立過程でもこの点は議論されており、最低生活保障と自立の関係を分析する。

第4に、今日の社会保障研究の動向が関係している。具体的には、社会保障改善が実現した要因をめぐる評価について、厚生労働省などの政策主体が高く評価され、制度改善を求めた社会運動への言及がされない傾向にある。改めて社会保障研究の方法論自体が問われているともいえる[2]。本書の分析を通じて、社会保障研究の方法論の検討を行う。

以上が本書の課題と目的であるが、これらの分析視点と成果は現代の社会保障をめぐる動向分析にも一定の意義があると考えている。

1990年代後半以降の社会保障構造改革により、社会保障費用

---

1) 井上英夫「公的扶助の権利―権利発展の歴史」河合幸尾編『「豊かさのなかの貧困」と公的扶助』法律文化社、1994年、112ページ。
2) 村田隆史「社会保障研究の方法論に関する一考察～政策主体と社会運動の評価をめぐる対立を中心に～」日本福祉図書文献学会『福祉図書文献研究（第14号）』2015年、21～32ページ。

削減と社会保障各分野の市場化・営利化・産業化が進められており、貧困問題は深刻化する一方である。さらに、社会保障制度改革推進法（2012年）が成立し、社会保障は「自助・共助・公助」や「家族相互及び国民相互の助け合い」によって成り立つものとされた。社会保障の基本原理自体を変更したことに改革の特徴と問題点がある[3]。

今日の改革に対抗するには、憲法25条の基本理念に基づく「人権としての社会保障」を掲げた理論構築と実践が不可欠である。本書は不十分ながらもその課題に挑むものである。

※本書の出版にあたっては、平成30年度公益財団法人青森学術文化振興財団助成事業の「学術図書の出版事業」から助成を受けている。また、研究の遂行にあたっては、文部科学省科学研究費助成事業（若手研究（B）15K17224「最低生活保障の基本原理に関する考察〜実証主義への批判的検討を中心に〜」、研究代表者：村田隆史）から助成を受けた。関係各位に深くお礼を申し上げ、ここに記して感謝の意を示したい。

2018年3月　村田　隆史

---

[3] 村田隆史「社会保障の基本原理と憲法25条—社会保障改革における『自助・共助・公助』論の批判的検討—」医療・福祉問題研究会『医療・福祉研究（第25号）』2016年、9〜15ページ。

目　次

はしがき　3

序章　問題の所在と分析視点……………………………………………11
第 1 節　問題の所在　11
第 2 節　先行研究と分析視点　14
第 3 節　本書の構成　18

第 1 章　生活保護法成立過程に関する先行研究の総括と研究課題の設定……………………………………………………21
第 1 節　生活保護法成立過程に関する先行研究　21
第 2 節　研究上の論点　26
第 3 節　政策主体（GHQ）に対する分析　28
第 4 節　政策主体（厚生省・厚生官僚）に対する分析　33
第 5 節　労働運動・社会運動に対する分析　36
第 6 節　生活保護法（旧法）に対する分析　40
第 7 節　生活保護法（新法）に対する分析　43
第 8 節　生活保護法と憲法 25 条との関連に対する分析　46
小　括　48

第 2 章　第二次世界大戦直後の社会経済的状況と救貧制度の機能不全
──生活困窮者緊急生活援護要綱の制定と最低生活保障の構想……………………………………………51
第 1 節　第二次世界大戦直後の社会経済的状況と占領政策のはじまり　52
第 2 節　救貧制度の不備と生活の困窮化　57
第 3 節　各地における「生きるための闘争」と革新政党の結成　62
第 4 節　GHQ からの最低生活保障制度の設立の要求と生活困窮者緊急生活援護要綱の制定　66

    第5節　生活困窮者緊急生活援護要綱と失業対策としての
　　　　　公共事業の実施状況　72
    第6節　厚生省・社会保障研究会における社会保障の構想　75
    小　括　81

第3章　日本国憲法と生活保護法（旧法）の制定
　　　　――生存権・最低生活保障をめぐる対立……………………83
    第1節　憲法改正（新憲法制定）をめぐる動き　84
    第2節　政党・民間の憲法研究会における新憲法構想　90
    第3節　帝国議会における25条の議論――生存権か生活権か　93
    第4節　救貧制度の廃止と生活保護法（旧法）の制定　100
    第5節　生活保護法（旧法）に関する権利性の否定
　　　　　――憲法25条と関連づけて　105
    第6節　生活保護法（旧法）の意義と問題点　112
    第7節　社会保険制度調査会による総合的社会保障の構想　118
    小　括　120

第4章　最低生活保障の機能不全と生活保護の積極的運用
　　　　――制度普及期（1946年10月〜1947年12月）……………123
    第1節　GHQによる「民主化」政策と
　　　　　日本経済復興政策の実施　124
    第2節　社会保障・社会福祉分野におけるGHQの占領政策　128
    第3節　生活保護の積極的運用方針とその意図　130
    第4節　稼働能力者の保護受給に対する疑問視と
　　　　　保護受給者の増加　132
    第5節　公共事業の失業対策としての機能強化と
　　　　　失業保険・失業手当制度の制定　134
    第6節　生活権援護に向けた労働運動と「二・一スト」　140
    小　括　145

第5章　生活保護の体制整備と稼働能力者への厳格な対応
　　　　――制度整備期（1948年1月〜1949年8月）………………147
    第1節　占領政策の転換と経済の自立化　148

第2節　社会保障・社会福祉分野における
　　　　　「民主化」政策の二面性　153
　　第3節　生活保護行政の「科学化」
　　　　　＝体制整備と「濫救」の防止　161
　　第4節　稼働能力の活用＝保護からの「排除」と
　　　　　ストライキ労働者に対する嫌悪　167
　　第5節　緊急失業対策法の制定と「総合的失業対策」の実施　172
　　第6節　労働運動・社会運動における生活保護改善・適用運動
　　　　　──人権侵害への対抗　180
　　第7節　不服申立制度の導入と権利性の否定　190
　　第8節　社会保障制度審議会の設置と
　　　　　「生活保護制度の改善強化に関する勧告」　193
　　小　括　204

第6章　旧法の限界と新法制定に向けた議論
　　　　　──制度改正準備期（1949年9月～1950年5月）……207
　　第1節　戦後経済体制の形成と「逆コース」への道　208
　　第2節　全日本産業別労働組合会議（産別会議）の衰退と
　　　　　労働組合総評議会（総評）の設立　214
　　第3節　稼働能力者による保護の集団申請と厚生官僚の敵視　220
　　第4節　最低生活保障として機能しない「総合的失業対策」　227
　　第5節　厚生官僚による生活保護法（新法）案の作成の意図　234
　　第6節　生活保護法（新法）案の変遷　240
　　小　括　245

第7章　生活保護法（新法）の制定と戦後生活保護体制の確立
　　　　　──恩恵的思想の通底と妥協の産物……249
　　第1節　生活保護法（新法）案提案理由と中心的課題　250
　　第2節　稼働能力者への対応に関する一貫した消極性　254
　　第3節　社会福祉主事とケースワーク──専門性をめぐる対立　258
　　第4節　福祉事務所の設置と効率的能率的な行政運営　263
　　小　括　266

終章　研究の総括と課題 ……………………………………………… 269
　　第1節　研究の総括　269
　　第2節　本書が明らかにしたこと　274
　　第3節　社会保障研究としての意義と課題　277

〈参考文献〉　281
〈参考資料〉　296
〈参考ホームページ〉　299

あとがき　301

序　章
問題の所在と分析視点

第1節　問題の所在

　本書の目的は、生活保護行政における日常的な人権侵害を発生させる要因と構造を明らかにし、人権としての社会保障に相応しい生活保護の実現に向けての課題を明らかにすることである。具体的には、1950年に制定された生活保護法（新法、法律第144号）の成立過程を分析する。

　今日、社会保障をめぐる状況は極めて厳しいが、社会保障の中でも、深刻な人権侵害が繰り返し行われているのが、本書の分析対象としている生活保護である。1950年に生活保護法（新法）が制定されてから60年以上経過しているが、生活保護の歴史は「適正化政策」の連続であったといっても過言ではない。「適正化政策」はその名のとおり、保護の「適正実施」を目的としている。主

---
1) 本書はテーマのとおり、生活保護法（新法）の成立過程を分析することを目的としているが、実際には生活保護法（旧法）の具体的な運用過程も分析しており、成立過程を広く捉えている。その理由は、生活保護法（新法）は手続き上、旧法の改正ではなく、新たな法律として作られているが、実質的には旧法の運用過程（特に限界）をふまえて作られており、影響を強く受けているからである。生活保護法（新法）の成立過程の分析は、単に法案の作成過程や審議過程をみるだけでは不十分である。

に「不正受給」への対応として行われてきたが、監査の強化、収入認定の厳正化、扶養義務の取り扱いの徹底など、保護の停廃止を含む運用で、実質的には保護の引き締め政策として行われてきた[2]。今日の生活保護行政における、「自主的」な保護の辞退による餓死事件、福祉事務所窓口でのやり取りに不満を抱き抗議の意味を込めて自殺する事態などの発生は、「適正化政策」を実施してきた結果といえる[3]。

　他にも、生活保護をめぐっては、老齢加算と母子加算の廃止（母子加算は 2009 年 12 月に復活）、生活保護受給者における稼働能力者の増加に伴う「自立支援プログラム」の導入や有期化の検討、低所得世帯や年金受給者との比較による生活扶助（保護）基準の検討、「不正受給」対策としてのさらなる「適正実施＝厳罰化」が検討されるなど、課題は山積している。

　生活保護（公的扶助）は、社会保障の制度体系においては、「最

---

2) 杉野緑「適正化政策（生活保護）」社会福祉辞典編集委員会編『社会福祉辞典』大月書店、2002 年、391 ページ。
3) 国のモデルとされ、保護の「適正化」を徹底的に実施した福岡県北九州市では、餓死・自殺事件が発生する事態となっている。詳しくは、竹下義樹・吉永純編『死にたくない！いま、生活保護が生きるとき』青木書店、2006 年や藤藪貴治・尾藤廣喜『生活保護「ヤミの北九州方式」を糾す』あけび書房、2007 年を参照。筆者も北陸地方の県庁所在地を中心に生活保護を受けている人を対象として、生活保護行政（主に保護申請時）に関するアンケート調査・聞き取り調査を行ってきた。人権侵害の事例と紹介される福岡県や大阪府ほど、深刻な事態ではなかったが、日常的に保護請求権が侵害され、生活保護法に違反するような対応がされていることが明らかになった。全国的に保護率の低い北陸地方での実態は、全国各地で同様の対応が行われている証左といえるのではないだろうか。村田隆史「保護申請時の福祉事務所の対応に関する問題点と改善への課題―富山県富山市の実態調査結果から―」医療・福祉問題研究会『医療・福祉研究（第 19 号）』2010 年、58～66 ページ、同「『水際作戦』による保護請求権侵害の実態と構造に関する一考察～石川県金沢市を事例にして～」全国公的扶助研究会『季刊　公的扶助研究（第 217 号）』萌文社、2010 年、32～39 ページ、同「生活保護行政における保護請求権侵害の実態と構造―福井県 A 市を事例として―」日本社会福祉学会中部部会『中部社会福祉学研究（第 2 号）』2011 年、27～37 ページを参照。

後のセーフティネット」であり、費用が全額税負担であるため、「適正」な運営が常に求められるという性質をそもそも持っている。しかし、それ以上に生活扶助（保護）基準は、他の社会保障の水準や基準の根拠として使われることが多いため、生活保護行政の「適正化政策」は、社会保障水準の引き下げとしても利用されてきた。

1980年代の「第二次臨時行政調査会」路線の嚆矢として行われた「適正化政策」実施のため、「生活保護の適正実施の推進について」（1981年11月17日　社保第123号　厚生省社会局保護課長・監査指導課長通知）が通知されたことはその典型であるし、今日の社会保障構造改革・社会福祉基礎構造改革路線のもとでも、生活保護の見直し（実質的な水準引き下げ）が行われていることは、先述のとおりである。

戦後の生活保護行政は「適正化政策」の連続であったが、第二次世界大戦以前の救貧制度から現行の生活保護法への発展過程は、恩恵から権利、そして人権保障へという制度的発展を遂げている[5]。

具体的には、極端な制限扶助主義をとり、公的救護義務すら認められていなかった恤救規則（1874年太政官達第162号）、引き続き制限扶助主義をとり、公的救護義務を認めながら、保護を受ける権利は否定された救護法（1929年法律第39号。施行は1932年）、そして、一般扶助主義をとり、公的救護義務を認めながら、「欠格条

---

4) 社会保障に限定しなければ、制度の運営に生活扶助（保護）基準を利用しているものとして、最低賃金（整合性）、就学援助、生活福祉資金貸付制度（社会福祉協議会が運用）、介護保険法や障害者総合支援法の保険料や利用料の減免、国民健康保険の税・保険料や公営住宅の家賃などがあげられる。また、年金受給額（特に国民年金）は、法律では明記されていないものの、生活扶助（保護）基準と比較されることが多い。

5) 井上英夫「第4章　公的扶助の権利―権利発展の歴史」河合幸尾編『「豊かさのなかの貧困」と公的扶助』法律文化社、1994年、111～126ページを参照。

項」が明記された生活保護法（旧法、1946年法律第17号）を経て、現行の生活保護法（新法）は制定されている。何よりも、生活保護法は、憲法25条（生存権）に規定された理念を具体化した法律であると条文に明記されていることに特徴がある。

　それでは、なぜ人権保障を実現した法律でありながら、実際の生活保護行政では、深刻な人権侵害が発生するのであろうか。これに対して、生活保護研究はどのようにして、応えてきたのであろうか。生活保護研究は多岐に亘っており、主なものだけでも外国（近年では、韓国、ドイツ、イギリス、アメリカなど）における公的扶助制度改革（主に稼働能力者を対象）の動向の紹介と日本への示唆を提示する研究、2005年度に導入された「自立支援プログラム」に関する研究、ケースワーカーの支援者としての資質（専門性）向上に関する研究、ケースワーカーとして業務に携りながらの「実態」をふまえたケース分析に関する研究、実態分析から法律とかけ離れた生活保護行政が行われていると批判的検討を行っている研究、生活保護改革を系統的・総合的に網羅し新たな問題提起を行っている研究、などがある。

　いずれの研究も生活保護の政策分析や法律の趣旨・理念と実態がかけ離れていることを批判したものが中心であり、かい離の要因及び構造については分析・言及されていない。

第2節　先行研究と分析視点

　しかし、1990年代には、すでに今日の生活保護をめぐる矛盾の構造を明らかにするための重要な指摘が、小川政亮によってされていた。小川は、「わが国の社会保障の歴史を、権利の観点から、その前史を含めて概観し、今日の支配の側の論理の特徴を検討し、私たちの側からみて、権利としての社会保障と言うことができる

ためには、どんなことが大切か[6]」を明らかにすることを目的として刊行した『増補新版　社会保障権―歩みと現代的意義』の中で、救貧制度から公的扶助制度への発展（生活保護法の成立過程）を分析し、「生活保護行政に問題があったとき、『法律は良いのだけれども行政運営が悪い』と言って簡単にかたづけてしまっていいかというと、単純にそうとばかりは言えません[7]」と、生活保護法（新法）自体に権利抑制的側面が組み込まれたことを指摘している。

小川の指摘を参考にすれば、今日の生活保護をめぐる矛盾を明らかにするには、人権保障が具体化された生活保護法（新法）に課された機能や役割を再度検討することが必要だといえる。

このような問題意識は、筆者独自のものではない。詳細は本文中で述べるが、主に1950年代後半から1970年代に行われた岸勇、小川政亮、吉田久一、河合幸尾、井上英夫による研究は、課題の設定はそれぞれ異なるものの、「今日の生活保護行政の権利抑制はなぜ発生するのか」、「生活保護にいかなる役割や機能が課せられたのか」という問題認識で、生活保護法の成立過程や展開過程はもちろんであるが、GHQ/SCAP（General Headquarters/ Supreme Commander for the Allied Powers、連合国軍最高司令官総司令部。以下、GHQと略記）の占領政策、日本政府の経済政策（現代資本主義）、他の社会政策の動向、労働運動・社会運動まで視野に入れた総合的な分析が行われていた。

しかし、井上の研究以降は、成立過程の研究がされることは少なくなった。小川らは、生活保護法（新法）制定の意義を一定評価しながらも、同時に法律に組み込まれた問題点の指摘をしていた。ところが、そうした研究成果が後の生活保護研究に生かされ

---

6) 小川政亮『増補新版　社会保障権―歩みと現代的意義』自治体研究社、1995年、2～3ページ。
7) 同上書、81ページ。

ているとは必ずしもいえない。今日の生活保護研究が政策分析中心となっていることが、その一例である。

　このような現状の中、1980年代後半から副田義也、村上貴美子、菅沼隆、寺脇隆夫、岩永理恵によって研究成果が相次いで公表されていくが、彼らと先に挙げた5氏の分析方法とは明らかに異質であった。副田らは、一次資料に基づく徹底的な実証研究によって、生活保護法成立過程（旧法、新法）、SCAPIN（Supreme Commander for the Allied Powers Index number）の形成過程を明らかにするとともに、先行研究の実証分析についての痛烈な批判を行っている[8]。本書でも、先行研究から大きな示唆を得ている。しかし、具体的には第1章の先行研究の総括で述べるが、いくつかの問題点を抱えていることも事実である。

　岸、小川、吉田、河合、井上らによる研究は、生活保護法成立過程における全体像を示し、生活保護法に権利抑制的側面が組み込まれたことや課せられた機能を明らかにしたが、実証という部分では、時代的制約や資料的制約を受けている。一方、副田、村上、菅沼、岩永らによる一次資料をもとに事実の解明に重点を置いている実証研究は、政策を分析する際に不可欠な総合的視点を

---

8) 具体的な一例を示すと、岩永は河合の「日本資本主義の発展」と「生活保護行政に対する民主化運動」を軸に「生活保護行政の歴史法則」を明らかにすることを目的とした研究に対して、「河合が論じるように、生活保護さらには社会保障を資本主義体制との関連で理解することは必要である。とはいえ、その関連はこの種の研究で描かれる程単純ではない、というすでになされている批判は傾聴に値すると考える。生活保護の展開は『歴史法則』により明快に論じうるとは考えられない。ある法則を論じた場合、そこに帰結しない事実に目を向けることができない。生活保護の中身は、時々の状況に応じて変化しており、その事実を把握することは困難と考える。あらかじめストーリーを描き、そのストーリーにあわせて資料を読み込むのではなく、収集可能な資料の範囲で生活保護のあり方を検討することも重要であると考える」と痛烈に批判している。論者によって表現は異なるが、上記のような認識は共通しているようである。岩永理恵『生活保護は最低生活をどう構想したか─保護基準と実施要領の歴史分析─』ミネルヴァ書房、2011年、22〜23ページ。

失わせることになった。

　政策は、様々な意図や背景を持つ多様なアクターによる作用・反作用の中で決定される。現実的な諸事象から政策の意図や本質を見抜くことが重要であり、一つのアクターのみを重視した分析では、そのことを見逃してしまう危険性がある。つまり、生活保護法成立過程の研究には、精緻化された実証研究を参考にしつつ、GHQ の占領政策、日本政府の経済政策（現代資本主義）、他の社会政策の動向、労働運動・社会運動をふまえて、総合的視点を持たなければならない。

　以上が筆者の生活保護の実態や先行研究に関する現状認識である。そこで本書は、上記の点をふまえて、一次資料をもとにした実証研究を参考にしながら、総合的視点で生活保護法成立過程を分析し、法律に課せられた役割と機能を明らかにすることを研究課題としている。さらに、先行研究では、見落とされていた 2 点の分析対象を付け加えている。

　第 1 は、憲法 25 条（生存権）と生活保護法の成立過程の分析を通じて、両者の関連を整理することである。生活保護法（新法）の意義が、憲法 25 条（生存権）に規定された理念が条文に明記されたことであると前述したが、両者を視野に入れての分析はこれまであまり行われてこなかった。法学を専門とする小川と井上は、生活保護法（旧法）が憲法 25 条の解釈を自由権的性格に矮小化したことを批判しているが[9]、後の生活保護研究に成果は生かされていない。なおかつ、小川と井上は両者（憲法と生活保護法）の成

---

9) 小川政亮「保護請求権と争訟権の成立」日本社会事業大学編『戦後日本の社会事業』勁草書房、1967 年、150～153 ページ（小川政亮著作集編集委員会編『小川政亮著作集 6 ―戦後の貧困層と公的扶助の権利』大月書店、2007 年に再録。本書では、『小川政亮著作集 6 ―戦後の貧困層と公的扶助の権利』を使用したため、引用ページはこれによる）。井上「第 4 章　公的扶助の権利―権利発展の歴史」前掲書、123 ページ。

立過程の分析は行っているが、生活保護法（旧法）の具体的運用、生活保護法（新法）の成立過程の踏み込んだ分析は行われていない。

　第2は、今日の深刻な人権侵害を発生させる権利抑制的側面がいかに組み込まれたかを具体的に分析することである。分析の際には、今日も高く評価される自立助長の意義、稼働能力者への対応と一般扶助主義の徹底（もしくは制限扶助主義の残存）、保護の停廃止を含む指導指示の強制性、生活保障と労働保障、を分析することが重要なキーワードとなる。上記の点は救貧制度と公的扶助の決定的な違いを示す点であるが、生活保護法（新法）に憲法25条（生存権）に規定された理念が明記されたことで、その意義が強調された結果、十分な分析が行われてこなかった。本書は、社会保障と労働政策を視野に入れるため、稼働能力者と深く関連する「総合的失業対策」の分析も行っている。[10]

第3節　本書の構成

　本書は7章からなっている。「第1章　生活保護法成立過程に関する先行研究の総括と研究課題の設定」では、先行研究の到達点を述べるとともに、なぜ上記で述べた点（法律自体に権利抑制的側面が組み込まれた、憲法25条と生活保護法の関連）が十分に分析されてこなかったのかを明らかにし、本書の研究課題の設定を行う。

　「第2章　第二次世界大戦直後の社会経済的状況と救貧制度の機

---

10)「総合的失業対策」という用語は、労働省の文書などでもみられるが、具体的にどの制度・政策を含んでいるかは定義されていない。厳密性を求めれば、労働政策全般を含んでいると考えられるが、本書では、生活保護行政と政策的に深く関連している公共事業、失業対策事業、失業保険・失業手当を分析対象とした。

能不全—生活困窮者緊急生活援護要綱の制定と最低生活保障の構想」では、「総スラム化現象」にある国民に対して、GHQや日本政府（厚生省）が具体的にどのような対応をしていたのかを分析する。第二次世界大戦以前の救貧制度と比較しながら分析することによって、そこで想定されていた最低生活とはいかなる水準であったのかを明らかにする。

「第3章 日本国憲法と生活保護法（旧法）の制定—生存権・最低生活保障をめぐる対立」では、生活保護法（旧法）と日本国憲法が制定される過程を分析する。新たな最低生活保障制度を作ることに日本政府は消極的であったが、救貧制度の機能不全とGHQからの要求もあり、最低生活を保障する制度を確立していく。しかし、権利性、総合的社会保障制度の確立をめぐっては様々な意見が存在していた。生活保護法（旧法）と憲法25条（生存権）がいかに関連していたのかを視野に入れて分析することによって、生存権・最低生活保障をめぐる対立を明らかにする。

「第4章 最低生活保障の機能不全と生活保護の積極的運用—制度普及期（1946年10月～1947年12月）」と「第5章 生活保護の体制整備と稼働能力者への厳格な対応—制度整備期（1948年1月～1949年8月）」では、前章の分析をふまえて、生活保護法（旧法）の具体的な運用過程を分析する。当初、生活保護は他の社会政策が機能しないこともあり、積極的な運用方針がとられた。しかし、失業保険や失業手当制度の制定、公共事業の失業対策的機能の強化が実現する過程で、稼働能力者に対しての対応が徐々に厳格化していく。第4章と第5章では、救貧制度に後戻りするかのような政策が行われた背景や意図を明らかにする。

「第6章 旧法の限界と新法制定に向けた議論—制度改正準備期（1949年9月～1950年5月）」では、生活保護受給者が急増する中、旧法では十分に対応しきれないという認識のもとで、生活

保護法（新法）が制定される過程を分析する。法律制定の背景には、2つの側面が存在した。第1に稼働能力者に厳格な対応をとり続けようとする消極的側面と、第2に憲法25条に相応しい制度を作ろうとする積極的側面である。両側面を合わせて分析し、生活保護法（新法）に課せられた機能を明らかにする。

「第7章 生活保護法（新法）の制定と戦後生活保護体制の確立──恩恵的思想の通底と妥協の産物」では、生活保護法（新法）案の国会での審議過程、社会福祉主事と福祉事務所の設置をめぐる議論を分析する。厚生大臣や厚生官僚は、生活保護法（新法）が憲法25条の理念を具体化した法律であると強調しながら、旧法の厳格な対応を肯定していた。また、社会福祉主事と福祉事務所の設置をめぐる議論では、生活保護行政の確立を目指したいくつかの構想が財政的理由で妥協を余儀なくされた。戦後生活保護体制が確立される中、権利抑制的側面が組み込まれていく過程を分析する。

「終章 研究の総括と課題」では、生活保護法成立過程の分析を通じて得られた知見から、人権としての社会保障の実現に向けていかなる課題があるのかを提示する。また、本書は実証研究が中心であるが、理論研究として発展させるための課題を同時に示す。

第1章
生活保護法成立過程に関する
先行研究の総括と研究課題の設定

　本章では、生活保護法成立過程に関する先行研究の総括とそれをふまえた上で、本書が分析する研究課題の設定を行う。生活保護研究は多岐の論点を含んでおり、全てを網羅できるわけではない。そこで、「序章」で示した中心的課題を明らかにする際に関連するいくつかの論点と、研究上で評価が対立している点を中心にみていく。あらかじめ研究上の論点を示し、第2章以降ではそれらを中心に分析していく。

第1節　生活保護法成立過程に関する先行研究

　生活保護法成立過程に関する研究はこれまで数多く行われているが、ここであげる研究は今日なお生活保護研究に大きな影響をあたえるものであり、本書も同様に大きな示唆を得た。本節では、分析対象を示し、生活保護法成立過程において何が論点となっているのか、先行研究で十分に分析されていないのはいかなる点かをみていく。以下、論文公表順に分析対象を示す。

　1人目は、生活保護におけるケースワークをめぐって仲村優一

と「岸・仲村論争」を繰り広げた岸勇である。今日、自立やケースワークが改めて問い直されているので、「岸・仲村論争」自体が大変興味深いテーマであるが、本書では、生活保護法成立過程について書かれた「新生活保護法の特質とその成立の背景」[1]、「生活保護における『自立助長』の意味」[2]、「戦後日本の公的扶助（一）」[3]、「戦後日本の公的扶助（二）」[4]、「公的扶助論」[5]を分析対象とする。

　2人目は、一貫して社会保障を必要とする人々の立場に立ち、生活保護に限らず、権利としての社会保障を理論的に構築し、のちに人権としての社会保障に発展させた小川政亮である。小川の研究は、社会保障・社会福祉全般にわたるが、本書では「社会保障の権利」[6]、『権利としての社会保障』[7]、「公的扶助と社会福祉の法における問題点」[8]、「保護請求権と争訟権の成立」[9]、『増補新版

---

1) 岸勇「新生活保護法の特質とその成立の背景」日本福祉大学『日本福祉大学研究紀要（第2号）』1958年。
2) 岸勇「生活保護における『自立助長』の意味」日本福祉大学社会福祉学会『福祉研究（第17号）』1966年（岸勇著、野本三吉編『公的扶助の戦後史【オンデマンド版】』明石書店、2005年に再録。本書では、『公的扶助の戦後史』を使用したため、引用ページはこれによる）。
3) 岸勇「戦後日本の公的扶助（一）」日本福祉大学『日本福祉大学研究紀要（第13号）』1968年（本書では、同上書を使用）。
4) 岸勇「戦後日本の公的扶助（二）」日本福祉大学『日本福祉大学研究紀要（第16号）』1969年（本書では、同上書を使用）。
5) 岸勇「公的扶助論」野久尾徳美・清原浩編『福祉問題研究の手引き』法律文化社、1980年（本書では、同上書を使用）。
6) 小川政亮「社会保障の権利」渡辺洋三編『現代法の基本原理（新法学講座第4巻）』三一書房、1962年（小川政亮著作集編集委員会編『小川政亮著作集1―人権としての社会保障』大月書店、2007年に再録。本書では、『小川政亮著作集1―人権としての社会保障』を使用したため、引用ページはこれによる）。
7) 小川政亮『権利としての社会保障』勁草書房、1964年。
8) 小川政亮「公的扶助と社会福祉の法における問題点」小川政亮・蓼沼謙一編『現代法と労働（岩波講座現代法10巻）』岩波書店、1965年（本書では、上記『小川政亮著作集1―人権としての社会保障』を使用）。
9) 小川政亮「保護請求権と争訟権の成立」日本社会事業大学編『戦後日本の社会事業』勁草書房、1967年（小川政亮著作集編集委員会編『小川政亮著作集6―戦後の貧困層と公的扶助の権利』大月書店、2007年に再録。本書では、『小

第 1 章　生活保護法成立過程に関する先行研究の総括と研究課題の設定

社会保障権―歩みと現代的意義』[10]、「権利としての自立―生存権、とくに社会保障権とのかかわりで」[11]を分析対象とする。

　3 人目は、社会事業・社会福祉の研究を近代以降の現代資本主義の構造から分析するにとどまらず、古代・中世からの儒教・仏教、その他の福祉思想まで遡り、分析している吉田久一である。吉田は生活保護研究を専門にしているわけではないが、歴史研究の中には占領期（被占領期）も含まれており、生活保護法成立過程に関しても重要な指摘を行っている。本書では、「社会事業思想における『近代化』と『国民化』―占領期及び講和期を中心に―」[12]、「生活保護制度の成立過程について」[13]、『日本社会福祉思想史』[14]、『日本貧困史』[15]、『現代社会事業史研究』[16]を分析対象とする。

　4 人目は、日本資本主義の発展と生活保護行政に対する民主化運動（権利としての社会保障）の関連を生活保護行政の歴史法則として捉え、積極的改良計画を勤労人民の側から提示することを研究目的としている河合幸尾である。本書では、「戦後生活保護行政の変遷」[17]を分析対象とする。

　　川政亮著作集 6 ―戦後の貧困層と公的扶助の権利』を使用したため、引用ページはこれによる）。
10) 小川政亮『増補新版　社会保障権―歩みと現代的意義』自治体研究社、1995 年。
11) 小川政亮「権利としての自立―生存権、とくに社会保障権とのかかわりで」人間発達研究所編『自立と人格発達（講座　青年・成人期障害者の発達保障　第 4 巻）』全国障害者問題研究会出版部、1990 年（本書では、上記『小川政亮著作集 1 ―人権としての社会保障』を使用）。
12) 吉田久一「社会事業思想における『近代化』と『国民化』―占領期及び講和期を中心に―」日本社会事業大学編『戦後日本の社会事業』勁草書房、1967 年。
13) 吉田久一「生活保護制度の成立過程について」日本歴史学会編『日本歴史（第 280 号）』吉川弘文館、1971 年。
14) 吉田久一『吉田久一著作集 1　日本社会福祉思想史』川島書店、1989 年。
15) 吉田久一『吉田久一著作集 2　日本貧困史』川島書店、1993 年。
16) 吉田久一『吉田久一著作集 3　改訂増補　現代社会事業史研究』川島書店、1990 年。
17) 河合幸尾「戦後生活保護行政の変遷」同『社会福祉と自立（河合幸尾論集）』

5人目は、小川権利論を発展させ、人権論（人権としての社会保障）を展開し、現在でも社会保障研究に大きな影響を与えている井上英夫である。井上の研究は生活保護に限らず、社会保障全般にわたっているが、生活保護法形成過程の分析では日本資本主義の復活過程に位置づけ、労働者大衆の運動、政策主体の対応との関係でその機能、本質を巨視的・総合的に検討している。本書では、「生活保護法の形成過程と機能（上）[18]」、「生活保護法の形成過程と機能（中）[19]」、「生活保護法の形成過程と機能―新生活保護法の制定と新・旧生活保護法の性格・機能をめぐって―[20]」、「公的扶助の権利―権利発展の歴史[21]」、「貧困・不平等と権利保障―『豊かな社会』と平等の復権[22]」を分析対象とする。

　6人目は、これまで挙げた研究（特に小川の研究）を「運動論的立場」と批判し、生活保護法成立過程について、政策決定過程における厚生官僚（木村忠二郎や小山進次郎）の果たした役割を実証的（ドラマとして）に描き出すことを目的としている副田義也である。本書では、「戦後日本における生活保護制度の形成」[23]

　　かもがわ出版、1998年（「戦後生活保護行政の変遷」は、1973年に河合が日本福祉大学大学院社会福祉学研究科に提出した修士論文をもとにしている）。
18）井上英夫「生活保護法の形成過程と機能（上）」早稲田大学法学会『早稲田法学会誌（第27号）』1977年。
19）井上英夫「生活保護法の形成過程と機能（中）」早稲田大学法学会『早稲田法学会誌（第28号）』1978年。
20）井上英夫「生活保護法の形成過程と機能―新生活保護法の制定と新・旧生活保護法の性格・機能をめぐって」茨城大学政経学会『茨城大学政経学会雑誌（第40号）』1979年。
21）井上英夫「公的扶助の権利―権利発展の歴史」河合幸尾編『「豊かさのなかの貧困」と公的扶助』法律文化社、1994年。
22）井上英夫「貧困・不平等と権利保障―『豊かな社会』と平等の復権」庄司洋子・杉村宏・藤村正之編『貧困・不平等と社会福祉』有斐閣、1997年。
23）副田義也「戦後日本における生活保護制度の形成」東京大学社会科学研究所編『福祉国家6　日本の社会と福祉』東京大学出版会、1985年（本書では、「戦後日本における生活保護制度の形成」を若干修正した上で掲載された、副田義也『生活保護制度の社会史』東京大学出版会、1995年を使用）。

第 1 章　生活保護法成立過程に関する先行研究の総括と研究課題の設定

を分析対象とする。これ以降、生活保護法成立過程の研究は、一次資料をもとにした実証研究が中心に行われるようになる。

　7 人目は、従来のパイの論理に根ざした社会福祉政策理念に、別の新しい視点を加えた政策理念を確立することを目的とし、その第一歩として、戦後 40 年を規定したと考えられる占領期の社会福祉政策（「福祉三法（旧・新生活保護法、児童福祉法、身体障害者福祉法）」）がいかに展開されてきたかを分析することを目的としている村上貴美子である。研究方法は、一次資料（主に厚生省関係）を実証的に分析している。本書では、『占領期の福祉政策』[24]、『戦後所得保障制度の検証』[25]を分析対象とする。

　8 人目は、一次資料で確認できた事実に依拠して社会福祉政策を描きだすという歴史学的手法によって被占領期を分析し、福祉政策の主体としての占領軍の性格付けとその展開や、生活保護法の成立過程と展開を吟味することを通じて「国民意識の変容」の有無と実相を確認することを課題としている菅沼隆である。本書では、「米国対日救済福祉政策の形成過程―SCAPIN 七七五『社会救済』の起源と展開（1）」[26]、「SCAPIN 七七五の発令―SCAPIN 七七五『社会救済』の起源と展開（2）」[27]、「生活保護法（旧法）の形成過程―SCAPIN 七七五『社会救済』の起源と展開（3）」[28]などをベースにして書かれた『被占領期社会福祉分析』[29]、「被占領期の

24）村上貴美子『占領期の福祉政策』勁草書房、1987 年。
25）村上貴美子『戦後所得保障制度の検証』勁草書房、2000 年。
26）菅沼隆「米国対日救済福祉政策の形成過程―SCAPIN 七七五『社会救済』の起源と展開（1）」東京大学社会科学研究所『社会科学研究（第 45 巻 2 号）』1993 年。
27）菅沼隆「SCAPIN 七七五の発令　SCAPIN 七七五『社会救済』の起源と展開（2）」東京大学社会科学研究所『社会科学研究（第 45 巻 3 号）』1993 年。
28）菅沼隆「生活保護法（旧法）の形成過程―SCAPIN 七七五『社会救済』の起源と展開（3）」東京大学社会科学研究所『社会科学研究（第 45 巻 5 号）』1994 年。
29）菅沼隆『被占領期社会福祉分析』ミネルヴァ書房、2005 年。

生活保護運動—日本患者同盟の組織と運動思想を中心に—[30]」を分析対象とする。

以上、8氏の論文を中心に先行研究の到達点と課題を分析していく。なお、「序章」で紹介した寺脇隆夫の研究は史料紹介と史料解説が中心であること、岩永理恵[31]の研究は保護基準と実施要領の歴史（通史）分析が中心であり、生活保護法成立過程が十分に分析されているわけではないので、本章では分析対象としない。

第2節　研究上の論点

本節では、前節であげた研究の中で、研究方法と個別の事象の評価について、どのようなことが争点とされ、研究上の対立点となっているかをみていく。

1980年代以前と以降の生活保護法成立過程研究で大きく評価が分かれるのが、労働運動・社会運動（運動論）についてである。労働運動・社会運動（運動論）に関する評価が分かれる原因として考えられるのは、研究方法や分析する資料の違いである。

1970年代までの研究（岸、吉田、小川、河合、井上）は、生活

---

30) 菅沼隆「被占領期の生活保護運動—日本患者同盟の組織と運動思想を中心に—」社会事業史学会『社会事業史研究（第30号）』2002年。
31) 寺脇の研究において、本書と関連するものは、寺脇隆夫「旧法の全面改正＝生活保護法（新法）の立案過程—木村文書資料中に見られる立法関係資料の紹介と解題」社会事業史学会『社会事業史研究（第37号）』2009年、同「旧法の全面改正＝生活保護法（新法）の立案過程—木村文書中に見られる立法関係資料の紹介と解題—その2」社会事業史学会『社会事業史研究（第38号）』2010年がある。また、寺脇が編集・解説した木村忠二郎の文書資料をまとめた貴重な資料として、『マイクロフィルム版　木村忠二郎文書資料　戦後創設期/社会福祉制度・援護制度史資料集成〔第Ⅰ期〕』柏書房、2010年、『マイクロフィルム版　木村忠二郎文書資料　戦後創設期/社会福祉制度・援護制度史資料集成〔第Ⅱ期〕』柏書房、2011年がある。これまで明らかになっていなかった生活保護法の運用・成立過程の資料も多く、本書でも示唆を得た。

第1章　生活保護法成立過程に関する先行研究の総括と研究課題の設定

保護に限らず、社会保障の政策分析をする際には、制度の拡充や改善を妨げようとする勢力と、制度の改善・拡充を求めて運動を繰り広げる労働者大衆との関係を重視し、両者の対抗関係によって制度が決定されると捉えていた[32]。1980年代後半以降の研究（副田、村上、菅沼、岩永）は、一次資料を用いた実証研究を中心に行われているが、分析対象の資料は主に、GHQ/SCAPや厚生省関係などの政策主体である。その結果、どのように制度・政策が作られたかは詳細に分析できるが、制度・政策が作られた意図、本質、背景の分析までも政策主体の一次資料に委ねられることが多いため、労働運動・社会運動（運動論）が政策決定に与えた影響は軽視されることがある。

　念のために付言しておけば、筆者は労働運動・社会運動（運動論）の盛り上がりによって、制度・政策が改善されるという「単純」な分析を肯定するわけではない。しかし、政策主体の一次資料に労働運動・社会運動（運動論）の影響による制度・政策の改善に関する記述が含まれていることは、通常考えられず、それをもって、労働運動・社会運動が制度・政策に与えた影響を否定（もしくは軽視）するのは、一面的な議論に陥ってしまう危険性があることは指摘しておかなければならない。

　以上の点をふまえると、先行研究において、生活保護法成立過程で政策主体（GHQと厚生省・厚生官僚）と労働運動・社会運動がいかに分析・評価されているかをみておかなければならない。このことは、今日の研究方法の大きな相違点であり、本書の課題の1つといえる。

　2つ目の課題は、生活保護法（旧法、新法）の機能、役割、法

---

32) 例えば、井上は「権利としての社会保障を掲げる力と権利を否定する力とが激しく対抗してきたのが、公的扶助＝生活保護の歴史である」と指摘している。井上「公的扶助の権利―権利発展の歴史」前掲書、112ページ。

律（条文）をいかに評価しているかということである。研究方法（分析方法）の違いがあっても、生活保護法自体の評価はいずれの論文によっても行われている。しかし、その評価にも研究方法の違いは表れている。また、生活保護法（新法）の成立過程の分析は、旧法の運用も大きく関わっており、関連する点の分析も行われければならない。「序章」で、法律自体に権利抑制的側面が組み込まれたのではないかという仮説を提示しているが、先行研究でいかに分析されているかをみていく。

　3つ目の課題は、生活保護法（旧法、新法）と憲法25条（生存権）をいかに分析・評価しているかということである。生活保護法と日本国憲法は同時期に制定されており、なおかつ関連が深いにもかかわらず、一部の論文を除いて、両者を視野に入れた分析がされてこなかった。なぜ、両者を視野に入れた研究が行われてこなかったのか、この点をみておかなければならない。

　以下、「第3節　政策主体（GHQ）に対する分析」、「第4節　政策主体（厚生省・厚生官僚）に対する分析」、「第5節　労働運動・社会運動に対する分析」、「第6節　生活保護法（旧法）に対する分析」、「第7節　生活保護法（新法）に対する分析」、「第8節　生活保護法と憲法25条との関連に対する分析」の順でみていく。

第3節　政策主体（GHQ）に対する分析

　生活保護や社会保障に限らず、GHQが戦後の日本社会の原型を作るのに大きな役割を果たしたことは、いうまでもない。特に初期においては、GHQが社会保障について十分理解できていない厚生官僚をリードしていた。しかし、GHQの果たした役割の評価もまた多様である。「民主化」政策の意図は何であったか、世界情勢、

第 1 章　生活保護法成立過程に関する先行研究の総括と研究課題の設定

特にアジア情勢の変化に伴い、占領政策は明らかに変化していくが、それは占領方針の転換であったのか、そもそも「民主化」政策は限界を持っていたのか、など論点は多様である。

そして、アメリカ国立公文書館における資料公開、また、日本国内の図書館もアメリカ公文書の複製資料を収集し続けた結果、GHQ の分析は、これらの文書（一次資料）を中心に行われることになった。1970 年代までの研究（岸、小川、吉田、河合、井上）に GHQ の一次資料が含まれていないのは、30 年公開原則で資料が入手できなかったためである。ここでは、本書に直接関係のある生活保護法成立過程をめぐる折衝を中心に分析する。

GHQ の果たした役割を最も積極的に評価するのは岸勇である。厚生省案を一定支持しながらも、不服申立制度の導入、保護請求権の確立、生活保護法改正へと向かわせた原動力は占領軍にあったとする[33]。岸は厚生省社会局保護課の厳しい伝統が残る厚生官僚を批判した上で、「それにもかかわらず、基本的人権の尊重をかかげる数多くの規定が新法に織り込まれたのか。それは一に G.H.Q（具体的には公衆衛生福祉部、就中当時の福祉課長アーヴィン・マーカソン）の強い指示によるものと言っても過言ではないのである」[34]と、GHQ の果たした役割を高く評価している。岸と同じく、GHQ が日本社会事業の変革、公的扶助制度の民主化（行政の専門職員化、救護法体制の転換など）を押し進めた力であると評価しているのが、吉田久一である[35]。しかし、岸との違いは GHQ が歴史的社会的条件の異なる日本社会事業の特性を見逃したことを指

---

33) 岸「戦後日本の公的扶助（一）」前掲書、60 ページ、同「戦後日本の公的扶助（二）」前掲書、94～96 ページ。
34) 岸「新生活保護法の特質とその成立の背景」前掲書、53 ページ。
35) 吉田「生活保護制度の成立過程について」前掲書、19～21 ページ、同『吉田久一著作集 2　日本貧困史』前掲書、416～417 ページ、同『吉田久一著作集 3　改訂増補版　現代社会事業史研究』前掲書、289 ページ。

摘している点である[36]。

　岸や吉田と異なる評価をしているのが、小川政亮である。小川はGHQの評価を直接行っていることは少ないが、民主的側面の一方で、占領政策の持つ非民主的側面について、アメリカの軍事優先的本質、独占資本の意図が背景にあることを指摘している[37]。さらに、井上英夫は生活保護法制定の中で、GHQの果たした役割に対して日本政府を一貫してリードしてきたことを認めながら、GHQの政策のみから理解することは一面的であると批判する。生活保護法（旧法）の緊急的、治安対策としての性格が日本政府と合致していた点や、1948年1月6日のロイヤル陸軍長官の言明などからも明らかなように、そもそも「民主化」を目的とした占領政策が限界を持っていたことを指摘している[38]。

　河合は占領政策全体と福祉分野をわけて分析しており、占領政策は「二・一スト」を境として明確に転換したが、福祉分野の「民主化」政策が続いた要因の分析で、GHQ内のG2（軍事幕僚部）とGS（民政局）とPHW（公衆衛生福祉局）の表面的な対立は存在したが、日本の政治を「中庸の道」＝「極左の政治思想たる共産主義」化を防ぐという点で、共通していたことを指摘している[39]。その上で、旧法から新法への脱皮の推進力は、GHQの社会事業「民主化」政策にあったことも指摘している[40]。

---

36) 吉田「社会事業思想における『近代化』と『国民化』―占領期及び講和期を中心に―」前掲書、10～12ページ、同『吉田久一著作集1　日本社会福祉思想史』前掲書、546～548ページ。
37) 小川「保護請求権と争訟権の成立」前掲書、158～165ページ、同『増補新版　社会保障権―歩みと現代的意義』前掲書、88～89ページ。
38) 井上「生活保護法の形成過程と機能（上）」前掲書、82～84ページ、87ページ、同「生活保護法の形成過程と機能（中）」前掲書、43～45ページ、58～60ページ。
39) 河合「戦後生活保護行政の変遷」前掲書、58～60ページ。
40) 同上書、61ページ。

第1章　生活保護法成立過程に関する先行研究の総括と研究課題の設定

　副田義也と村上貴美子と菅沼隆は、ここまでみてきた5氏とはまったく異なる分析を行っている。それは、5氏の論文が公表された時には、部分的にしか公表されていなかったGHQの内部文書が公開されたためであり、一次資料を用いた政策決定過程の詳細な分析が行われている。副田、村上、菅沼に共通しているのは、GHQの占領政策に込められた本質の分析を行うというよりも、SCAPINがどのような意図を持って作成・指令されたのかを重視していることである[41]。

　村上は、戦後の日本の公的扶助制度（生活保護）に大きな影響を与えたGHQ対日救済政策の成立過程とSCAPIN775「社会救済」（Public Assistance）の形成過程を分析している。アメリカは戦後処理について、そもそも日本の自力更生を基本原則としており、体系的な対日救済策を持ち合わせていなかったが、占領政策遂行という目的のために対日救済に関わらざるを得なくなる。GHQは、占領政策を行う中で日本政府に対する対応を変えてきており、「無差別平等の原則」も「復員軍人」への特別な取り扱いを禁止する中で原型が作られてきたと指摘する[42]。SCAPIN404「救済ならびに福祉計画に関する件」（Relief and Welfare Plans）やSCAPIN775「社会救済」は、日本の救貧制度が公的扶助制度として確立する上で、大きな役割を果たしたと評価されてきたが、村上は「社会保障制度に限って言及すれば、GHQが明確なる社会保障制度の基本構想ないし将来構想を持ち、その路線に日本の社会保障体系を形成しようとしていたとはいいがたい」と評価する[43]。

---

41) 正確に述べると、副田は生活保護法成立過程を中心に分析しているため、CHQの一次資料を分析しているわけではなく、村上や菅沼の論文を参考にして占領政策について言及している。
42) 村上『占領期の福祉政策』前掲書、7～8ページ、12ページ、24～25ページ、30～31ページ。
43) 村上『戦後所得保障制度の検証』前掲書、94ページ。

菅沼は、米国陸軍省民生部や米国陸軍省憲兵司令官室などの資料をもとに、第二次世界大戦中の米国対日救済福祉政策の形成過程を分析している。菅沼は、分析の課題を米国は対日占領に対していかなる救済福祉政策を持っていたのか、日本の社会福祉の水準を向上させようとする「善意の福祉改革者」であったか否かを明らかにすることだと述べている[44]。そして、陸軍省と国務省における対日救済政策の形成過程を分析する中、占領政策の基本原則が自立更生と飢餓防止にあり、「戦争終結以前には陸軍省も国務省も日本の社会福祉政策を積極的に改善するという意図はなかった」[45]と指摘し、アメリカ（陸軍省と国務省）は「善意の福祉改革者」ではなかったと結論付けている[46]。また、SCAPIN404「救済ならびに福祉計画に関する件」とSCAPIN775「社会救済」についても、SCAPINで示された公的扶助の原則である国家の直接的実施責任や公私分離は、GHQの厚生行政に対する不信感や中間団体（具体的には同胞援護会）を存続させようとする構想に対して、中央集権的な福祉行政機構の確立を求める中で、概念が形成されていったという。そのため、生活保護法（旧法）が救護法の条文の部分的修正であり、なおかつ方面委員制度が残されたと指摘する[47]。
　副田も同じく、一連の社会改革を遂行するためには、最小限のものにせよ経済と国民生活の安定を迫られたGHQが、SCAPIN404「救済ならびに福祉計画に関する件」指令時に「無差別平等」を指摘していたのは、第一義的には元軍人の優越を禁じるものであって、抽象的・一般的に理解される民主主義の原則の一つではなかったと指摘している[48]。

44）菅沼『被占領期社会福祉分析』前掲書、23ページ。
45）同上書、74ページ。
46）同上書、73～74ページ。
47）同上書、127～130ページ。
48）副田『生活保護制度の社会史』前掲書、9ページ、12～15ページ。

ここまでみてきたように、生活保護法成立過程における GHQ に対する分析・評価は、副田、村上、菅沼らの研究成果によって大きく変化しつつある。また、後述するが、SCAPIN が法律の制定にどのような影響を与えたかの分析もされている。しかし、個別事項の詳細な分析が行われるほど、占領政策全体の評価についての言及がされなくなっていることも事実である。本書では、村上、菅沼らの研究成果を参考としつつ、占領政策が生活保護法（旧法、新法）制定にいかに影響を与えたかを重視して分析する。

第4節　政策主体（厚生省・厚生官僚）に対する分析

次に、政策決定に大きな影響を与える厚生省・厚生官僚に対する分析・評価についてみていく。旧法を含めた、生活保護法成立過程において、厚生省・厚生官僚の果たした役割は大きい。GHQ、労働運動・社会運動、社会保障制度審議会などの影響を受けながらも、具体的に立法作業を担っているのは厚生官僚だからである。特に、副田や村上の論文が公表されてからは、厚生官僚の果たした役割を再評価する傾向も強まっている。第二次世界大戦直後に、厚生省社会局（特に保護課）で、法律の制定や制度の具体的な運用に携わった厚生官僚は、内藤誠夫、岡田好治、葛西嘉資、木村忠二郎、小山進次郎、黒木利克など、具体的にあげればきりがない。その中でも、特に生活保護法（新法）制定時の厚生省社会局長の木村、社会局保護課長であった小山はそれぞれに法律の解説書を出していることから、重点的な分析が必要になってくる。[49]

---

[49] 木村忠二郎『改正　生活保護法の解説』時事通信社、1950年（本書では、菅沼隆監修『日本社会保障基本文献集第13巻　改正　生活保護法の解説』日本図書センター、2007年を使用）、小山進次郎『改訂増補　生活保護法の解釈と運用』中央社会福祉協議会、1951年（本書では、全国社会福祉協議会による復刻版、2004年を使用）。

第二次世界大戦以前と以後の「連続」と「断絶」は、占領期研究において重要な論点になっているが、厚生省・厚生官僚の分析・評価においても同様である。小川と井上は、厚生官僚には、戦前の恤救規則や救護法の救貧的・慈恵的思想が強く残っており、大量の失業者に対しても、「濫救」防止＝「惰民観」を一貫して持ち続けたと批判的な評価をしている[50]。厚生官僚に救貧的・慈恵的思想が強く残ると指摘する一方、時代背景の限界性を指摘しながらも、両者ともに小山に対しては一定の評価をしている[51]。

　厚生官僚に対して最も批判的な評価をしているのが岸である。岸の厚生官僚に対する評価は、「このように保護のひきしめの一層の強化を目指して抑圧的、とりしまり的体制を固めることが、新法制定に当っての厚生省当局者の最大のねらいであったのであるから、基本的人権の尊重の如きは、彼等の念頭にはほとんど全くなかったとしなければならない」と指摘する一文にすべて表れており[52]、先述のGHQに対する評価とは対極である。また、岸は、戦前から引き継がれた厳しい伝統の残る社会局保護課が、労働運動に対する強固な態度をとり続け、占領軍の「民主化」政策にもかかわらず、救貧立法＝生活保護法を作りだした要因であると指摘する[53]。

　一方、吉田は、厚生官僚に対する個別の評価を行うことは少な

---

50) 小川「保護請求権と争訟権の成立」前掲書、150〜151ページ、井上「生活保護法の形成過程と機能（上）」前掲書、77〜80ページ、同「生活保護法の形成過程と機能（中）」前掲書、40〜42ページ、47〜48ページ。
51) 小川「権利としての自立―生存権、とくに社会保障権とのかかわりで」前掲書、230〜231ページ、井上「公的扶助の権利―権利発展の歴史」前掲書、162〜163ページ。
52) 岸「新生活保護法の特質とその成立の背景」前掲書、53ページ。
53) 岸「戦後日本の公的扶助（一）」前掲書、70ページ、同「戦後日本の公的扶助（二）」前掲書、102〜104ページ。一方、岸も小山については一定の評価をしている。岸「生活保護における『自立助長』の意味」前掲書、180〜183ページ。

いが(河合も同様である)、木村、小山、黒木等の間で社会事業論がかってないほど高まり、そこには憲法の生存権規定に対する番人意識、福祉を通じての国家再建という使命感があったとする。[54]

厚生官僚の果たした役割に関して、救貧的・慈恵的思想が残っていたとの研究について批判的な分析を行っているのが、副田と村上である。副田は、占領当初はGHQの覚書(SCAPIN)を理解できず、生活保護法(旧法)を作る際にも消極的な態度であった厚生官僚が、1948年5月に保護課長に小山を迎え、さらに他省庁に比べて戦前から保護課に蓄積された民主主義的、自由主義的側面がGHQとの折衝、旧法による業務などや日本社会の民主化・近代化によって変化していったと指摘している。特に小山個人の功績を高く評価しているのが副田の特徴ともいえる。[55] 村上もSCAPIN775(Public Assistance)を「社会救済」と訳したことなどを例にあげ、当初は社会保障制度の一環としての新しい単一の包括的制度を樹立する方向性が芽生えていなかったが、それにもかかわらず、憲法25条が生活保護法(新法)に具現化されたのは、法改正作業段階で最低生活保障に対する権利性を厚生官僚が認めていたことを示していると、肯定的な評価をしている。[56]

菅沼は、生活保護法成立過程における厚生官僚の果たした役割の評価は行っていないが、GHQの指令を理解していたかということを分析している。これまでは、SCAPINの原則を厚生官僚が理解できていなかったと指摘されることが多かったが、両者のやり取りや厚生官僚が書いた文書の分析を通じて、「厚生官僚がGHQ

---

54) 吉田『吉田久一著作集3 改訂増補版 現代社会事業史研究』前掲書、355ページ。
55) 副田『生活保護制度の社会史』前掲書、12~13ページ、19~20ページ、23~24ページ、50~53ページ。なお、厚生官僚のインタビュー記録をみると、GHQの指摘を受けながら「社会保障とは何か」を理解し、自己変革していく過程が語られることが多い。
56) 村上『戦後所得保障制度の検証』前掲書、250~253ページ。

指令の意味するところについてはほぼ正確に理解していたと見なすのが妥当であると筆者も考える」と評価している[57]。しかし、生活保護法（旧法）の「草案を起草した日本政府側が権利性について無自覚ないし消極的であったことは明らかである」と限界性は指摘している[58]。

ここまでみてきたように、生活保護法成立過程において、厚生官僚が果たした役割については、法律の権利性を自覚し立法作業に当たったのか、むしろ戦前からの救貧的・慈恵的思想が根強く残って、権利抑制的側面を組み込もうとしたのか、まったく評価が異なっている。厚生官僚の評価については、対立点を含んでおり、丁寧な分析が必要となってくる。

第5節　労働運動・社会運動に対する分析

次に、労働運動・社会運動に対する分析・評価をみていく。先述したが、1970年代までと後半以降の研究で、労働運動・社会運動に対する評価が異なる背景として、分析資料の違いが挙げられる。それでは、具体的にどのような分析・評価の違いが表れているのであろうか。

小川は生活保護法（旧法）の制定、日本国憲法とそれに規定された生活保護法の精神を武器に戦った生活保護適用闘争（「生活保護獲得」闘争）が保護を受ける権利の確認、権利救済としての不服申立制度を法律化させたことを高く評価している[59]。河合も小川

---

57) 菅沼『被占領期社会福祉分析』前掲書、174〜175ページ。しかし、厚生官僚が、民間援護団体を統合した同胞援護会を「単一の政府機関」として考えていたことをあげて、「単一の政府機関」＝「公私分離」の原則に関する厚生官僚の理解については、一定の留保をしている。

58) 同上書、176ページ。

59) 小川「保護請求権と争訟権の成立」前掲書、172〜174ページ、同『増補新版　社会保障権―歩みと現代的意義』前掲書、75〜77ページ。

第1章　生活保護法成立過程に関する先行研究の総括と研究課題の設定

同様に生活保護法（新法）制定に労働運動が与えた影響を高く評価している。河合によれば、経済安定九原則やドッジ・プランによって大量の失業者が発生したことによって、権利意識の高い現役労働者が新たな保護対象となって加えられ、集団申請をしていく中、生活保護法（旧法）は法体系そのものが著しく不備となり、法改正の要因の一つとなったという[60]。また、河合の労働運動に対する高い評価は、「新法に示された民主的側面の実質的結実は、労働者階級の力、生活保護民主化闘争の発展によってのみ可能であった」という一文に表れている[61]。吉田も生活保護改善期成同盟を中心とした運動が、救貧的色彩を色濃く持つ生活保護を権利として捉えることに貢献したと高く評価している[62]。

一方、岸は、社会情勢の緊迫に伴って、労働組合が生活防衛闘争の一環として生活保護の適用を要求する戦いを繰り広げ、その若干の譲歩として不服申立制度の創設や生活保護法（新法）に刻まれているが、これらの譲歩は部分的でなおかつ名目的であり、且つ欺瞞的なものであると分析している。その上で、GHQが残した遺産を自らの力で発展させることを通じて、これを克服しなければならないと課題を挙げている[63]。

井上は、労働者、大衆の運動が生活保護法（新法）や不服申立制度を生み出した原動力であることを前提にしながら、上記の研究に比べて、労働運動・社会運動の分析を詳細に行っている。まず、憲法施行前後の運動は自覚的に「社会保障制度」の設立を要求したものではなく、社会保険制度の設立要求にとどまるもので

60）河合「戦後生活保護行政の変遷」前掲書、55ページ。
61）同上書、65ページ。
62）吉田『吉田久一著作集3　改訂増補版　現代社会事業史研究』前掲書、308〜309ページ。
63）岸「新生活保護法の特質とその成立の背景」前掲書、52ページ、56ページ、同「戦後日本の公的扶助（二）」前掲書、86〜87ページ、93ページ、96ページ、100〜102ページ。

あり（それでも社会保障制度形成の原動力にはなった）、憲法上の保障が与えられることによって、「権利としての社会保障」を要求し、「社会福祉や社会保障の発展に画期的意義」があったと、憲法施行以前・以後の運動を区別している[64]。また、労働組合が生活保障要求の一環として、生活保護獲得に取り組んだことについて、小川、岸、吉田、河合が積極的な評価をしているのに対して、失業対策としては本来消極的である生活保護法の適用へと向かわざるを得なかったことが、労働運動の追い込まれた状況であったと指摘している[65]。

　村上は、意図的かどうかは定かではないが、労働運動・社会運動に対する評価を行っていない。そして、文章中に明記することはしないが、上記５氏（特に小川）の研究方法を「運動論的立場」と呼び、痛烈に批判しているのが副田である。副田によれば、「運動論的立場」とは「社会福祉の研究領域で一般にいわれているものであり、とくに厳密な規定があるわけではないが、社会福祉の制度・政策の創設やその水準の向上は、民衆の生活要求に基づく大衆運動、社会運動が国家権力と対決しつつ、かちとってくるものであるという説明の仕方を多用する立場」と定義し、徹底した実証研究によって、これらを批判することを研究目的としてあげている[66]。副田の「運動論的立場」への批判は、朝日訴訟の分析をしている研究が中心であり、生活保護法成立過程ではあまり行われていない。しかし、「運動論的立場」への批判と厚生官僚に対する積極的な評価は一体の関係があるとも考えられる[67]。

64) 井上「生活保護法の形成過程と機能（上）」前掲書、69ページ、87～90ページ。
65) 井上「生活保護法の形成過程と機能（中）」前掲書、44～45ページ、52～53ページ、同「生活保護法の形成過程と機能―新生活保護法の制定と新・旧生活保護法の性格・機能をめぐって」前掲書、31～32ページ。
66) 副田『生活保護制度の社会史』前掲書、7ページ、338～339ページ。
67) 副田の指摘を参考にした岩永理恵による河合の研究方法批判については、

第 1 章　生活保護法成立過程に関する先行研究の総括と研究課題の設定

　菅沼は、副田と異なっており、社会運動が政策のあり方を規定する要因として、社会変化の基軸になりえることには同意している[68]。その上で、井上の論文を挙げながら、「運動論的に政策を分析すると、政策の『発展』と『後退』の原因と責任の過半を運動の主体性・力量に帰することにつながり、運動主体が歴史的に規定された存在であることを軽視することになりかねない。また、GHQ や厚生官僚の政策や理念を反共主義の観点からのみ描くことは適当ではないだろう[69]」と重要な指摘を行っている。

　さらに、菅沼は労働運動・社会運動を重視する研究を一方的に批判するだけではなく、当時の生活保護運動が生活保護政策にいかに影響を与えたか、日本患者同盟の組織と運動思想を分析することによって明らかにしている。そして、日本患者同盟の掲げていた改善要求が、実際に生活保護法（新法）の新しい理念や原則を生みだすことはなかったことを指摘し、「新生活保護法の新しい諸原則の創造に日患同盟が影響を与えることはなかった」と結論付けている[70]。

　ここまで見てきたように、労働運動・社会運動の分析・評価をめぐっては、明確な対立点が存在している。労働運動・社会運動の分析を「運動論的立場」として批判する副田の見解には同意できないが、菅沼の指摘は重要である[71]。また、1970 年代までの研究において、労働運動・社会運動の詳細な分析が行われてこなか

　「序章」の注 8)に記したとおりである。
68) 菅沼『被占領期社会福祉分析』前掲書、19 ページ、同「被占領期の生活保護運動—日本患者同盟の組織と運動思想を中心に—」前掲書、37 ページ。
69) 菅沼『被占領期社会福祉分析』前掲書、7 ページ。
70) 菅沼「被占領期の生活保護運動—日本患者同盟の組織と運動思想を中心に—」前掲書、48 ページ。
71) ただし、社会運動の改善要求と実際に改善された点がずれているからといって、政策に与えた影響が大きくないという結論については、さらなる分析が必要である。

ったことは事実である。

　本書では、副田、村上、菅沼らが使用する一次資料（GHQ、厚生省）に労働運動・社会運動の影響が書かれることはない現実をふまえながらも、事実を積み重ねることで、生活保護法成立過程研究に労働運動・社会運動の果たした役割を再度位置付けることを試みる。その際、生活保護行政は「外部の声」が騒がしくなればなるほど、政府（厚生省）は労働運動に対して強硬な態度をとるという岸の指摘を忘れてはならない。[72]

第6節　生活保護法（旧法）に対する分析

　ここまでは、主に研究方法・分析方法の違いがあらわれる政策主体、労働運動・社会運動の分析・評価をみてきた。本節では、その分析結果としての生活保護法（旧法）に対する分析・評価をみていく。

　本書の直接の分析対象は、生活保護法（新法）の成立過程であるが、旧法の分析も欠かすことができない。それは、旧法がGHQから示された公的扶助の基本原則を具体化した制度であり、不十分ながらも一般扶助主義をとったからである。また、新法も旧法の運用で十分にできなかったため、それをふまえて法律が改正されている。[73]その点では、救護法から旧法、旧法から新法への「連続」と「断絶」を分析していくことが重要になる。

　小川は、戦前の救貧立法がどんなに困窮していても労働能力の

---

72) 岸「戦後日本の公的扶助（二）」前掲書、91～92ページ。
73) 厳密にいえば、生活保護法（新法、1950年法律第144号）は、生活保護法（旧法、1946年法律第17号）を改正したものではなく、新たに制定されたものである。しかし、実質的には旧法をふまえて、立法作業が行われているので、他の研究でも改正と記載されていることが多い。ちなみに、社会局長であった木村忠二郎は『改正　生活保護法の解説』というテーマで本を出しており、改正という言葉を用いている。

第 1 章　生活保護法成立過程に関する先行研究の総括と研究課題の設定

ある者は保護しないという制限扶助主義をとっていたのに対して、旧法の最大の特徴は、無差別平等の一般扶助主義を採用したことであると一定の評価をしている[74]。しかし、旧法は治安維持対策であり、具体的な運用過程、「欠格条項」の明記、保護請求権及び争訟権の否定、旧法の条文が実質的には救護法の焼き直しであった点などは、戦前の救貧的・慈恵的思想、惰民観と本質的に変わるものではないと批判している[75]。小川と同じく、旧法は緊急的治安対策であり、その本質は戦前の救貧的・慈恵的発想、惰民観にあると指摘するのが吉田、河合、井上である[76]。

　岸の分析の中心は新法成立過程であるため、旧法に対する記述は少ない。その中でも、生活困窮者緊急生活援護要綱が援護の対象を大きく広げることによって、戦前の制限扶助主義から一歩踏み出す、旧法に掲げられた無差別平等へとつながっていく積極的な側面と、具体的な運用に関しては恩恵的性格に基づく自己責任や相互扶助を前面に押し出している側面との二面性を持っており、それも旧法に引き継がれたと指摘している[77]。

　村上は、旧法制定の背景に軍事恩給の停止があると指摘している点が、他の研究と異なっている。旧法への評価は多くみられないが、低すぎる保護基準、民生委員（方面委員）が実施機関として設置されたことによって、制度の実施に支障をきたしたと指摘している[78]。

---

74) 小川『増補新版　社会保障権―歩みと現代的意義』前掲書、62～63 ページ。
75) 小川「保護請求権と争訟権の成立」前掲書、150～151、155～156 ページ。
76) 吉田『吉田久一著作集 3　改訂増補版　現代社会事業史研究』前掲書、292～296 ページ、井上「生活保護法の形成過程と機能（上）」前掲書、77 ページ、84～85 ページ、井上「生活保護法の形成過程と機能（中）」前掲書、47～48 ページ、井上「公的扶助の権利―権利発展の歴史」前掲書、120～124 ページ、河合「戦後生活保護行政の変遷」前掲書、41～44 ページ。
77) 岸「戦後日本の公的扶助（一）」前掲書、53～58 ページ。
78) 村上『占領期の福祉政策』前掲書、76～88 ページ。

菅沼は、詳細な実証分析を行っているが、個別の事項に対しての評価については慎重である。旧法についても評価を避けているが、「旧法形成過程における最大の謎は、SCAPIN775が『進歩的』と評価される一方で旧法の評価は常に限定がつけられてきたのはなぜかという点にある」[79]と重要な指摘をしている。このような問題意識で、菅沼は旧法の形成過程を分析しているが、GHQと厚生省の間での争点は、同胞援護会承認問題、生活困窮者緊急生活援護要綱実施、月例報告体制の確立の3点であった。その上、GHQは権利条項の明記に執着しておらず、なおかつ厚生省も権利性に無自覚ないし消極的であったため、救護法の条文を焼き直しした旧法の条文は、GHQによっては大幅に修正されず、帝国議会での議論を経て[80]、法律が制定されたという[81]。

　ここまでみてきた菅沼を除く6氏は、旧法に対して一定の意義を認めながらも批判的な評価をしている。一方、それらと異なる評価をしているのが副田である。副田は、新法が制定されるまでの旧法の具体的運用に関して、旧法下でも新法の基本的特徴の6項目（国家責任、最低限度の生活の保障、無差別平等、生活保護をうける権利＝不服申立制度、欠格条項の除外、有給の専門職の担当）のうち、国家責任と無差別平等が完全に、最低限度の生活保障と生活保護を受ける権利＝不服申立制度が不完全ながら形成されていたと指摘する。そして、旧法について「生活保護法の形成過程において旧法がもつ意義は一般にかんがえられているより大きいというべきであろう」と評価している[82]。

---

79) 菅沼『被占領期社会福祉分析』前掲書、153ページ。
80) 実際には、衆議院・貴族院の生活保護法案を審査する委員会では、主に日本社会党の議員が生存権を根拠に国家責任を明記することや「欠格条項」が含まれていることなどへの条文に対する批判があった。
81) 菅沼『被占領期社会福祉分析』前掲書、153～178ページ。
82) 副田『生活保護制度の社会史』前掲書、51～53ページ。

第7節　生活保護法（新法）に対する分析

　次に、生活保護法（新法）に対する分析・評価をみていく。「序章」で述べたが、現在の生活保護研究は、自立支援プログラム、生活保護（扶助）基準引き下げ、老齢加算・母子加算の廃止（母子加算は2009年12月に復活）、違法な生活保護行政の実態分析、外国の公的扶助制度の紹介と日本への示唆、抜本的な生活保護改革の提起など多岐に亘っている。しかし、生活保護の政策分析が中心であり、法律自体の問題点には言及せずに、法律の趣旨・理念と実態がかけ離れていることを批判する研究が多い。このことは、日常的な人権侵害を発生させる生活保護行政に対しての政策分析や政策的対応に迫られていることとも関係している。さらには、生活保護法（新法）が制定されて以降、大幅な法律改正も行われずに通知や通達で実質的に制度が変更されてきたことと大きく関わっている。

　しかし、先述した小川の指摘や井上の「人間の尊厳を侵害するような事例が後をたたないのは、制度を運営する行政職員の資質も関係なくはないが、むしろ制度に宿命的に付随する欠陥というべきであろう[83]」との指摘に、あらためて耳を傾けなければならない。今日の生活保護研究に必ずしも生かされているとはいえないが、1970年代までの先行研究においては、むしろ、法律の条文がどのような意図を持って作られたのかを含めて、法律自体の限界が指摘されていた。

　岸は、「わが国の生活保護制度は、『民主主義的に装われた救貧』としての公的扶助の特徴を、諸外国に例をみない程に、集中的に表現しているといえよう[84]」と述べていることからも明らかなよう

　83）井上「公的扶助の権利―権利発展の歴史」前掲書、146～147ページ。
　84）岸「公的扶助論」前掲書、19ページ。

に、最も厳しい評価をしている。「救貧」思想が強く残る政府当局者の抑止的・非民主的な「基調」がますます固持される中、生活保護法（新法）は作られており、法律の中に矛盾・対立する諸要素が、十分に調整されないままに並立・共存しているのは、厚生省による保護引き締めの強化の要請とGHQの絶対的な権力を背景とする強い指示という、2つの要因があったからだと指摘する。[85]

吉田は、戦後公的扶助の特徴を軍事援護優先的扶助体制の打破、国家責任の明確化、公的扶助の民主化、基本的人権の尊重、行政施策の専門技術化（処遇の専門化）にあるとしている。その上で、生活保護法（新法）の問題点として、社会保障か社会福祉か議論されていた点、保護の補足性が組み込まれたこと、失業対策を担わされていたことなどをあげて、生存権を建前としつつも、制度の実施にあたっては「適正化」政策の原型をはらんでいたことを指摘している。[86]

河合は、生活保護法（新法）施行後に通知された「新生活保護法の施行に関する件」、「生活保護法の運用に関する件」に着目して分析している。そこで挙げられていた法施行に関する課題が、収入の認定、扶養義務の励行、医療扶助の決定及び実施、「不当な外部勢力」への対処、法の濫用に対する戒めであったことをさし、「改正生活保護法は、GHQの『民主化』政策に一応こたえつつも、当時の保護行政の動きに対応してたくみに『適正化』政策を制度的に完成していったのである」[87]と岸と同様の結論を出している。

小川は、戦前と同じ惰民観に立って保護請求権を否定し続けた

---

85) 岸「新生活保護法の特質とその成立の背景」前掲書、47～50ページ、54ページ、同「戦後日本の公的扶助（二）」前掲書、103～104ページ、同「公的扶助論」前掲書、19ページ、22～23ページ。
86) 吉田「生活保護制度の成立過程について」前掲書、17ページ、30～31ページ、同『吉田久一著作集3 改訂増補版 現代社会事業史研究』前掲書、287ページ、304～305ページ。
87) 河合「戦後生活保護行政の変遷」前掲書、75ページ。

第1章　生活保護法成立過程に関する先行研究の総括と研究課題の設定

　旧法に対して、新法は憲法第25条との関連において保護を受けることを権利として明記し（1条、2条）、かつ、それとの関連において争訟権を法律に明記したこと（64条～68条）を高く評価しながら、厚生大臣の保護基準単独決定権、補足性の原則、世帯単位原則、医療機関への監督強化規定や被保護者の義務規定、不正受給罰則規定、生活指導・指導に服従する義務など、憲法25条の実質化というには、問題が多いことを指摘している[89]。

　岸、小川、吉田、河合が法律の改善・意義と問題点の両者を述べているのに対して、当時の社会経済的状況を広くとらえ、その中で生活保護法（新法）に課せられた機能を分析し、問題点を指摘しているのが井上である。井上は、緊急的治安対策としての役割を担わされた旧法に対して、新法は失業対策的意味、治安防止機能から争議防止、労働力の創出による経済復興、総合的な社会保障に代わる安上がりの制度＝「巧妙な福祉計画」として、幅広い機能を担わされたと指摘する。そのことをふまえた上で、法律の条文については小川と同じく、保護受給権の明記（1条、2条）、争訟権の明記（64条～68条）を高く評価しながらも、巧妙に諸種の権利制限、保護制限の規定、義務規定（保護基準の厚生大臣の単独決定権、補足性の原則、世帯単位原則、自立助長）が挿入されていることを指摘している[90]。

---

88) 生活保護法第4条は補足性の原理と呼ばれることが多いが、小川は第1条～3条が憲法的原理と言えるのに対して、自助原則を要求する補足性条項については、基本原理が異なるとして、原則と表記することが多い。井上も、保護の補足性は、「公的扶助制度としての本質的性格を示すと同時に保護の要件を定めているものとして、むしろ原則に規定されるべきものであろう」と指摘する（井上「公的扶助の権利―権利発展の歴史」前掲書、167ページ）。この点は、重要な論点であるので、以後の本文中で論じることとする。

89) 小川「公的扶助と社会福祉の法における問題点」前掲書、68～69ページ、78～79ページ、85ページ、同「保護請求権と争訟権の成立」前掲書、175～177ページ、同『増補新版　社会保障権―歩みと現代的意義』前掲書、78～82ページ。

90) 井上「生活保護法の形成過程と機能（中）」前掲書、54～56ページ、同「生

上記の5氏とまったく異なる評価をしているのが、副田である。副田は、生活保護法（新法）は公的扶助に欠格条項を設けないという点で、国際的にみて珍しいものであり、敗戦からわずか5年間しか経過していない日本で成立した公的扶助の法律としては、民主主義の観点からみて、非常に進歩的な法律であったと積極的な評価をしている。村上の厚生官僚に対する高い評価は先述したが、生活保護法（新法）についても、不服申立制度の導入、憲法25条が具現化したこと、「生存権保障」の確立を根拠として、「この権利性が決定されたことにより、生活保護法は法の改正という手続きを踏みながらも、旧法とはその質を異にする新しい法律として生まれ変わったのである」と高く評価していることがわかる。

　菅沼の研究は、旧法の形成過程と展開にとどまっているので、新法に対する分析・評価はみられない。

　ここまでみてきたように、今日の生活保護研究では重視されることは少ないが、生活保護法（新法）の評価は定まっているとはいえず、権利性が保障されているか否かという対立点が存在する。このような評価の違いは何に起因しているのか、分析することが重要である。

第8節　生活保護法と憲法25条との関連に対する分析

　本節では、生活保護法（旧法、新法）と憲法25条（生存権）との関連に対する分析をみていく。これまで、先行研究の総括を行ってきたが、多くの論者は生活保護法（新法）が制定される過程

　　活保護法の形成過程と機能―新生活保護法の制定と新・旧生活保護法の性格・機能をめぐって」前掲書、35ページ、38～39ページ、同「公的扶助の権利―権利発展の歴史」前掲書、124～126ページ。
　91）副田『生活保護制度の社会史』前掲書、41～44ページ、50ページ。
　92）村上『占領期の福祉政策』前掲書、250～253ページ。

で憲法25条(生存権)が具体化されたことを積極的に捉えており、それ自体が論点になるとは考えづらい。しかし、この点については、法学を専門とする小川と井上が重要な指摘を行っている。

　小川は、生活保護法(旧法)の制定過程における、小山松吉(貴族院勅選議員)と河合良成厚生大臣のやりとりを分析している。小山の生活保護法(旧法)と憲法25条との関連を問う質問に対して、河合厚生大臣が、憲法25条第1項の規定を自由権的な性格のものに矮小化し、2項については政治上の責務規定にすぎないものとして解釈し、憲法生存権条項に対応するのが生活保護法だから、保護を受ける権利があると規定しても、実際上意味がないという趣旨の答弁をしたことを指摘している[93]。井上も小川の研究を参考にし、「新憲法25条と旧生活保護法の関係は、旧生活保護法が上位の規範である憲法の具体化であるよりも、慈恵的な旧生活保護法の性格が、新憲法25条の解釈を規定するという逆転した関係にあったというべきであろう」[94]と重要な指摘を行っていた。

　しかし、小川と井上の研究が後の生活保護研究に生かされているとはいえない。さらに、小川、井上の研究も旧法の成立過程の分析にとどまっており、生活保護法(新法)でいかなる議論がされていたかは分析されていない。小川と井上が残した課題について、直接関連するわけではないが、村上の研究では重要な指摘がされている。村上は、憲法25条(憲法草案では23条)成立過程を分析する中、生存権・生活権の保障は、勤労の義務と表裏一体で規定されたとしている[95]。そして、生活保護法(新法)成立過程における社会保障制度審議会の議論の中でも、憲法25条の生存権と憲法27条の勤労権の関係が問題となったことを指摘している[96]。

---
　93)　小川「保護請求権と争訟権の成立」前掲書、150～153ページ。
　94)　井上「公的扶助の権利—権利発展の歴史」前掲書、123ページ。
　95)　村上『戦後所得保障制度の検証』前掲書、76～77ページ。
　96)　村上『占領期の福祉政策』前掲書、245～249ページ。

これらの議論には、生活保護を受けるよりも就労を優先するという救貧的な発想が見え隠れしている。

　ここであげた先行研究に限らず、多くの生活保護研究、社会保障研究においても、旧法では憲法 25 条（生存権）の理念が必ずしも生かされなかったが、新法では憲法 25 条（生存権）の理念が具体化され、制度が改善されたと説明されることが多い。しかし、国会で同時期に議論されていて、なおかつ、憲法 25 条（生存権）成立過程と生活保護法（新法）に関する蓄積があるにもかかわらず、両者を視点に入れた研究はこれまであまり行われてこなかった。小川、井上、村上の分析をふまえれば、憲法 25 条（生存権）が具体化されたことが、生活保護法の改善といえるかどうかは疑問が残る。

　今日、生活保護裁判及び社会保障研究・生活保護研究では、生活保護法と憲法 25 条（生存権）の関連が十分に整理されておらず、時には最低生活保障＝生活保護という説明がされることすらある。理論的に混迷した憲法 25 条と生活保護の関連を解きほぐすためにも、生活保護法（旧法、新法）成立過程と憲法成立過程に遡って分析する必要がある。

小　括

　ここまで、岸勇、小川政亮、吉田久一、河合幸尾、井上英夫、副田義也、村上貴美子、菅沼隆の研究を、政策主体（GHQ、厚生省・厚生官僚）、労働運動・社会運動、生活保護法（旧法）、生活保護法（新法）、生活保護法と憲法 25 条（生存権）の関連に整理し、分析を行ってきた。それぞれの事項の分析・評価の違いには、研究方法（分析方法）や政策主体（GHQ、厚生省）の一次資料を分析するという分析資料の違いがあることは、先述した。それら

をふまえつつ、次章以降の分析で留意すべき点をまとめる。

　占領期ということもあるので、はじめに GHQ の占領政策、特に SCAPIN がいかに形成されたのかを先行研究を参考にしながらまとめなければならない。また、占領政策の影響を受けながらも、具体的な立法作業を行った厚生省・厚生官僚の分析も欠かすことはできない。そして、今日の生活保護研究で評価が対立する労働運動・社会運動については、副田や菅沼らの批判に応えるよう、これまでの運動全体を捉える分析とともに、一次資料を用いた実証研究を試みる。政策主体と生活困窮者という、生活保護に対して立場の異なるアクターが、いかなる動きをみせる中で政策が作られていくのか、また、作られた政策の本質やそこに込められた意図は何であったのか、を両者の動きがかみ合う形で分析していく。

　ただし、この時に重要なのは、政策主体と生活困窮者の実態は、社会経済的状況によって大きく影響を受けるということである。一次資料を用いた実証研究で明らかにされた詳細な個別分析をふまえつつも、当時の社会経済的状況を視野に入れた総合的な分析が必要になる。本書は、一次資料をもとにした実証研究を参考にしながら、総合的視点で生活保護法成立過程を分析し、法律に課せられた役割と機能を明らかにする。

第2章
第二次世界大戦直後の社会経済的状況と救貧制度の機能不全
―生活困窮者緊急生活援護要綱の制定と最低生活保障の構想―

　総力戦といわれた第二次世界大戦は、日本の敗戦という形で終わりを遂げた。街には、戦災者、引揚者、失業者、生活困窮者が溢れており、まさに「総スラム化現象」と呼ばれる状況であった。そのような状況にもかかわらず、GHQ は戦争によって深刻な事態を引き起こしたのは、日本政府の責任であるという立場を明確にしており、自力再興を前提とし、冷淡な態度をとり続けた。そのことは、占領政策の基本原則に示されていたし、GHQ が想定した日本国民に対する最低生活の基準をみても明らかであった。

　第二次世界大戦直後に、GHQ による「民主化」政策の一環として、戦前は結成が禁止されていた労働組合が、労働組合法（1945年法律第51号）の制定によって合法化された。戦後直後の労働運動・社会運動は、2つのナショナルセンターがリードすることになるが、この時期は組織化された労働運動というよりも、「戦争被害者」としての意識を強く持った人々による、まさに「生きるための闘争」ということに特徴があった。大量の生活困窮者と「生きるための闘争」を目の当たりにしたGHQ、日本政府は、「社会

不安」を招くことを危惧した。そして、GHQ は日本政府に対して、最低限度の生活を維持するための具体的な計画を作るように指示した。

本章では、第二次世界大戦直後の占領政策のはじまりから、GHQ がいかなる最低生活を構想していたのか、「社会不安」を防止するため、戦前の救貧制度と原則の異なる生活困窮者緊急生活援護要綱がいかに形成されていったのか、厚生省・厚生官僚がいかなる社会保障を構想していたのかを分析する。

第 1 節　第二次世界大戦直後の社会経済的状況と占領政策のはじまり

第 1 項　敗戦直後の社会経済的状況

1945 年 8 月 15 日、「総力戦」と呼ばれた第二次世界大戦はポツダム宣言の受諾をもって、日本は敗戦という形で終わりを遂げた(ポツダム宣言受諾決定と連合国への通知は前日の 8 月 14 日)。9 月 2 日に東京湾のアメリカ戦艦ミズーリ号上で、重光葵外務大臣によって降伏文書が調印された。これによって、GHQ による間接統治方式の占領政策が行われることになった。

敗戦直後の日本は資源・物資の不足、空爆による住居や生産設備などの破壊で、鉱工業生産指数は 1935～37 年を 100 とすると 10 以下に低下、軍需工場の解体や生産活動の麻痺による大量の失業者、国内外からの復員・旧植民地からの引揚者によって、失業者は 1300 万人と推計された。農業生産物及び米の生産も 1933～35 年を 100 とすると、それぞれ 59.7、65.2 まで低下する深刻な食糧難であり、国民生活は深刻な状況に追い込まれていた。[1] 具体的な

---

1) 井村喜代子『現代日本経済論〔新版〕—戦後復興、「経済大国」、90 年代大不況—』有斐閣、2000 年、11 ページ。

食糧事情をみると、国民一人1日当たりの熱量供給量は、1934〜36年度平均の2030カロリーを100とすると、45年度が88（1793カロリー）、46年度が71（1449カロリー）、47年度が83（1659カロリー）、48年度が91（1851カロリー）であり、100を再び超えるのは、109（2217カロリー）に達した55年度を待たなければならなかった[2]。また、1945年11月までの日銀券の増発（250億円）、一部の価格及び配給統制の撤廃、米麦供出促進のための生産者価格引上げなどもあって、協定価格は公定価格廃止から約3ヵ月で10倍以上の上昇というハイパー・インフレーションを招いた[3]。

街には、戦災者、浮浪者などが溢れかえっており、国民すべての生活が飢餓状態にあるなど、まさに日本全体が「総スラム化現象」と呼ばれる状態であった[4]。

第2項　GHQによる占領政策のはじまりと基本原則

総飢餓状態にある国民に対して、GHQは当初、極めて冷淡な態度をとった。そのことは、初期占領政策の方針を示した2つの文書に端的に表れている。2つの文書とは、1945年9月22日に公表されたSWNCC150/4（State-War-Navy Coordinating Committee、国

---

2) 清水洋二「第6章　戦後危機と経済復興1　食糧危機と農業復興」石井寛治・原朗・武田晴人編『日本経済史4　戦時・戦後期』東京大学出版会、2007年、311〜313ページ。

3) 原朗「第5章　被占領下の戦後変革—いわゆる『戦後改革』の歴史的意義—」同上書、275ページ。

4) 高澤武司は「総スラム化現象」を、「国民すべての生活が餓死状態、生理的限度に落ちていたというだけでなく、このような状態に対処する政策そのものも不在で、すべて個々の国民が自前でそのエゴだけを頼りに生きなければならないという状況」と定義している。いくら数字を挙げてみても、「豊かな社会」に生まれ育った筆者に当時の状況を理解することは困難であろう。あらゆる制度・政策が今日とは大きく異なる社会経済状況＝「総スラム化現象」で作られたことを、常に念頭に置いておかなければならない。高澤武司「敗戦と戦後社会福祉の成立」右田紀久恵・高澤武司・古川孝順編『社会福祉の歴史—政策と運動の展開〔新版〕』有斐閣選書、2001年、296ページ。

務・陸軍・海軍三省調整委員会）「降伏後における米国の初期の対日方針」[5]（以下、「初期の対日方針」と略記）、同年11月1日に公表されたSWNCC52/7「日本占領及び管理のための連合国最高司令官に対する降伏後における初期の基本的指令」[6]（以下、「初期の基本的指令」と略記）を指す。

「初期の対日方針」の「第一部　究極の目的」では、「（イ）日本国が再び米国の脅威となり又は世界の平和及安全の脅威とならざることを確実にすること」、「（ロ）他国家の権利を尊重し国際連合憲章の理想と原則に示されたる米国の目的を支持すべき平和的且責任ある政府を究極に於て樹立すること」と、占領政策の目的として、アメリカの脅威の排除・協力的な政府の確立を一番に挙げていた。経済面での復興については、「（ニ）日本国国民は其の平時の需要を充し得るが如き経済を自力に依り発達せしむべき機会を与へらるべし」とある。「第四部　経済」の「三　平和的経済活動の再開」において、「日本の苦境は日本国自らの行為の直接の結果にして連合国は其の蒙りたる損害復旧の負担を引受けざるべし」、「日本国当局は自己の責任に於て必須国家公共事業、財政、金融並に必需物資の生産及分配を含む経済活動の統制を設け且つ実施することを許さるべし」と書かれていることからもわかるように、GHQは、復興に関しては積極的に関与・支援するのではなく、日本政府・日本国民に対して、自力再興の機会を与えるにすぎなかった。

このことは、「初期の基本的指令」の「第二部　甲　経済　目的及び一般的基本原則」においても同じであり、「13　貴官（ダグラス・マッカーサー―筆者）は、日本の経済的復興又は日本経済の強化

---

5) 大蔵省財政史室編『昭和財政史―終戦から講和まで―17　資料（1）』東洋経済新報社、1981年、19～23ページ（文は原則として原資料に従うが、旧仮名遣いと旧漢字は新仮名遣いと新漢字に改めている）。

6) 同上書、26～38ページ。

について何らの責任をも負わない。貴官は次のことを日本国民に明らかにする。(い) 貴官が日本にいずれの特定の生活水準を維持し又は維持させる何らの義務をも負わないこと」とGHQが生活保障に責任を負うことはないと明言していた。

「初期の対日方針」と「初期の基本的指令」に基づいて、GHQの初期占領政策は行われていく。「民主化」政策も重要な課題として挙げられていたが、中心的課題は日本の軍事力・軍国主義の完全破壊とその復活の阻止＝「非軍事化」であった[7]。

第3項　占領政策における「民主化」

占領政策は「非軍事化」を目的としていたため、「非軍事化」を実現するための政策が、「民主化」の一面を持っていたことも事実である。占領政策において、具体的に示された「民主化」の原則は、1945年10月4日に占めされたSCAPIN93「政治的、公民的及び宗教的自由に対する制限の除去に関する指令部覚書」[8]（いわゆる「人権指令」）である。「人権指令」の内容は、「天皇・皇室・政府に対する言論の自由の保障、治安維持法などの弾圧法規の撤廃、政治犯の釈放、内務省警保局や特別高等警察（特高）の機能の停止、内務大臣・警保局長・特高課員などの罷免」を要求するものであった[9]。

さらに、同年10月11日には、首相就任の挨拶に訪れた幣原喜重郎に対して、マッカーサーは憲法の自由主義化を求め、五大改革＝「選挙権賦与による日本婦人の解放、労働組合の組織化促進、よ

7）井村『現代日本経済論〔新版〕—戦後復興、「経済大国」、90年代大不況—』前掲書、18〜21ページ。
8）大蔵省財政史室編『昭和財政史—終戦から講和まで—17　資料（1）』前掲書、23〜25ページ。
9）吉田裕「戦後改革と逆コース」同編『日本の時代史26　戦後改革と逆コース』吉川弘文館、2004年、34ページ。

り自由な教育を行うための諸学校の開校、秘密の警察及びその濫用によって国民を絶えず恐怖の状態にさらしてきた如き諸制度の廃止、生産及び貿易手段の収益及び所有を広汎に分配するが如き方法の発達により、独占的産業支配が改善されるよう日本の経済機構が民主々義化せられること」を指示した（「五大改革指示[10]」）。「人権指令」と「五大改革指示」の内容は、第二次世界大戦以前には、いずれも否定され続けたものであり、国民の人権を著しく侵害するものであった。その点では、まさに「民主化」政策に相応しいものであった。

　さらにGHQの「民主化」政策は具体化され、財閥解体、農地改革、労働改革が連続して行われる。これらに共通することは、財閥が軍事力・軍事的侵略の基盤となり、大地主は封建的制度の支配者で小作農の極度の貧窮が国内市場の狭隘性を高め、日本の労使関係と労働者の過酷な労働条件と低賃金などを生み、それぞれが日本の海外侵略の基盤であるとGHQが認識していたからである。占領政策の目的である「米国の脅威」の除去＝「非軍事化」を達成するためにも改革は不可欠であった。財閥解体、農地改革、労働改革はそれぞれ大きな意味を持つものであったが、後に「民主化」政策の意図が明らかになる中で、大きく変更を迫られることになる。

　この時点で、「民主化」の意図が明らかになることはなかった。しかし、マッカーサーが「食糧メーデー」に対して、威嚇的な声明（1946年5月20日）を出したことは、占領政策の主目的が「民主化」ではなく、「非軍事化」にあることを物語っていた。

---

[10] 大蔵省財政史室編『昭和財政史―終戦から講和まで―17　資料（1）』前掲書、25～26ページ。

第4項　GHQ が想定していた最低生活

それでは、GHQ が具体的に想定していた最低生活とは、いかなる水準であったのか。対日救済政策は突如として作られたものではなく、第二次世界大戦中から日本の救貧制度（恤救規則、救護法、方面委員）などを研究した上で、綿密に作成されていった。SFE（SWNCC Subcommittee for Far East、国務・陸軍・海軍三省調整委員会極東小委員会）が、1945 年 7 月 19 日に起草し、後に「初期の対日方針」の救済政策領域で具体化された「救済に関する政策（日本）」には、以下のようなことが書かれていた。具体的には、「救済」の概念を「a. 飢餓を防止すること」、「b. 軍政の機能を妨害するような社会不安を防止すること」と明確化し、生活必需物資の供給については、「日本人の生活水準が隣国のそれより高くてはならない」という原則を示した。

ここには、GHQ が日本国民の生活保障の責任を負わない（もしくは必要最小限のみ負う）という原則が示されているが、日本に残された限られた物資を公平に分配するという「公平な処遇原則の萌芽」もみられていた。[11]

第2節　救貧制度の不備と生活の困窮化

第1項　維持された戦前の救貧制度

戦前・戦時中の救貧制度とは具体的に、救護法（1929 年法律第 39 号）、母子保護法（1937 年法律第 19 号）、軍事扶助法（1937 年法律第 20 号）、医療保護法（1941 年法律第 36 号）が挙げられる。第二次世界大

---

11) 竹前栄治『GHQ』岩波書店、1983 年、78〜79 ページ。竹前栄治は対日方針が決定される過程を分析しているが、救済政策が飢餓や社会不安の防止にあること、日本人の生活水準が近隣諸国の水準を上回るほど、援助してはならないという方針が含まれていたことを指摘している。菅沼隆も同様の指摘をしている。菅沼隆『被占領期社会福祉分析』ミネルヴァ書房、2005 年、68〜69 ページ。

表1　各種救貧制度の実施状況（1942年度〜1945年度）　　（単位：千人）

	救護法	軍事扶助法	医療保護法	母子保護法
1942年度	108	—	450	106
1943年度	128	1,977	207	110
1944年度	143	2,480	217	110
1945年度	93	2,979	193	85

出典）木田徹郎「第7編　戦後における公的扶助制度の転回（一）―公的扶助制度を中心として―」日本社会事業大学救貧制度研究会編『日本の救貧制度』勁草書房、1960年、306ページ及び小山進次郎『改訂増補　生活保護法の解釈と運用』中央社会福祉協議会、1951年（本書では全国社会福祉協議会による復刻版、2004年を使用）、12ページ、より筆者が作成。

注）木田の論文では、戦時災害保護法、行旅病人死亡人取扱法、罹災救助基金法も含まれているが、小山の著書では生活困窮者を対象とした制度として、上記4つが記載されているため、表では除いた。

戦以前の救貧制度の中心は救護法だと思われがちであるが、事実は異なっている。旧来の社会事業は貧困者を対象にしたものであったが、軍事援護事業の対象者は、国家のために兵役の義務を果たしたため、一時的に貧困に陥ったのであり、社会事業と軍事援護事業は基本概念が異なると考えられていた[12]。そのため、軍事総動員体制が形成されていく中で、母子保護法、軍事扶助法、医療保護法が制定されていった。

　戦前・戦時中の救貧制度は不十分であり、各種制度の内容も差別化されていた（表1）。この点に関しては、後に厚生省社会局保護課長となる小山進次郎も「前述の如き特別法（母子保護法、軍事扶助法、医療保護法―筆者）による救護制度の分散化は、救護制度の基本たるべき救護法に甚大なる影響を与えずにはおかなかった。即ち、救護の対象の多くをこれらの特別法に吸収された救護法は、他の制度を以てしては如何ともすることのできない極めて限られた社会の落伍者を救護する極めて特異な制度となり、このために

---

[12] 重田信一「戦時下における公的扶助の動向」日本社会事業大学救貧制度研究会編『日本の救貧制度』勁草書房、1960年、284〜290ページ。

救護法による救護は一般的に敬遠され、救護法の存在価値が次第に低下するに至った」と認めているところである。実際に、1945年の受給者数は救護法が9万3327人（1.7％）、医療保護法が8万5392人（1.5％）、軍事扶助法が297万9562人（53.6％）、医療保護法が240万4600人（43.2％）であり、救貧制度における限定的な救護法の位置づけは明らかであった。[13]

GHQ は、日本国民の生活保障責任を負わないことを明言していたが、日本政府は街に溢れる大量の生活困窮者を目の当たりにしても、救護法、母子保護法、軍事扶助法、医療保護法を維持しながら乗り切ることを前提として、新たな制度の創設には消極的であり、具体的な動きをみせることはしなかった。

第2項　軍人恩給の停止

国民の生活困窮を招いた原因は、救貧制度が機能していないだけではなく、軍人恩給が停止されたことも大きく影響している。第二次世界大戦以前の日本においても、健康保険法（1922年法律第70号）、国民健康保険法（1938年法律第60号）、厚生年金保険法（1941年法律第60号）が制定された。すべての国民をカバーしていたわけではないし、水準も十分とはいえなかったが、社会保険は徐々に整備されていた。しかし、これらの社会保険も戦後直後のハイパー・インフレーションの影響を受けて、実質的には休眠状態にあり、社会保険が最低生活保障として、機能を果たすにはもう少し待たなければならなかった。「非軍事化」を押し進める GHQ によって、1945年11月24日に SCAPIN338「恩給および年金に関する件」が示され、翌日に米軍渉外局から「軍人の恩給停止の件」

---

13) 小山進次郎『改訂増補　生活保護法の解釈と運用』中央社会福祉協議会、1951年、12ページ（本書では、全国社会福祉協議会による復刻版、2004年を使用）。

が発表されたことが国民生活にさらなる追い打ちをかけることになった。

1946年2月1日までに、原則として軍人恩給（恩給法、1923年法律第48号）及び退職手当の支給を停止することを命令されたが、対象とされたのは軍人のみならず連合国の命令によって既に解体されたもしくは将来解体されるべき社団法人、協会又は団体に関係ある民間人および軍人、連合国の命令により免職された民間人もしくは軍人も含まれていた。これは、「日本に於ける軍人恩給制度は他の諸国に類を見ないほど大まかなものであったが、この制度こそは世襲軍人階級の永続を計る一手段であり、その世襲軍人階級は日本の侵略政策の大きな源となったものである」と、GHQが認識していたからである[14]。軍事優先体制の基盤となった、軍事援護事業や軍人恩給をどのように評価するかも重要な課題であるが、そのことを差し引いて考えても、生活の困窮化に大きな影響を与えたのは自明のことである。

第3項　自力再興を前提にした失業対策の整備

社会保険制度と救貧制度が機能しない中、日本政府が全面的に打ち出したのは、失業対策の整備であった。失業者、引揚者、戦災者、傷痍軍人、未亡人と大量に生活困窮者が街に溢れる中でも、主に失業者や引揚者（400～600万人と厚生大臣は認識）への対策として、1945年11月16日に、厚生大臣は、①国民の勤労生活並びにこれが基本である道義生活の確立、②民需産業の自主的振興の促進、③戦後復興土木建築事業急速実施、④農林水産開発事業の急速実施の確立などを主管各省に要望した[15]。

---

14) 社会保障研究所編『戦後の社会保障（資料）』至誠堂、1968年、2～4ページ。なお、同書では、「恩給および年金に関する件」の日付が、昭和21年11月24日と書かれているが、昭和20年（1945年）の誤りである。

15) 労働省職業安定局編『失業対策事業通史』雇用問題研究会、1996年、87ペ

第2章　第二次世界大戦直後の社会経済的状況と救貧制度の機能不全

　さらに、同年12月3日には、失業対策の問題を解明して、合理的な対策を確立するよう迫られたため、民間学識経験者と関係各省の次官及び局長を加えた官民両者により構成された、失業対策委員会が設置された。失業対策委員会は、戦時経済から平和経済移行における、産業活動の停滞に起因する過少生産によって終戦後の失業が発生していると分析し、諸産業の再出発と振興を促進するのが失業対策の基本であるとの認識に立っていた。

　そして、1946年2月9日に、失業対策委員会は①失業解決のため民需産業の急速なる振興を図るため早急に採るべき措置、②労働者の勤労意欲振起のため早急に採るべき措置、③知識階級失業対策、④女子失業対策の4項目を「失業対策として急速措置すべき事項に関する意見」として、厚生大臣に建議した。[16)]

　これらをもとにし、失業対策を総合的に実施することを目的として、1946年2月15日に閣議決定されたのが、緊急就業対策要綱である。緊急就業対策要綱では、①基幹産業の振起を図ることによる健全な雇用機会の創出と帰農の施行による農業生産力の向上、②土木建築事業を実施し、失業者の多数吸収、③特殊失業者としての知識階級失業者への就職促進と失業救済応急事業の実施、④直ちに就業し得ない者への職業補導が掲げられている。[17)]

　これらの共通点は、基幹産業の振起による雇用機会の創出と勤労意欲の促進を軸にしており、自分の力で生き抜くこと、自らの手で生活を立て直すことを前提にしていたということである。何よりも、緊急就業対策要綱の本質は、失業を潜在化させることにあった。その点では、失業対策といっても、「中央政府・地方政府が失業者を臨時に雇用して賃金を与える」[18)]ことを原則とする公

　　ージ。
　16) 同上書、88ページ。
　17) 同上書、91～94ページ。
　18) 加瀬和俊「第4章　失業対策の歴史的展開―日本における失業救済事業の

61

的就労事業や後で分析する失業対策事業（緊急失業対策法、1949年法律第89号）や、失業対策的機能を担わされた公共事業とは根本的に異なっていた。社会保険、救貧制度、失業対策が機能しない中、大量の失業者や引揚者が生活困窮化することは必然的であった。

第3節　各地における「生きるための闘争」と革新政党の結成[19]

第1項　各地における「生きるための闘争」

前節まででみてきたように、GHQは生活保障に責任を負わないことを明言し、日本政府は、大量の生活困窮者を眼前にしても、最低生活保障の整備、失業者への対策をとらなかった。生活資源・物資の圧倒的な不足、空爆による生活基盤の破壊によって生活困窮した国民はこれに対して不満を持ち、全国各地で「生きるための闘争」が繰り広げられた。労働運動の飛躍の契機となったのは、読売新聞の争議（戦後はじめての生産管理闘争）であったが、その後

　　経験から―」加瀬和俊・田端博邦編『失業問題の政治と経済』日本経済評論社、2000年、77ページ。

19）政治学者の五十嵐仁は、革新政党を「旧来の政治のあり方を改めて新しい政治を作りだすために、一定の政治理念や政策に基づいて、政権獲得をめざして持続的に活動する団体」であり、基本的な問題は、「当該政党の理念やイデオロギーにではなく、政治の根本的な転換を目指しているかとどうかという点にある」と定義している。その上で、日本においては日本社会党、日本共産党が当てはまるが、後に日本社会党から別れた民社党（民主社会党）と社民連（社会民主連合）も理論的には含まれるという。本書でも、五十嵐の定義に依拠し、戦後直後に結党された日本社会党と日本共産党を革新政党と位置づけ、分析対象とする。五十嵐の定義を参考にすれば、保守政党とは、これに対して、現在の政治の枠組みを維持（もしくは伝統に回帰）することを目的とした団体だと定義できる。第二次世界大戦直後の保守政党は、離合集散を繰り返しているが、基本的には日本自由党（後に民主自由党）と日本進歩党（後に民主党）を位置づけることができ、本書での分析対象とする。五十嵐仁「革新政党」渡辺治編『現代日本社会論』労働旬報社、1996年、662～663ページ。

も東京警察病院の看護婦によるストライキ、国立筑紫病院（臨時福岡第二陸軍病院）の医療従事者による従業員組合の結成と院長交渉での全面勝利と、その影響は各地へと広がりをみせた。

さらに、1946年になると、労働組合、農民団体、市民団体による関東食糧民主協議会が組織化され、隠匿物資摘発・配給適正化の活動が展開されるなど、労働運動・社会運動ともに第二次世界大戦以前とは、比較にならないほど発展を遂げた。それらの力が集約されたのが、1946年5月1日に11年ぶりに行われた「第17回メーデー」であり、社会保障に関する決議項目として、「失業手当法、失業保険法の制定」、「生産の即時再開、失業者に職を与えよ」などを掲げ、東京で50万人、全国では100万人の労働者が集結した。メーデーの盛り上がりは、皇居までの「米よこせデモ」、同年5月19日に実施された30万人の国民（一般市民、労働組合、文化団体、農民組合など）が集結した「食糧メーデー」へと広がりをみせていった。これらの労働運動・社会運動を支えたのは、自分たちは国家が起こした戦争の被害者であるという「戦争被害者意識」[21]とまさにその日を生きるための「生活権」[22]確保

---

20) 社会保障運動史編集委員会編『社会保障運動全史』労働旬報社、1982年、62～67ページ、738～739ページ。

21) 失業保険法の成立過程を分析した菅沼隆は、戦後労働運動の主体性の形成に関して、国民的窮乏化のもとで半ば自然発生的に芽生えた「戦争被害者意識」があったと指摘している。菅沼隆「日本における失業保険の成立過程（三）―戦後日本の社会保険思想の原点―」東京大学社会科学研究所『社会科学研究（第44巻第3号）』1992年、66ページ。吉田裕も戦後改革を下支えする民衆意識として国家指導者（特に軍人出身者）や軍部に対する反発と批判とが急速に広がっていたと指摘している。吉田「戦後改革と逆コース」前掲書、22～23ページ。

22) 井上によれば、この時期における運動は、自覚的に「社会保障制度」の設立を要求したものとはいえなかったが、国家、資本家に対する「生活権確保」の責任を追及するという意味で、「生存権保障」要求として、社会保障制度形成の原動力であったという。井上英夫「生活保護法の形成過程と機能（上）」早稲田大学法学会『早稲田法学会誌（第27号）』1977年、68～69ページ。菅沼、吉田

のための要求であった。

第2項　革新政党の結成とその要求

　「生活権」確保のための要求運動が各地で繰り広げられる中で、具体的な政策決定を行う国政の場においても、革新政党の結党が相次いでいる。1945年10月、政党では主な保守政党に先立って、第二次世界大戦以前は、結社禁止により非合法であった日本共産党が、戦後初めて合法化されたのを機に再建された。同年11月には、戦前の労働農民党、日本労農党、社会大衆党の流れをくんで、日本社会党が結党された。

　日本社会党は、同月の結党大会において、「食糧政策」、「農地制度改革」、「インフレ対策」、「失業対策」、「戦災地住宅対策」などを討議し、それぞれ採択した。そして、結党大会で決定した一般政策の中で、生活困窮者への対応として、「五、労働」では労働省の設置、労働組合の公認、最低賃銀制度の確立などとともに、「六、完全雇用を目標とする失業対策の実施」が含まれていた。さらに、「七、社会」では、社会保険省の設置や「失業、保健、養老、教育等を包含せる社会保険制度の実現」が掲げられており、具体的な政策レベルではないが、社会保険制度の改善に取り組む姿勢をみせていた。[23]

　また、日本共産党も同年11月8日に代々木の党本部において、全国協議会が開催され、党規約、行動綱領、政策などが決定された。政策は多岐に亘るためここで紹介することはしないが、人民戦線綱領では、「（五）天下り憲法の廃止と人民に依る民主憲法の

　　の指摘も含めて、労働運動・社会運動が、いかなる思想（権利思想）のもとで、運動に取り組み、制度改善要求を掲げていたのかは重要な点である。

23）法政大学大原社会問題研究所編『日本労働年鑑（第22集）』第一出版、1949年、333〜336ページ（本書では、労働旬報社による復刻版、1970年）を使用した。

設定、(六)労働時間の徹底的短縮、義務的最低賃銀制の実施、賃銀の値上、その他労働者状態の根本的改善、…(十一)食糧その他生活必需物資の人民管理、家なき一切の人民に対する住宅の保証」が掲げられており、社会保障(社会保険)についての取り組み方針は明記されていなかったが、国民の生活保障は重要な課題とされていた。[24]

さらに、労働組合に目を移すと、1946年8月に組合員85万人を擁する日本労働組合総同盟(総同盟、松岡駒吉会長)、組合員157万人を擁する全日本産業別労働組合会議(産別会議、聴濤克巳議長)が結成された。具体的な運動内容については、後述するが、総同盟と産別会議の2つのナショナルセンターが戦後の労働運動をリードしていくことになる。

第3項　「社会不安」の防止と最低限の生活保障

戦前に作られた社会保険制度は機能不全に陥り、救貧制度と失業対策は不十分であった。そして、最低生活保障の改善を求める上で重要な主体となるはずの革新政党や労働組合の再建は、まだ十分に進んでいなかった。そのことをふまえると、後で分析する生活困窮者緊急生活援護要綱(1945年12月)は、「生活権」確保を求める組織化されていない国民の「生きるための闘争」に対して、GHQや日本政府が「社会不安」[25]を防止するために、最低限の生

---

24) 同上書、382〜386ページ。
25) 「社会不安」の内容をいかに捉えるかは、論者によって異なっている。例えば、井上は「社会不安」を説明する際に、「支配層の最も恐れていたのは共産革命であった」と指摘する。井上「生活保護法の形成過程と機能(上)」前掲書、72ページ。それに対して、菅沼は、GHQの占領政策が労働運動や社会主義運動に対して、「逆コース」の時期を迎えるまで寛容であったことを指して、「社会主義勢力の増大などはあまり考慮されていなかったように思われる」と、井上らの見解に疑問を呈している。菅沼『被占領期社会福祉分析』前掲書、70〜71ページ。一見、このことは本書と関係ないように思われるが、制度改善のキ

活保障を行う制度を確立せざるを得なかったことによって、作られたといえる。

ただし、そこで許された最低限は、先述したように「日本人の生活水準が近隣諸国の水準を上まわるほどに援助してはならない」と定められていた。さらに、占領軍の物資及び役務の調達に関しても「飢餓、広範囲の疾病及甚しき肉体的苦痛を生ぜざる程度に於て日本国が調達」(「初期の対日方針」)[26]することを求められたのである。日本国民の生活物資も不足し、「総スラム化現象」といわれる中、GHQ による占領政策の負担も背負わされたのである。

第4節　GHQ からの最低生活保障制度の設立の要求と生活困窮者緊急生活援護要綱の制定

第1項　SCAPIN404「救済ならびに福祉計画に関する件」(Relief and Welfare Plans)

GHQ は、戦前・戦時中の救貧制度を維持し、大量の生活困窮者に対しても、抜本的対策をとらない日本政府に対して不信感を抱いていた[27]。日本の自力再興を前提にしていた GHQ は、街中に溢れる大量の生活困窮者を目の当たりにし、「社会不安」を招くことを危惧し、最低限度の生活を維持するための具体的な計画を日本政府に求めた。

その際の基本方針が、1945年12月8日に GHQ から指示された SCAPIN404「救済ならびに福祉計画に関する件」(Relief and

---

　ーワードとなる「社会不安」の分析をすることは重要である。
26) 大蔵省財政史室編『昭和財政史―終戦から講和まで―17　資料 (1)』前掲書、22ページ。
27) 1945年12月21日の記者会見で、GHQ 公衆衛生福祉部長のサムズ大佐は、日本の食糧不足の原因を、日本政府の政策的サボタージュであると非難した。高澤「敗戦と戦後社会福祉の成立」前掲書、298ページ。

Welfare Plans）である[28]。それ以前にも、SCAPIN53「日本軍から受領すべき資材、補給品及び装備品に関する件」（1945年9月24日）、SCAPIN98「日本の公衆衛生に関する件」（同年10月6日）、SCAPIN151「連合軍より日本政府に引渡さるべき資材、補給品及装備品に関する件」（同年10月16日）が指令されているが、一般的救済政策を示したものではなく、軍用物資の処理に関して、軍人優越することなく、国民の救済及び経済復興に用いるべきであると指示したものにすぎなかった[29]。

　SCAPIN404「救済ならびに福祉計画に関する件」は、日本政府に対して、1945年12月31日までに、翌年1月から6ヵ月間の失業者、及びその他困窮者に対する食糧、衣料、住宅、医療、金融的援助、厚生措置を与えるべき詳細かつ包括的計画をGHQに提出することを命じたものであった[30]。

　そこには、戦後の公的扶助原則の萌芽となる、最低生活の維持、差別的取扱いの禁止（後の無差別平等）が含まれていたし、何よりも戦前の救貧制度では、原則として制度の対象外とされていた失業者の救済を前面に押し出したことに意義があった。さらに、現在の救済法令や行政機関が入手できる生活物資で、失業者及び困窮者の救済ができるのであればその根拠を示し、できないのであれば、新たな法令と救済機関、経費の明示を求めていることからも、国民の最低生活を維持するための制度確立に向けての強い態度が読み取れる。

---

28) SCAPIN404のGHQからの送付と受領日をめぐっては、厚生官僚の葛西嘉資と黒木利克が異なる証言をしている。原文にあたって分析した『戦後の社会保障（資料）』と村上貴美子の研究から、12月8日にGHQから送付されたものが、同月13日に日本政府によって受領されたものだと考えられる。
29) 村上貴美子『占領期の福祉政策』勁草書房、1987年、22〜26ページ。
30) 社会保障研究所編『戦後の社会保障（資料）』前掲書、5〜6ページ。

第2項　生活困窮者緊急生活援護要綱の制定

生活困窮者が増大する中、日本各地で「生きるための闘争」が激化し、「社会不安」への危機感を覚えたのは、GHQ のみならず日本政府も同じであり、1945 年 12 月 15 日に生活困窮者緊急生活援護要綱（以下、「援護要綱」と略記）を閣議決定した。[31]

「援護要綱」の形成過程に関しては、閣議決定の直前（12 月 13 日）に受領した SCAPIN404「救済ならびに福祉計画に関する件」との関係もあり、GHQ 主導で作られたのか、それとも日本政府（厚生省）主導で作られたのか、見解がわかれている。後に社会局保護課長となる小山進次郎は、GHQ 主導で作られたことを強調しており、[32] 小山の次の社会局保護課長を務めた黒木利克は、日本政府が主導で作成したことを強調している。[33] 占領下において、厚生省が独自の政策を行うことは極めて困難であるから、小山が記述しているように、GHQ 主導の下で「援護要綱」が作成されたと考えるのが自然である。ただし、黒木の発言から「援護要綱」は当時の厚生官僚の認識が色濃く表れていたことがわかる。

後述するように、「援護要綱」の内容は、SCAPIN404「救済ならびに福祉計画に関する件」の中身を必ずしもふまえたものとはいえないが、SCAPIN404「救済ならびに福祉計画に関する件」受領と「援護要綱」の閣議決定はほぼ同時期であるので、内容のずれは当然ともいえる。

第3項　生活困窮者緊急生活援護要綱の概要

「援護要綱」は、対象者を一般国内生活困窮者とした。具体的に

---

31) 同上書、6 ページ。
32) 小山『改訂増補　生活保護法の解釈と運用』前掲書、13 ページ。
33) 黒木利克『日本社会事業現代化論』全国社会福祉協議会、1958 年、246 ページ（本書では、一番ヶ瀬康子・井岡勉・遠藤興一編『戦後社会福祉基本文献集 13　日本社会事業現代化論』日本図書センター、2001 年を使用）。

は「1. 失業者、2. 戦災者、3. 海外引揚者、4. 在外者留守家族、5. 傷痍軍人及其家族並に軍人の遺族」とし、援護方法は「1. 宿泊施設、給食施設及救療施設の拡充、2. 衣料、寝具其の他の生活必需品の給与、3. 食料品の補給、4. 生業の指導斡旋、自家用消費物資、生産資材の給与又は貸与」とされていた。

「援護要綱」は失業者を対象とした点では、戦前の救貧制度と大きく異なっているとも評価できるが、最低生活保障という言葉は存在せず、「生活援護を要する者の世帯の実情に応じ」たものにとどまっていた[34]。さらに、救済方法も現物給付と役務提供に限定しており、戦前・戦時中からの旧組織（町内会長、部落会長、方面委員、社会事業団体等）をもって援護体制を組もうとするなど、問題点を残していた[35]。

同年12月31日には、SCAPIN404「救済ならびに福祉計画に関する件」への回答として、CLO1484「救済福祉に関する件」が日本政府からGHQに提出された。「救済福祉に関する件」には、「援護要綱」には存在しなかった最低生活保障という用語が含まれており、なおかつ生活困窮に陥った理由を問わず、国民全体（生活困難者を800万人と推計）を対象としていた。さらに、現行の救護法、母子保護法、医療保護法、戦時災害保護法、軍事扶助法を全面的に調整し、総合的法令を制定することを明記していた。援護を徹底するために、援護機関の整備拡充を挙げて、中央及び地方政府の援護担当部局を拡充し、専任指導職員の増置、都道府県に有識者を含めた適正実施のための委員会の設置を決めた。

「救済福祉に関する件」は「援護要綱」と比べると、SCAPIN404「救済ならびに福祉計画に関する件」で示された公的扶助原則が一

---

34) 社会保障研究所編『戦後の社会保障（資料）』前掲書、6ページ。
35) 髙澤「敗戦と戦後社会福祉の成立」前掲書、297～298ページ。

定程度含まれた内容となっている。[36]

第4項 SCAPIN775「社会救済」(Public Assistance) と公的扶助の基本原則

　CLO1484「救済福祉に関する件」において、日本政府は戦前の救貧制度を調整し、総合的法令を制定することを回答した。これに対して、GHQはすぐに反応することはなかったが、3ヵ月後にCLO1484「救済福祉に関する件」への返答が示された。それが、1946年2月27日に指令されたSCAPIN775「社会救済」(Public Assistance) である。内容以前に、Public Assistance を「社会救済」と訳したことに、当時の厚生官僚とGHQとの間の最低生活保障における認識の差が表れていた。Public Assistance の訳語は「公的扶助」が正しいが、日本で「公的扶助」という言葉が定着するのは、1949年5月に社会保障制度審議会に公的扶助小委員会が設置されてからである。それ以前は、「公的扶助」と訳されることもあったが、「公共補助」、「公衆保護」、「社会援護」、「公共保護」、「公共扶助」という言葉が使われていた。[37] さらに、社会保障制度審議会では、公的扶助小委員会が設置されていたにもかかわらず、総理大臣に対して勧告した1950年「社会保障制度に関する勧告」では、「国家扶助」となっていた。[38]

　SCAPIN775「社会救済」で具体的に示された公的扶助の原則とは、「1. 無差別平等、2. 国家責任による生活保障、3. 公私分離の原則、4. 支給金総額の無制約、5. 全国的単一政府機関の樹

---

36) 社会保障研究所編『戦後の社会保障（資料）』前掲書、6～7ページ。
37) 村上『占領期の福祉政策』前掲書、78ページ。
38) 総理府社会保障制度審議会事務局編『社会保障制度審議会十年の歩み』社会保険法規研究会、1961年、130～132ページ。Public Assistance の訳の変化していく過程と厚生官僚がどのようにして、公的扶助の原則を受け入れていったか、また、公的扶助と生活保護法の関係をどのように捉えていたかは、今後明らかにしなくてはならない課題である。

立」である。ところが、SCAPIN775「社会救済」は上記のように箇条書きで書かれているわけではないので、内容の解釈をめぐっては、今日でも定説は確立されておらず、3原則か4原則とするかは、論者によって異なっている。無差別平等、国家責任、必要にして十分な救済の3原則は共通しているが、これに公私分離を加えて、4原則とする場合がある。他の論者が全国的単一政府機関の樹立をあげていないのは、国家責任と公私分離が内容的に相違がないと分析しているからだと考えられる。

　しかし、この間のGHQと厚生省でやり取りされた文書を一連の流れでみると、国家責任は、CLO1484「救済福祉に関する件」において、既存の団体（戦災援護会、海外同胞援護会、軍事援護会など）を整理・統合して、新たな民間援護団体を作ろうとしていたことへの批判、公私分離は方面委員を拡充強化しようとしていたことへの批判に基づいていると読み取ることができる。全国的単一政府機関の樹立は、「援護要綱」が都道府県を単位としていたことや、CLO1484「救済福祉に関する件」では、制度の運営を援護機関の整備拡充（具体的には、中央並びに地方における援護担当部局の拡充、専任指導職員の増置）で乗り切ろうとしており、既存の枠組みを前提にしていたことへの批判であった。このことをふまえると、やはり上記で述べたように、SCAPIN775「社会救済」には、3原則でも4原則でもなく、5原則が明記されていたといえる。

　さらに付け加えると、他の論者が必要にして十分な救済とまとめていることと、本書が支給金総額の無制約とまとめたことについては、一見相違はないようにみえる。しかし、SCAPIN775「社

---

39) 井上「生活保護法の形成過程と機能（上）」前掲書、72ページ、76ページ。
40) 宮田和明「社会救済（GHQ覚書）」社会福祉辞典編集委員会編『社会福祉辞典』大月書店、2001年、229〜230ページ。

会救済」は、「困窮を防止するに必要なる総額の範囲内において与えられる救済の総額に何等の制限を設けざること」と書かれており、CLO1484「救済福祉に関する件」で差し当たりの経費を2億円としたことに対して、総額に制限を設けないことを強調したといえる。

　後述するが、生活保護法（新法）案の作成過程においても、支給金総額の無制約は議論されたが、明文化されることはなかった。戦後生活保護行政で、常に予算問題から「適正化政策」へとつながっていったことをふまえると、この原則の意義を再度確認する必要があるし、旧法も含んだ、法律の成立過程において、いかなる議論がされていたのかをみておかなければならない。

第5節　生活困窮者緊急生活援護要綱と失業対策としての公共事業の実施状況

第1項　生活困窮者緊急生活援護要綱の実施状況

　「援護要綱」は、1946年4月1日から実施され、生活保護法（旧法）の施行とともに、廃止されている過渡的な制度である。基準は、戦前の救貧制度の中で一番基準の高かった軍事扶助法に合わせたものであるが、標準世帯（家族5人）に月額200円を限度とし、世帯人員に応じて増減するものであった。ただし、ここで確認しておかなければならないのは、「援護要綱」の実施とともに、救貧制度は廃止されていたのではなく、救護法、母子保護法、軍事扶助法、医療保護法は生活保護法（旧法）が施行されるまで継続されていたということである。実際の運営で、「援護要綱」と救貧制度がどのように区別されていたかは定かではない。

　1945年12月31日に日本政府からGHQに提出されたCLO1484

41）社会保障研究所編『戦後の社会保障（資料）』前掲書、7ページ。

「救済福祉に関する件」では、現在調査中であり、一応と限定をつけながらも、失業などを理由とする生活困難者を 800 万人と推計していた。[42] 一方、「援護要綱」における援護人員は実施当初、約 126 万人（国内総人口の 1.7％）に過ぎなかった。[43] 加えて、救貧制度（救護法、母子保護法、軍事扶助法、医療保護法）の対象者が合計で、約 269 万人であったので、両者を合わせても、日本政府が推計していた要援護人員の約半数の最低生活保障としての役割しか果たしていなかった。[44]

第2項　経済安定本部の設置と失業対策としての公共事業の実施状況

「援護要綱」と各種救済制度が最低生活保障としての機能を果たさない中、戦後直後に計画されていた失業対策が拡充されていく。その転機となったのが、1946 年 5 月 22 日に GHQ から指令された日本公共事業計画原則である。

日本公共事業計画原則は、基幹産業の振起、勤労意欲の促進、帰農の促進を基本原則とする緊急就業対策要綱とは根本的に異なっており、公共事業費を 60 億円計上することを指令し（厚生省は失業対策的土木建築事業を起工する目的で約 30 億円を 1946 年度の予算計上する予定であった）、公共事業実行のための原則が示された。

それをもとに日本政府は、具体的に、①事業の重要性より多数の失業者の活用のほうが重要であること、②事業施行地域と失業者発生地域との調整を行うこと、③使用労務者中失業者活用割合を算出すること、④事業は直営を原則とすること、⑤使用労務者は原則として勤労署の紹介によることとして、閣議の中で了解を

---

42) 同上書、6〜7 ページ。
43) 小山進次郎『改訂増補　生活保護法の解釈と運用』前掲書、12〜13 ページ。
44) 同上書、18〜19 ページ。

得た。[45]

　1946年8月には、公共事業の総合調整を行うため、経済安定本部が設置された。そして、経済安定本部設置とともに、同年9月3日には公共事業処理要綱が閣議決定された。その主な内容は、①経済安定本部は生産増大と失業者吸収の二点から各省の公共事業計画を認証すること、②事業が適当でない場合は認証を拒否することができること、③認証金額を三カ月分とすること、④労働者の雇入れは公立の職業紹介機関を経由すること、⑤同一労働、同一賃金の原則を守るべきこと、⑥賃金は月二回払としたこと、⑦鉄道および通信関係事業計画の実施についても一般公共事業並みの制約を設けたこと、であった。[46]

　さらに、閣議決定で示された原則をより具体化するために、1946年8月26日に「公共事業の実施に関する件」（厚生・内務・農林及び運輸各次官並びに戦災復興院次長から各地方長官宛通知）、同年9月13日に「公共事業の実施に伴う労務者配置に関する件」（厚生省勤労局長から各地方長官宛通知）が発せられたが、両者に共通するのは、①公共事業の直営施行の原則、②公共事業使用労務者の勤労署紹介の原則、③公共事業使用労務者に対する賃金の公正化の原則であった。[47]

　公共事業の原則が確立し、失業対策的役割を担うことも明確化されていくが、この時点ではあくまでも公共事業であって、失業対策事業ではなかった。失業対策としての役割を担わされた公共事業であるが、1946年度は約78億円が公共事業費として使用され、実際に公共事業に就業したのは、1日平均約46万5千人であった。[48]公共事業で100万人から125万人の失業者を吸収する計画

---

45) 労働省職業安定局『失業対策事業通史』前掲書、104～107ページ。
46) 同上書、107～109ページ。
47) 同上書、112ページ。
48) 労働省職業安定局失業対策課編『失業対策年鑑（昭和26年度版）』国際公

であったが、実際に吸収できたのは計画の50％以下に過ぎなかった。その原因は、インフレによる資材費や人材費の高騰や、失業者発生地域と事業実施地域のかい離であるが、緊急的課題（食糧増産及び治山・治水）に応えるために、公共事業の7割以上が農山村地域で実施され、失業者が集中した都市部は2割程度に過ぎなかった。さらに、地元農民が低賃金で雇用されるという問題も発生した。

そこで、政府は、このような状況を改善するため、1946年11月に「公共事業に失業者を優先する件」を閣議決定するが、次年度も同じような状況であった。[49]前項で分析した「援護要綱」、救貧制度、失業対策的役割を持った公共事業と、生活困窮者に対する政策はいくつか行われていたが、政府が認めていた800万人という要援護者の生活を保障するには、極めて不十分であった。

第6節　厚生省・社会保障研究会における社会保障の構想

第1項　GHQと厚生省（厚生官僚）の最低生活保障に対する認識のずれ

前節では、GHQの出す指令SCAPINと実際に制定された生活困窮者緊急生活援護要綱の概要について分析してきたが、両者には最低生活保障に対する認識のずれが存在した。このことは、厚生官僚も認めていたことである。法律制定時に社会局保護課長を務めた小山進次郎は、生活保護法（新法）成立過程についての重要な指摘をしているが、後で分析することとする。ここでは、厚生省社会局長を1946年1月25日から1948年3月18日まで務め

論社、1952年、236〜241ページ（本書では、日本図書センターによる復刻版、2003年を使用）。
49）労働省職業安定局『失業対策事業通史』前掲書、35ページ、114ページ。

た、葛西嘉資の発言をみていく。

　葛西は社会局長として、「援護要綱」の制定過程でGHQとの折衝にあたっていた。葛西は、各種援護の予算を30億円と積算したが、30億円は厳しいという態度の大蔵省に対して、8億円を要求したが、大蔵省の査定で2億円とされた。その2億円が、CLO1484「救済福祉に関する件」における差し当たりの費用としてGHQに対して示されたが、GHQが大蔵省に対して、生活援護の経費として30億円出すよう指令した。このことについて、葛西は「私共もびっくりしてしまいました」と述べ、「われわれの方は軍事扶助法や戦時災害保護法に毛が生えたぐらいな知識しかないでしょう、社会保障というような世界の大勢を知りませんから。今日から考えますと、私共がソーシャル・セキュリティなんていう新しい考え方が出来ず、ウロウロしていたことを恥ずかしくなります」と、率直にGHQとの社会保障に対する認識の差を認めている。[50]

　さらに、1949年5月に小山主導で導入された不服申立制度についても、生活保護を受給することは「反射的利益[51]」に過ぎないと解釈し、「私は局長在職の間、この解釈で通しました。…それは権利という性質のものじゃないといって通したわけです」と否定し[52]

---

50)　葛西嘉資「占領下の厚生行政について―葛西嘉資氏に聞く（聞き手：吉田久一・一番ヶ瀬康子）」吉田久一・一番ヶ瀬康子編『昭和社会事業史への証言』ドメス出版、1982年、109〜110ページ。

51)　「反射的利益」とは、「法が執行された結果として派生する事実上の利益にすぎず、利益の受益者が自己のために直接その利益を主張するといった法律上の力を付与されたものでない。その点で、反射的利益は個人的公権（参政権・受益権・自由権）と区別される。個人的公権を侵害された者は、裁判でその回復を請求したり、損害賠償を求めることができるのに対し、反射的利益の侵害を受けたにすぎない者はこれらの救済手段に訴えて利益の実現を求めることはできない」ことをいう。金子宏・新堂幸司・平井宜雄編集代表『法律学小辞典〔第4版補訂版〕』有斐閣、2008年、1025ページ。

52)　葛西「占領下の厚生行政について―葛西嘉資氏に聞く（聞き手：吉田久一・一番ヶ瀬康子）」前掲書、112ページ。

続けたことを認めている。ただし、1950年にアメリカで社会保障に見聞した上で、生活保護法（旧法）成立過程を振り返って、葛西は「ソーシャル・セキュリティじゃないんですよね。いまから考えると私はどうもへっぴり腰だったんですね。占領軍に三〇億円で生活援護をやるんだと言いはしても気がつかなかった。全く恥ずかしい次第です」と述べている。

　ここで確認したいことは、厚生官僚とGHQの最低生活保障に対する認識がずれていたという事実だけではない。葛西の発言をみればわかるように、厚生官僚の対談やインタビューでは、当初はGHQとのずれはあったが、自己改革を経て、生活保護法（新法）が形成されていったことを強調する。先行研究で挙げた副田義也も同様の評価をしているが、本当に厚生官僚は自己改革していったのか。それは旧法の具体的な運用過程と新法の形成過程を詳細に分析していく過程で、明らかにしていく。

第2項　社会保障研究会と社会保険制度調査会の設置

　ここまでは、国民の最低生活保障について、「援護要綱」、公共事業の実施、基幹産業の振起による雇用機会創出などで乗り切ろうとする消極的側面を中心にみてきたが、厚生省の中では、社会保障（主に社会保険）に関する構想は徐々に形成されていった。具体的には、社会保障研究会と社会保険制度調査会において、議論が行われていた。

　社会保険制度調査会は、GHQからの軍人恩給停止への対応として、社会保険制度の創設が急務の課題となったため設置された。1946年2月12日に設置が閣議決定され、同年3月29日勅令第

---

53) 同上書、113ページ。
54) 菅沼隆「日本における失業保険の成立過程（一）—戦後日本の社会保険思想の原点—」東京大学社会科学研究所『社会科学研究（第43巻第2号）』1991年、124ページ。

167号及び同年4月1日勅令215号によって、「今後の事態に対処する社会保険制度整備の方策如何」という厚生大臣の諮問に答えるため、厚生省に設置された。

　1946年6月14日には、第1回総会が開催され、研究題目として、「1. 失業保険制度の創設、2. 国民年金制度の創設（イ　一般国民を対象とする年金保険の創設、ロ　孤児寡婦及び老齢者年金の創設）、3. 家族手当保険制度の創設、4. 社会保険制度の統合（イ　社会保険全部の統合、ロ　疾病保険の統合、ハ　各種共済組合の統合）、5. 社会保障制度の創設、6. 社会保険医療制度の改善、7. その他現行各種社会保険制度の改善（例えばインフレーションと保険制度）」があげられていた。[55]

　1947年10月8日には、社会保障制度要綱という、社会保障制度に関する重要な提言を行っているが、本章とは若干時期がずれるので、次章で分析する。

　社会保障研究会は、社会保険制度調査会の第一小委員会（国民年金制度と家族手当保険制度の創設、社会保険制度の統合および社会保障制度の創設を担当）を担当していた、研究者グループ（末高信、園乾治、近藤文二、平田冨太郎、大河内一男）と、GHQと厚生省のメンバーによって構成されており、研究、情報交換の場として、1946年2月15日に結成された。[56] 社会保障研究会は、敗戦後1年も経過していない1946年7月31日に、社会保障案を提示している。社会保障案が提示されたのは、厚生官僚が「総スラム化現象」への現実的対応を迫られていた時期である。研究者やGHQとの共同作業とはいえ、長期的なスパンでいかなる社会保障構想を持っていたかをみていくのには、参考となるため、次項で詳しく分析していく。

55）社会保障研究所編『戦後の社会保障（資料）』前掲書、158ページ。
56）同上書、158ページ。

第3項　社会保障研究会の社会保障案

　社会保障研究会の社会保障案の特徴は、基本理念の冒頭に「一　生存権の確認　還元すれば最低生活の保障」と明記されていることである。日本国憲法はまだ制定されていなかったが、帝国議会で議論されている最中に、生存権を高々とうたっていた。既存の社会保険制度についても、「二　国民全部のものとしての革新的社会保険制度の確立」をあげており、ベヴァリッジ報告の影響を受けていたこともあるが、国民皆保険を志向していたこともみて取れる。他にも、原則として全額国庫負担とした家族手当の導入、制度運営における行政上の責任の統一など、必ずしも戦後日本の社会保障にはとり入れられなかったが、社会保障案という名にふさわしく、生存権保障を実現するための総合的社会保障構想が作られていた。[57]

　社会保障研究会での議事録は残されていないため、誰が議論をリードし、どのようにして社会保障案としてまとめられていったのかは、定かではない。ただし、ここでは、GHQと明らかに最低生活保障に対する認識のずれが存在し、「総スラム化現象」を目の前にしても、根本的な解決策をとらなかった厚生官僚が、議論には参加していたということは確認できる。生存権保障の実現を目指す社会保障案が形成されていく中で、厚生官僚も自己改革を遂げていったのか、この点は次章以降でも注意深くみておかなければならない。

第4項　社会保障をめぐる構想の対立―イギリス型かアメリカ型か

　第二次世界大戦以前の日本にもいくつかの社会保険制度と救貧制度は存在していた。しかし、体系的に整備されたものではなか

---

57) 同上書、159～161ページ。

ったし、基本理念は不在であった。新たな社会保障を構築していく上では、日本のオリジナルというよりも外国の社会保障を参考にしていく以外に方法は存在しなかった。社会保障をめぐる構想に関しては、一本の社会保障法にまとめあげたアメリカ型か、バラバラの体系をそのままにして内部の関連性を明確にするイギリス型を参考にするか意見が対立していた[58]。GHQ は連合国軍とはいっても、実質的にはアメリカが中心であったため、日本の社会保障の形成に関しても、アメリカの影響を受けている。

　しかし、戦後福祉国家の基礎となったイギリスのベヴァリッジ報告は、第二次世界大戦中に日本に入ってきており、一部の社会政策学者（大河内一男など）、厚生官僚には研究されていた。そのため、上記の社会保障研究会の社会保障案もベヴァリッジ報告を参考にしており、中身が類似している点もある。厚生省社会局長であった木村忠二郎が残した文書（木村文書[59]）をみても、社会保障に関する審議会では、イギリスの社会保障制度に関する資料が添付されていた。

　次章で、憲法 25 条（生存権）と生活保護法（旧法）の成立過程を分析していくが、イギリス型の総合的社会保障を志向すべきではないかという指摘が何度かされている。しかし、日本の置かれている状況をふまえると、総合的社会保障の意義は認めながらも、現実的ではないという理由で否定された。また、第二次世界大戦

58）近藤文二『社会保障えの勧告―社会保障制度審議会の経過並びに解説　社会保障制度に関する勧告書』社会保険法規研究会、1950 年、8～12 ページ（本書では、菅沼隆監修『日本社会保障基本文献集第 19 巻　社会保障えの途　社会保障えの勧告：社会保障制度審議会の経過と社会保障勧告書全文並びに解説』日本図書センター、2007 年を使用）。

59）寺脇隆夫編『マイクロフィルム版　木村忠二郎文書資料　戦後創設期/社会福祉制度・援護制度史資料集成〔第Ⅰ期〕』柏書房、2010 年、同編『マイクロフィルム版　木村忠二郎文書資料　戦後創設期/社会福祉制度・援護制度史資料集成〔第Ⅱ期〕』柏書房、2011 年。

中からベヴァリッジ報告を研究していた厚生官僚であったが、社会保障制度審議会には積極的に参加していなかったと近藤文二は振り返っている。ベヴァリッジ報告は、研究者、厚生官僚に多大な影響を与えたことは事実であるが、戦後の混乱期では現実的対応が迫られており、十分には研究成果が生かされることはなかった。

小　括

　GHQ は日本の戦争責任を問い、自力再興を前提にしていたため、極めて厳格な態度をとっていた。それは日本国民に対して許された最低生活の基準に端的に表れていた。国民は、総飢餓状態にあり、「総スラム化現象」といわれるほど、生活困窮に陥っていたが、日本政府は第二次世界大戦以前からある救貧制度で乗り切ることを前提として、根本的対策をとることはしなかった。

　これに対して、労働組合を中心とした国民は、全国各地で「生きるための闘争」を繰り広げた。自力再興を前提にしていた GHQ と、根本的対策をとらなかった日本政府（厚生省）は、「社会不安」を招くことを危惧し、最低生活の保障をすることを余儀なくされた。

　第二次世界大戦以前から、戦争後の占領政策についての計画を立てていた GHQ（正確にはアメリカ合衆国）は、一般的救済策を確立する方針ではなかったが、現実的対応を迫られる中、救済政策の原則を日本政府に対して示した。具体的には、SCAPIN404「救済ならびに福祉計画に関する件」と SCAPIN775「社会救済」を指令し、戦後の公的扶助の原則となる 5 原則（1.　無差別平等、2.

60）近藤文二『社会保障えの勧告―社会保障制度審議会の経過並びに解説　社会保障制度に関する勧告書』前掲書、2〜3 ページ。

国家責任による生活保障、3. 公私分離の原則、4. 支給金総額の無制約、5. 全国的単一政府機関の樹立）を示した。元々、社会保障、公的扶助という概念が日本に定着していなかったこともあり、GHQ と厚生省（厚生官僚）には、明確な認識のずれが生じていた。厚生官僚は、必ずしも公的扶助の原則を理解することができずに、不十分な制度での対応にならざるを得なかった。

　この時期、大量の生活困窮者を対象としていた制度は、「援護要綱」、救貧制度（救護法、母子保護法、軍事扶助法、医療保護法）、失業対策的役割を担った公共事業に過ぎなかった。しかし、これらの制度で救済される生活困窮者は極めて少なく、日本政府が認める要援護者数の約半数にしか満たなかった。このように既存の制度が十分に機能しない状況で、新しい制度が求められるようになる。

　日本政府が現実的対応に迫られている中、戦後の社会保障の構想については、社会保障研究会や社会保険制度調査会で議論が進められていた。研究会には厚生官僚も参加していたという点が重要である。研究会では、帝国議会で議論された憲法 25 条（生存権）の基本理念を具体化するための総合的社会保障の構想が作られていた。憲法 25 条の成立過程では、社会保障の構想がいかに議論されていたかを明らかにするため、次章では社会保障・社会福祉を規定する憲法 25 条（生存権）を明記した日本国憲法の成立過程と、同時期に議論されていた生活保護法（旧法）の成立過程の両者を視野に入れて分析する。

第3章
日本国憲法と生活保護法（旧法）の制定
―生存権・最低生活保障をめぐる対立―

　前章では、第二次世界大戦直後の社会経済的状況、国民の生活困窮状況、不十分な政府の対応を分析することによって、最低生活を保障する制度が求められていく過程を明らかにした。既存の救貧制度での対応、そして、その枠組みを前提とした制度の拡充では十分に対応できないことは明白であったが、新たな制度を作る動きはみられなかった。

　そのような状況の中、マッカーサーから憲法の自由主義化を指示されていた日本政府は、大日本帝国憲法の改正[1]に取り組み始める。生活保護法（旧法）の制定も同時期に行われていたが、先

---

1) 生活保護法の旧法と新法は、厳密にいえば改正ではないことは先述したが、現行の日本国憲法（1946年11月3日公布、1947年5月3日施行）は手続き上、大日本国憲法（明治憲法）の第73条によって改正されたものである。この点については、本書の主題と異なるため、これ以上分析することはしないが、日本国憲法制定の重要な役割を担った憲法学者の宮沢俊義は、「私の考へでは、八月革命によって明治憲法は廃止されたと見るべきではなく、それは依然として存在し、ただ、その根底の建前が変つた結果として、その新らしい建前に抵触する限度では、明治憲法の條項の意味が変つたのだ、と解すべきものである（原文ママ）」と指摘している。宮沢俊義「新憲法の概観」国家学会『国家学会雑誌（第60巻第10号）』有斐閣、1946年、12～13ページ。

行研究の総括であげた小川政亮、井上英夫を除いては、生活保護法成立過程研究では、憲法についての言及はみられなかった。日本国憲法成立過程も多様な論点を含んでいるし、それ自体が重要な研究テーマであるため、両者を視野に入れた研究を行うことは、慎重にならざるを得なかったという事実もある。

しかし、最高法規である憲法は、日本の法律、制度・政策に大きな影響を与える。憲法25条に、生存権が明記されたことは、生活保護法はもちろんであるが、戦後の社会保障の形成に大きな影響を与えた。日本国憲法成立過程の全体像を明らかにすることは、本書の主題から外れてしまうし、筆者の能力で負えるものではない。そこで、憲法25条の成立過程の議論では、いかなる社会保障体系を構想していたか、また、同時期に議論されていた生活保護法（旧法）といかなる関連を持つものとされていたのかを分析する。

第1節　憲法改正（新憲法制定）をめぐる動き[2]

第1項　憲法問題調査委員会の設置と憲法改正要綱の作成

大日本帝国憲法（明治憲法）改正の議論の起点は、ポツダム宣言の受諾までさかのぼる。具体的にはマッカーサーが幣原喜重郎首相に対して、憲法の自由主義化を指示したことを起点としている。憲法の自由主義化を指示された幣原は、さっそく憲法問題調査委員会の設置を閣議決定し、松本烝治を憲法担当国務大臣とし

---

2) 本節では特に断りがない限り、野中俊彦・中村睦男・高橋和之・高見勝利『憲法Ⅰ（第3版）』有斐閣、2001年、53～78ページ、松井茂記『日本国憲法（第3版）』有斐閣、2007年、6～23ページ、辻村みよ子『憲法〔第3版〕』日本評論社、2008年、31～50ページ、葛西まゆこ『生存権の規範的意義』成文堂、2011年、4～21ページ、芦部信喜（高橋和之補訂）『憲法（第五版）』岩波書店、2011年、22～34ページを参照した。

て、憲法問題調査委員会の委員長に任命した。しかし、憲法の自由主義化は必ずしも憲法改正を意味していなかった。憲法問題調査委員会は、憲法の改正が必要であれば、その問題点を挙げるという消極的な姿勢をとっていたし、閣議決定されたとはいえ、非公式な組織であった。

　1945年12月の衆議院予算委員会で松本委員長は、憲法改正の基本原則を示した。具体的には、①天皇が統治権を総攬せられるという大原則には変更を加えない、②議会の議決を要する事項を拡充し、天皇の大権事項を削減する、③国務大臣の責任を国務の全般にわたるものたらしめるとともに、国務大臣は議会に対して責任を負うものとする、④国民の権利・自由の保障を強化するとともに、その侵害に対する救済方法を完全なものとする、というものであり（松本四原則）[3]、大日本帝国憲法（明治憲法）に若干の修正を加えたものに過ぎなかった。そして、翌年（1946年）1月4日には、松本四原則を基本とした、憲法の大改正・小改正の2つの試案をまとめる方針を立て、2月8日に、GHQへ憲法改正要綱を提出することになっていた。

　当初、GHQは憲法改正を日本政府の自発性に委ね、積極的な介入を避けてきた。その流れが大きく変化したのが、2月1日の毎日新聞による憲法問題調査委員会試案のスクープである。その中身は、天皇の統治権や臣民の権利という大日本帝国憲法（明治憲法）の枠組みを維持したものであり、まさに松本四原則を具体化したものであった。

---

[3] 松本四原則については、文意に違いはないが、著者によって、若干表現が異なる部分がある。本書では、芦屋信喜（高橋和之補訂）『憲法（第五版）』前掲書、24ページを参照した。

第 2 項 「マッカーサー三原則」と憲法草案の作成

　毎日新聞にスクープされた憲法問題調査委員会試案は、極めて保守的であり、GHQ にとっては到底受け入れられるものではなかった。マッカーサーは、GHQ で憲法改正のモデルを作成し、日本政府に対し提示することを決定した。日本政府の自発性に委ねていた GHQ が憲法改正を急いだのは、最高法規たる憲法の改正が占領政策に大きな影響を与えることだけではなく、2 月下旬に日本の占領について最終的決定権をもつ、連合国によって構成される極東委員会が活動を始めることになっていたからである。マッカーサーは、「マッカーサー三原則」とよばれる基本項目を提示し、ホイットニー民政局長に対して、憲法草案の作成を指示した。

　「マッカーサー三原則」とは、具体的には①天皇は、国の元首の地位にある、②国家の主権的権利としての戦争を放棄する、③日本の封建制度は廃止される、というものであった[4]。その後、民政局内で約 20 名の局員を集め、それを 7 つの小委員会に分けて、法案の起草作業を行い、マッカーサーの承認を経て、9 日間（2 月 12 日）で GHQ 案が完成した。

　それとは前後するが、GHQ 案は日本政府に対して秘密裏で作成されていたため、憲法問題調査委員会で憲法草案を作成した松本委員長は、予定通り 2 月 8 日に憲法改正要綱を提出した。2 月 13 日、GHQ 案が完成したホイットニー民政局長は、日本政府（吉田茂外務大臣、松本烝治国務大臣、白洲次郎終戦連絡事務局参与が出席）に対して、GHQ 案を提出した。日本政府は、憲法改正要綱への返事を期待していたが、まったく異なる案を提示され、衝撃を受けた。その中身は、大日本帝国憲法とも憲法改正要綱ともまったく異なっており、急進的な内容であったため、急きょ憲法改正要綱についての追加説明書を提出したが、GHQ に受け入れられ

---
4) 同上書、24～25 ページ。

ることはなかった。2月22日、閣議の中でGHQ案に沿う形で憲法改正を行うことが決定された。

第3項　憲法改正草案の作成と帝国議会における議論

2月26日から、日本政府はGHQ案に沿う形で憲法改正案の起草に取り掛かり、3月2日に脱稿して、英訳に移った。3月4日には、GHQの要請で草案を提出したが、天皇主権の廃棄を曖昧にし、封建制度の廃止部分を削除するなど、いくつかの部分の再修正（実質的には骨抜き）を行った。日本政府案をもとに日本政府とGHQとで、修正作業を行い、3月6日には天皇勅語と首相談話を付けて、憲法改正案要綱として確定した。憲法改正案要綱は、かな書きの口語体に改められて、4月17日に日本政府の憲法改正草案として公表された。

第90回帝国議会は1946年5月16日に召集されたが、憲法改正草案は帝国憲法改正案として、6月20日に衆議院へと提出された。衆議院では、本会議、帝国憲法改正案委員会、帝国憲法改正案委員小委員会での議論を経て、8月24日に修正可決された。その後、貴族院の本会議、帝国憲法改正案特別委員会での議論を経て、10月6日に修正可決をし、翌日に衆議院で可決された。10月29日、帝国議会を通過した憲法改正案は、枢密院で採択され、11月3日に日本国憲法として公布され、1947年5月3日に施行された。

第4項　憲法問題調査委員会案とGHQ案における生存権条項

ここまでは、憲法改正全体の流れを追ってきた。重複する部分はあるが、本項では生存権条項が組み込まれる過程についてみていく。

憲法問題調査委員会が2月8日にGHQに対して提出した憲法改正要綱（最終稿）には、いくつかの自由権規定（居住移転の自

由、信教の自由など）とともに、教育を受ける権利及び義務、勤労の権利及び義務という社会権規定も含まれていたが、生命、生存、生活に関する規定は存在しなかった。マッカーサーやホイットニー民政局長が、毎日新聞でスクープされた憲法改正案をみて、社会権規定の不十分さを問題視していたかは定かではない。しかし、2月13日にGHQから日本政府に手渡された改正案の「第3章　国民の権利および義務」では、社会権規定が組み込まれていた。直接には、以下の第24条に書かれている。

　第24条　法律は、生活のすべての面につき、社会の福祉並びに自由、正義および民主主義の増進と伸張を目指すべきである。
　　無償の普通義務教育を設けなければならない。
　　児童の搾取は、これを禁止する。
　　公衆衛生は、改善されなければならない。
　　社会保障を設けなければならない。
　　勤労条件、賃金および就業時間について、基準を定めなければならない。

　後述するが、これらの社会権規定が条文に組み込まれたのは、ホイットニー民政局長が、急進的であった民間の憲法研究会の憲法草案要綱（憲法研究会案）を参考にしていたためである。日本政府は、GHQ案をもとに憲法改正案要綱を作成していく。GHQとの折衝を経て、3月6日に最終確定した憲法改正案要綱において、

---

5) 芦部信喜・高橋和之・高見勝利・日比野勤編『日本国憲法制定資料全集（1）―憲法問題調査委員会関係資料等』信山社、1997年、286〜298ページ、306〜309ページ。
6) 高柳賢三・大友一郎・田中英夫編『日本国憲法制定の過程Ⅰ　原文と翻訳―連合国総司令部側の記録による―』有斐閣、1972年、276〜279ページ。
7) 葛西『生存権の規範的意義』前掲書、6〜12ページ。

第3章　日本国憲法と生活保護法（旧法）の制定

上記の規定は「第三　国民の権利及義務」に組み込まれた。直接には、以下のように書かれていた。[8]

　　第二十三　法律は有らゆる生活分野に於て社会の福祉及安寧、公衆衛生、自由、正義並に民主主義の向上発展の為に立案せらるべきこと

　GHQ 案の第 24 条が、あらゆる分野の社会権規定を 1 つの条文としていたのに対して、憲法改正案要綱では、教育権、勤労権を別の条文にし、生存権を独立した条文にした。しかし、社会の安寧を条文の目的としていたことは、見落としてはならない点である。1946 年 3 月の時点で、生存権規定の大枠は完成していたが、同年 4 月に枢密院での審議を経て、以下のように内容が若干修正され、第 90 回帝国議会衆議院に提出された。[9]

　　第二十三条　法律は、すべての生活部面について、社会の福祉、生活の保障及び公衆衛生の向上及び増進のために立案されなければならない

　社会の安寧が条文から削除されて、生活の保障が挿入されたことに特徴がある。

---

8) 永井憲一・利谷信義・久保田穰・古関彰一・横田力『資料　日本国憲法 I　1945〜1949』三省堂、1986 年、108〜110 ページ。資料出所は、外務省外交文書マイクロフィルム A′—〇〇九一。なお、上記の高柳・大友・田中編『日本国憲法制定の過程 I　原文と翻訳—連合国総司令部側の記録による—』は、GHQ 文書の翻訳、本資料の原文は外務省文書であるため、文章に若干の違いがみられる。

9) 森清監訳『憲法改正小委員会秘密議事録—米国公文書公開資料—』第一法規出版、1983 年、541 ページ。

第2節　政党・民間の憲法研究会における新憲法構想

第1項　本書における分析対象

前節で、大日本帝国憲法改正をめぐる議論を確認した。日本政府とGHQとのやり取りが中心であるが、各政党や民間の研究会も新憲法の構想を提起していた。次節では、帝国議会で憲法改正が議論される過程を分析し、各団体の新憲法構想がいかなる影響を与えたかをみていくが、その前に新憲法構想（特に生存権）を確認しておかなければならない。本節では、保守政党（日本自由党、日本進歩党）、革新政党（日本社会党、日本共産党）、民間の憲法研究会の案を分析対象とする。

なお、憲法改正は新しく選ばれた議員で行われるべきだという、マッカーサーの意向もあり、1946年4月10日には、第二次世界大戦後初めての衆議院選挙が行われている。必ずしも政党の議席数と憲法改正への影響が一致するわけではないが、選挙の結果の衆議院議員数は、日本自由党が140名、日本進歩党が94名、日本社会党が93名、日本共産党が5名、無所属が80名、諸派が38名であり、保守政党が過半数を占めていた。[10]

第2項　保守政党における新憲法構想

日本自由党の憲法改正要綱は、1946年1月21日に発表されている。自由党憲法改正要綱の特徴は、天皇の項を第一に挙げ、統治権の主体、統治権の総攬者、万世一系、法律上及政治上の責任なし、としたことにある。なおかつ、大権事項を定めているなど、大日本帝国憲法（明治憲法）と大差なかった。「三、国民の権利」

---

10) 石川真澄・山口二郎『戦後政治史（第三版）』岩波新書、2010年、236ページ。

も存在はしたが、「二、営業及勤労の自由は法律を以ってするに非ざれば、之を制限することを得ず」、と営業及び勤労の自由が掲げられているにすぎなかった。他には、思想・言論・信教・学問・芸術の自由、私有財産の所有があったが、それらを合わせても自由権規定が3項目掲げられているにすぎなかった。[11]

　日本進歩党の憲法改正要綱は、1946年2月14日に発表されている。進歩党憲法改正要綱は、日本自由党ほど、天皇や大権事項に関しての記述はみられない。しかし、「二、臣民の権利義務」には、不法に逮捕・監禁させられた時に裁判所に対して弁明する機会、自白を強要されない権利、住所の不可侵、信書の秘密、信教、言論、著作、印行、集会、結社の自由の制限は公安保持に必要な以外はされない、ということが挙げられているに過ぎず、勤労（労働）、生活、生命に関する規定は設けられていなかった。[12]憲法制定時、多数派を占めていた日本自由党、日本進歩党の憲法改正案は、大日本帝国憲法（明治憲法）と大差なく、特に生存権を含む社会権規定は含まれていなかった。このことは、憲法改正にも大きな影響を与えると考えられる。

第3項　革新政党における新憲法構想

　第二次世界大戦後、主要政党の中で最も早くに憲法構想を発表したのが、日本共産党である。日本共産党は、1945年11月11日に「日本共産党の憲法の骨子」を発表している。「日本共産党の憲法の骨子」は、主権在民を掲げたことも画期的であるが、「五、人民の生活権、労働権、教育される権利を具体的整備を以て保証する」と、敗戦の3ヵ月後には、社会権規定を入れることを提起し

---

11) 芦部信喜・高橋和之・高見勝利・日比野勤編『日本国憲法制定資料全集（2）―憲法問題調査委員会参考資料』信山社、1998年、353～354ページ。
12) 同上書、355～356ページ。

13)
た。日本共産党は、骨子をベースとして、1946年6月29日に日本人民共和国憲法（草案）を発表している。「第二章　人民の基本的権利と義務」は、6条～41条に具体的かつ多様に掲げられていた。多岐に亘るため、個別の条文を紹介することはしないが、現行日本国憲法にも共通する居住移転の自由、職業選択の自由、勤労（労働）の権利、平等権、労働権（団結権、団体交渉権、争議権）、休息権、生活権、教育権などが含まれていた[14]。

　日本社会党の憲法改正要綱は、1946年2月24日に発表されている。本書の課題とは離れているが、社会党憲法改正要綱は、天皇制を存置することをあげていた点で、日本共産党とは大きく異なっている（ただし、役割と機能は大幅に縮小）。社会権規定に関しては、「国民の権利義務」の中で、「一、国民は生存権を有す、その老後の生活は国の保護を受く」を一番に掲げ、他にも、国家による国民生活の向上実施、特権階級の廃止、平等権、労働の義務（国家による労働力の保護）、両性の本質的平等、教育権などがあげられていた[15]。

　ここまで、保守政党と革新政党の憲法改正案をみてきたが、保守政党が大日本帝国憲法（明治憲法）を前提としていたのに対して、革新政党は急進的な改正案を提起した。現行の日本国憲法は、当時の政治状況（議席数）にもかかわらず、結果的には革新政党の主張する社会権規定が多く含まれた。社会権規定の中でも、生存権がいかに条文に挿入されたかを次節で分析する。

13）同上書、365ページ。
14）社会科学研究所編『憲法の原点―論評と資料―』新日本出版社、1993年、83～88ページ。
15）芦部信喜・高橋和之・高見勝利・日比野勤編『日本国憲法制定資料全集(2)―憲法問題調査委員会参考資料』前掲書、356～358ページ。

第4項　憲法研究会の新憲法構想

新憲法構想は、政党によって発表されたものに限らず、多くの民間団体からも提起されていた。その中でも、後に憲法制定に携わることになった高野岩三郎、鈴木安蔵、森戸辰男らをメンバーとする憲法研究会の案は、実際に新憲法草案作成を命じられたホイットニー民政局長にも参考にされた。

憲法草案要綱（憲法研究会案）は、1945年12月26日に作成されている。「国民権利義務」の中には、「国民は健康にして文化的水準の生活を営む権利を有す」、「国民は老年疾病其の他の事情により労働不能に陥りたる場合生活を保証さる権利を有す」と、日本国憲法25条の原型ともいえる条文案が含まれていた。他にも、平等権、労働の義務、労働の権利、休息権などの社会権規定が含まれており、社会党憲法改正要綱の基礎となった。[16]

第3節　帝国議会における25条の議論
―生存権か生活権か[17]

第1項　憲法改正をめぐる委員会の開催状況

ここまでは憲法改正草案の形成過程をみてきたが、本節では生存権に関する条文がいかに議論されてきたかを分析する。日本国憲法は第90回帝国議会で制定されている。議論は、衆議院と貴族院の両院で行われているが、本書では衆議院の分析を中心に行う。その理由は、両院で共通の議論が行われていることと、憲法草案

---

16) 同上書、341～342ページ。
17) 本節以降では、憲法と生活保護法（旧法）の成立過程の分析を行う。憲法の条文には、草案段階と成立段階で条番号が異なっているものがある。本書と直接関連するのは、現行法13条の幸福追求権（草案段階の12条）と25条の生存権（草案段階の23条）であるが、直接の引用を除いては現行法の条番号を憲法○○条と示し、草案段階の条番号を憲法草案○○条と示す。

23条の生存権規定に関しては、衆議院で重要な修正が行われているためである。衆議院では、本会議の他に帝国憲法改正案委員会が合計21回（1946年6月29日～8月21日）、同小委員会が合計13回（1946年7月25日～8月20日）開催されている。

なお、本書では国会会議録を分析する際には、国立国会図書館が作成している「帝国議会会議録検索システム[18]」を利用している。本文中には、委員会の回数と日付、画面上の分割表示のページ数を示す。

第2項　衆議院本会議における生存権に関する議論

憲法改正に関する議論をみていくと、天皇制や戦争放棄などの議論が中心に行われており、必ずしも生存権の議論に焦点が当てられたわけではなかった。しかし、その中でも日本社会党の議員を中心として、社会権規定に関して政府に対する追及は行われていた。

1946年6月26日の衆議院本会議では、鈴木義男（日本社会党）が、「先に我が党憲法草案要綱として発表致しました生存権、労働権其の他の諸々の権利の規定を挿入することを希望するものであります、即ち、例へば日本国民は総て健康にして文化的水準に達する生活を営む権利がある、総ての立法と政治とは、之を目標として行はるべきことと云ふやうな規定を挿入したい」（第90回帝国議会衆議院本会議6号（回）1946年6月26日：14ページ）と日本社会党の提案する社会権規定を挿入するように迫っている。

次の日の、衆議院本会議では、森戸辰男（日本社会党）が質問に立ち、「我々は生活権の明確なる規定を望みたいのである、憲法には、法律を作る場合には生活保障のことを留意しなければなら

---

18) 国立国会図書館「帝国議会会議録検索システム」〈http://teikokugikai-i.ndl.go.jp/〉（最終閲覧日・2011年8月13日）

ぬと云ふ規定はあるけれども、国民の生活権を明かに規定したる所の法條は一つもないのであります」と指摘した上で、イギリス労働党の政策（主に社会保険）を例に出して、生存権保障を目的とした大規模な生活保障制度の実施を求めている（第90回帝国議会衆議院本会議7号（回）1946年6月27日：7～8ページ）。

　これに対して、吉田茂首相は明確な答弁をしていない。一方、金森徳次郎憲法担当国務大臣は、各方面の要望を含めているが、日本の置かれている状況をふまえた条文にしたとして、「それを直接の権利とは認めないので、国家の立法義務として要請し、内容に付て変化の自由を是認して居る部分もあるのであります」（第90回帝国議会衆議院本会議7号（回）1946年6月27日：9ページ）と、国家の立法義務は認めたものの国民の権利については、否定した。本会議では、これ以上の議論は行われていない。詳細な議論は、帝国憲法改正案委員会と帝国憲法改正案委員小委員会で行われている。

第3項　帝国憲法改正案委員会における生存権の議論

　金森憲法担当国務大臣の憲法草案23条に対する考え方は、帝国憲法改正案委員会における答弁でも変わりはなかった。1946年7月2日の帝国憲法改正案委員会では、黒田寿男（日本社会党）が金森憲法担当国務大臣を追及した。黒田は、政府の憲法改正案が、大日本帝国憲法（明治憲法）では一貫して否定され続けた、政治上並びに法律上の自由を擁護する＝人権を擁護する規定を広く保障している点を高く評価している。その上で、政府の憲法改正案に社会的、経済的条項（具体的には日本社会党の憲法改正要綱の社会権規定）が不十分であると追及している（第90回帝国議会衆議院憲法改正案委員会3号（回）1946年7月2日：6ページ）。これに対して、金森憲法担当国務大臣は、黒田が指摘する事項については、憲法草案23条ですでに示されているとして、さらなる条文の追加に

ついては否定した(第90回帝国議会衆議院憲法改正案委員会3号(回)1946年7月2日:6ページ)。

　黒田はさらに、「今後国家の政治の最も大きな目的として、国民に対して人間たるに値する生活を保障する、或は之を健康にして文化的な水準の生活と云ふ言葉を以て表現しても宜しいと思ひますが、斯うした生活を営む権利を国民に認める、之を国家の側から申ますれば、斯うした生活を保障するだけの義務を負ふと云ふ風に、積極的に個々人に対する生活上の顧慮をなすべきである」と指摘した。しかし、金森憲法担当国務大臣は、個人の権利を規定する条文は挿入しないことを明言し、憲法草案12条「すべての国民は、個人として尊重される、生命、自由及び幸福追求に対する国民の権利については、公共の福祉に反しない限り、立法その他の国政の上で、最大の尊重を必要とする」がその基盤となりうると答弁した(第90回帝国議会衆議院憲法改正案委員会3号(回)1946年7月2日:7ページ)。

　ここまで分析してきたことからも明らかなように、生存権規定をめぐっては、与党(保守政党)の吉田首相、金森憲法担当国務大臣は一貫して消極的立場をとり続け、野党(革新政党)の鈴木、森戸、黒田は、国民の権利を明確にした条文を挿入するよう主張し続けた。帝国憲法改正案委員会では、大幅な修正が行われることはなかった。生存権規定をめぐる議論は、結果的に帝国憲法改正案委員小委員会においても続くことになったが、そこでは大きな動きをみせた。

第4項　帝国憲法改正案委員小委員会における生存権の議論

　第1回帝国憲法改正案委員小員会が開催されたのは1946年7月25日であるが、日本社会党は、小委員会が開催される前から、憲法草案23条に「すべて国民は健康にして文化的水準の生活を営む

権利を有する」という項を設けることを主張していた[19]。生存権の議論が集中したのが、同年8月1日である。

まずは、8月1日以前の小委員会における議論をみていく。7月25日の第90回帝国議会衆議院憲法改正案委員小委員会では、鈴木義男（日本社会党）が、新たに憲法草案23条の条文に1項付け加えることを主張したことについて、これまでの生存権に関する概括的規定に対して、条文を具体化して、将来の立法に関する指針を示すためであると説明している（第90回帝国議会衆議院憲法改正案委員小委員会1号（回）1946年7月25日：12ページ）。

同じ条項の説明について、7月29日の第90回帝国議会衆議院憲法改正案委員小委員会では、森戸辰男（日本社会党）が、政府案の生存権規定は消極的な義務だけを政府が負っていると解釈することが可能であり、生存権、労働権というものは、具体的な権利として要求できるものでなければならないと指摘している（第90回帝国議会衆議院憲法改正案委員小委員会4号（回）1946年7月29日：28ページ）。

同年8月1日の第90回帝国議会衆議院憲法改正案委員小委員会では、日本社会党が挿入することを主張した条文「すべて国民は健康にして文化的水準の生活を営む権利を有する」についての議論が集中した。芦田均委員長（日本自由党）は、日本社会党が主張する生存権あるいは生活権の保障を条文へ明記することを一定程度理解しながらも、憲法草案12条「すべて国民は、個人として尊重される」に生活権の保障を追加することで対応できるのではないかと指摘している。これに対して、森戸は憲法草案23条に新たな条文を加える意味を、「第一項は、総て国民は健康にして文化的水準に応ずる最小限度の生活を営む権利を有する、是は此の間我々の提案に書いてある通りであります、其の続きは斯う云ふや

19）葛西『生存権の規範的意義』前掲書、16ページ。

うに直して我々の修正案に変へたいと思ふ、第二項、此の権利を保障する為に、国は総ての生活部面に付て社会福祉、公衆衛生の向上及び増進を図り、社会的生活保障制度の完成に努めなければならぬ、斯う云ふやうに変へました」と述べ、国民の権利を明確にすることと、国が社会的生活保障制度を形成していくことを主張した（第 90 回帝国議会衆議院憲法改正案委員小委員会 7 号（回）1946 年 8 月 1 日：13 ページ）。

　芦田均委員長も吉田安（日本進歩党）も、森戸や鈴木の説明に納得することはなく、憲法草案 12 条で対応が可能であるということを主張し続けたが、結果的には日本社会党が主張する「すべて国民は健康にして文化的水準の生活を営む権利を有する」という条文は挿入されることになった。その後、条文の文章は若干修正されながらも、現行の日本国憲法 25 条の 1 項と 2 項として、生存権は条文に組み込まれた。

　日本社会党の議員が想定していた生存権保障とは、国民の権利を明確にしたことのみならず、社会的生活保障制度を国家の責任で拡充することであった。憲法 25 条が挿入されたことは、単に最低生活を保障するのではなく、社会的生活保障制度を構想するという意義のあるものであった。ただし、保守政党（日本自由党、日本進歩党）の議員は、一貫して消極的であったことも事実である。憲法 25 条の持つ意義と実態がかい離していく過程もみておかなければならない。それは、後述する生活保護法（旧法）の具体的運用と、生活保護法（新法）の成立過程とも大きくかかわっている。

第 5 項　憲法 25 条の生存権としての定着—生存権か生活権か

　井上英夫は憲法 25 条を素直に読むと、保障されているのは生存ではなく、生活、健康であり、生活権、健康権へと内容を発展さ

せるべきだと主張している[20]。井上の問題提起は憲法成立過程の議論をふまえたものではなく、国内に限らず国際的な動向もふまえた人権としての社会保障・社会福祉の発展を視野に入れたものである。

しかし、憲法25条の議論の過程では、生存権と生活権という名称が混在していた。例えば、芦田均や森戸辰男でさえ、同じ答弁の中で両方の言葉を使用することもあった。帝国議会会議録を分析する限りでは、そもそも生存権と生活権という名称の説明を行っていることもなかったし、ましてや両者の違いは言及されていなかった。その点では、井上の主張を憲法成立過程から裏付けることはできない。

ところが、憲法制定直後に出されたコンメンタールには生存権と生活権に関する記述がみられた。戦後の法律学に大きな影響を与えた民法学者の我妻栄は、憲法を自由権的基本権と生存権的基本権に分類し、憲法25条から28条は、国家権力の積極的関与によって実現できる生存権的基本権であると定義した[21]。我妻の定義は、憲法25条が生存権として定着したきっかけともいえる。我妻の定義を直接継承したといわれる法学協会編『註解　日本国憲法』は、憲法25条の生存権の趣旨・目的の説明で、「生存権のことを生活権ということもあり、その区別は必ずしも明確にされていないが、生存権は日常的な『生活』権よりも、より緊急且つ緊要的な強度と意味とをもつて理解されるのが一般であり、憲法に

---

20) 井上英夫「平和的生存権と人権としての社会保障」自治労連・地方自治問題研究機構『季刊　自治と分権（No.42）』大月書店、2011年、84〜85ページ。全国老人福祉問題研究会編『ゆたかなくらし（2010年11月号）』本の泉社、2010年においても、小川政亮、井上英夫、木下秀雄、金澤誠一の論考による「特集　生存権から生活権へ―生存権裁判が問うもの」が組まれている。

21) 葛西『生存権の規範的意義』前掲書、22〜23ページ。引用に当たっては、我妻栄「基本的人権」国家学会『国家学会誌（第60巻第10号）』有斐閣、1946年、63〜90ページを確認した。

おいて問題とされるのも、この意味の生存権である[22]」と記載されている。

　また、日本政府が新憲法普及のために使用したポスターでは、「生活権と勤労の権利」と明確に生活権という用語を使用している[23]。本書では、十分に分析することができなかったが、法学協会『註解　日本国憲法』が定義するように、生存権と生活権が（明確ではないにしろ）区別して使われていたのであれば、憲法25条を生活権、健康権として再定義するためには、憲法25条がより低い水準の生存権として定着した過程を分析しなければならない[24]。

第4節　救貧制度の廃止と生活保護法（旧法）の制定

第1項　CLO2223「救済福祉に関する政府決定事項に関する件報告」と生活保護法（旧法）

　本節では、これまでの憲法成立過程の分析をふまえて、生活保護法（旧法）の成立過程を分析する。これまで、GHQから指令されたSCAPINとそれに対する日本政府の回答を分析してきた。

　生活保護法（旧法）の成立過程の直接的契機となるのは、1946年2月27日に指令されたSCAPIN775「社会救済」への回答として、1946年4月30日に提出されたCLO2223「救済福祉に関する

---

22) 法学協会編『註解　日本国憲法（上巻）』有斐閣、1953年、481～482ページ。なお、『註解　日本国憲法』の1953年版（実質的な改訂版）では、生存権と生活権の記述がみられるが、1948年版（実質的な初版）では、両者を区別する記述はみられなかった。法学協会編『註解　日本国憲法（上巻）』有斐閣、1948年、240～241ページ。

23) 初宿正典・大沢秀介・高橋正俊・常本照樹・高井裕之編『目で見る憲法〔第3版（補訂）〕』有斐閣、2009年、7ページ。

24) ただし、急いで付言しておけば、生存権という用語自体は第二次世界大戦以前にすでに使用されていた。例えば、社会政策の研究に大きな影響を与えた経済学者の福田徳三や左右田喜一郎なども、論文のテーマで生存権という名称を使用していた。

政府決定事項に関する件報告」である。CLO2223「救済福祉に関する政府決定事項に関する件報告」では、これまで GHQ に示されながらも十分に制度に組み込まれなかった公的扶助の原則がとり入れられた。具体的には、全困窮者に対して政府の責任で救済福祉事業を行うこと（国家責任）、なおかつそれが対象者を限定しない無差別平等であること（無差別平等）、円滑に救済福祉事業を行うため単一の政府機関で制度を運営すること（全国的単一政府機関の樹立）、が明記されていた。

そして、これらを具体化するために、厚生省社会局に職員を20名、各都道府県に救済事業の専任職員として、414名を増員配置し、市町村関係職員及び方面委員を指導することとした。救済給付金の標準限度額は、生活困窮者緊急生活援護要綱（「援護要綱」）が標準世帯（5人家族）を200円としていたのに対して、新たな制度では250円となった。さらに、単一包括的社会救済法たる「生活保護法」を帝国議会での成立を経て、同年7月より実施するように準備していた。基本原則、救済の種類、予算などの法律の原案はこの時点ですでに作られているなど、画期的であった[25]。

しかし、方面委員の役割が拡充され、補助機関として位置付けられたことは留意しなければならない。さらに、ここまで指摘したように、最低生活に対する GHQ と厚生省（厚生官僚）の認識のずれが解消されたわけではない。それは、生活保護法という名称を用いたことからも明らかであった。生活保護法の英訳は「Daily Life Security Law」であったが、リムズ公衆衛生福祉局長（Public Health & Wellfare Section、PHW）との折衝を行っていた葛西社会局長は、「こっちは保障なんていう考えはない。国が保護するという考え方です」[26]と述べていることからも明らかなように、あえ

25）社会保障研究所編『戦後の社会保障（資料）』至誠堂、1968年、7～9ページ。
26）葛西嘉資「葛西嘉資氏の証言（聞き手：実本博次・秋山智久・小野顕）」社

て「保護」という名称を用いて、生活保護に対する根本的な考え方の違いがあったことを認めている。

第2項　生活保護法（旧法）とSCAPIN775「社会救済」の関係

生活保護法（旧法）案は、第90回帝国議会衆議院に提出され、1946年7月18日の本会議から審議が開始された。法案は、本会議と生活保護法案委員会での審議を経て、8月17日に衆議院本会議で可決されている。そして、法案は貴族院に送付され、本会議と生活保護法案特別委員会での審議を経て、9月5日には貴族院本会議で可決された。法律の施行は同年10月1日である。

生活保護法（旧法）は、CLO2223「救済福祉に関する政府決定事項に関する件報告」を契機として形成されたが、法案はGHQとの折衝の中で作られた。これまでの生活保護研究、社会保障研究では、SCAPIN775「社会救済」が生活保護法（旧法）制定の決定的要因とされてきたが、そのことに疑問を投げかけたのが、先行研究でも紹介した菅沼隆である。

菅沼は、「旧法形成過程における最大の謎は、SCAPIN七七五が『進歩的』と評価される一方で旧法の評価は常に限定がつけられてきたのはなぜかという点にある」と問題提起をしている。そして、「GHQの当初の意図は、四六年前半期の救済政策の実効性を確保するところにあったのであり、恒久的な公的扶助法の制定を政策目的としていなかった」とし、「したがって、SCAPIN七七五から生活保護法が直接導出されてくるわけではない」と結論づけている。加えて、SCAPIN404「救済ならびに福祉計画に関する件」

会福祉研究所（小野顕）編『占領期における社会福祉資料に関する研究報告書（改訂版）』1979年、280〜281ページ。法案をめぐるサムズ公衆衛生福祉局長と葛西社会局長のやり取りについては、村上貴美子『占領期の福祉政策』勁草書房、1987年、76〜78ページを参照。

27）菅沼隆『被占領期の福祉分析』ミネルヴァ書房、2005年、153ページ。

の段階で無差別平等、国家責任という発想が確立されていたのは事実であるが、それは主として非軍事化、社会不安の防止が主な理由であったと分析している。

　SCAPIN775「社会救済」と生活保護法（旧法）の関係は重要であるが、GHQの指令の目的が「恒久的な公的扶助法の制定」ではなかったとしても、この時期においては両者の公的扶助（最低生活保障）に関する考え方は大きくずれていたので、分析する際はそのことをふまえなければならない。

　その点を考慮すると、生活保護法（旧法）制定の直接的契機となったCLO2223「救済福祉に関する政府決定事項に関する件報告」は、SCAPIN775「社会救済」への回答であるし、不十分ながらもGHQの示した公的扶助の原則をもとに単一包括的社会救済法たる「生活保護法」を新たに議会へ提出することが明記されていたので、直接的に影響を与えていたと考える方が自然である。GHQの政策の意図を分析することはもちろん重要であるが、それより厚生官僚がどのように受容し、制度の形成過程でいかなる影響を与えたかを分析することが重要である。それでは、次に具体的な成立過程を分析していく。

第3項　河合良成厚生大臣による生活保護法（旧法）制定の提案理由説明

　まずは、1946年7月18日の第90回帝国議会衆議院本会議において、河合良成厚生大臣（日本自由党）によって説明された、生活保護法（旧法）制定の提案理由をみていく。[28]

　生活困窮者をめぐる状況として、「我が国現下の情勢を見まする

---

28) 国会会議録を分析する際には、国立国会図書館「帝国議会会議録検索システム」〈http://teikokugikai-i.ndl.go.jp/〉（最終閲覧日・2011年8月13日）を利用している。

と、戦災者、海外引揚者、在外者の留守家族、戦没者の遺族、傷痍軍人、失業者等の中には、日常の生活に困窮して居る方も少くないのであります、之に一般貧困者を合せますと、生活の保護を必要とする者は相当多数に上るのであります、且つ最近の物価騰貴や食糧難の影響に依りまして、遺憾ながら其の数は逐次増加致しまして、其の困窮程度も次第に深刻化する傾向にあるのであります」（第 90 回帝国議会衆議院本会議 18 号（回）1946 年 7 月 18 日：4 ページ）と述べているように、厚生省が生活困窮者の増大を認識していることがわかる。

生活困窮者の増大への対応として、「政府と致しましては積極的に或は経済の安定の方途を講じ、或は就業対策の徹底を図る等、是等生活困窮者を減少させるやう目下努力中でありますが、他面現に生活に困窮して居る者の保護対策に付ても、急速に是が実現を期する必要があるのであります」（第 90 回帝国議会衆議院本会議 18 号（回）1946 年 7 月 18 日：4 ページ）と早急な対応が必要であることを認め、「勿論今日と雖も救護法、母子保護法、医療保護法等を実施致して居ります外、生活困窮者の緊急生活援護事業を実施して、当面の保護に当つて居るのではありますが、是等の法規は何れも限定的であります、且つ保護の内容にも程度の差別があるのでありまして、現下の実情に適せざる点も少くないのであります」（第 90 回帝国議会衆議院本会議 18 号（回）1946 年 7 月 18 日：4 ページ）と既存の制度は差別的であり、なおかつ、十分に対応できないことを認めている。

第 4 項　戦前の救貧制度と異なる生活保護法（旧法）の位置づけ

河合厚生大臣は、生活困窮者が増大し、経済政策や失業対策を実施してもそれらの問題を解決できず、さらに既存の救貧制度と「援護要綱」では不十分であることは認めた上で、生活保護法（旧

法）制定の意義を「生活保護法を制定して、現に生活保護を要する者を広く網羅しまして、事由の如何に拘らず差別的又は優先的の取扱を廃めまして、普遍平等の立場に立つて保護の実を挙げんとする次第であります、考へまするに、基本的人権の尊重は民主主義国家に於ける最大最重の目標であり、殊に生活保障は其の焦点とも言ふべき所であります」(第90回帝国議会衆議院本会議18号(回)1946年7月18日：4ページ）と高らかに掲げている。それだけにとどまらず、生活保護法（旧法）による生活保障を「基本的人権の尊重」＝「民主主義国家」の試金石に位置付けていることからも、公的扶助の原則をとり入れた法案に対する自信がうかがえる。

　それでは、生活保護法（旧法）案はどのように議論されていったのであろうか。本書の課題である憲法25条との関連と、法律の意義と限界について、衆議院と貴族院の本会議と委員会における議論を分析する。

第5節　生活保護法（旧法）に関する権利性の否定
——憲法25条と関連づけて

第1項　憲法25条との関連に関する言及

　憲法改正時は生活保護法との関連についての言及は少なかったが、生活保護法（旧法）の成立過程においては、同時期に議論されていた憲法25条（憲法草案23条）との関連が問われた。河合によって、生活保護法（旧法）の提案理由が説明されたのと同じ本会議で、坪川信三（無所属）が質問に立った。

　坪川は、「本案は国民の生活権を保障せんとするものであるか、それとも旧来の慈善事業の延長であるか、即ち本法の拠つて立つ根本理念をば質したいのであります、新憲法草案第二十三條は国民の生活保障の為に法律が立案されなければならぬと規定してあ

ります、本法は此の規定に対応して起草されたものと考へられますが、果たしてどうであるか、生活の保障と云ふ用語は、国民に生活の権利があることを前提として初めて解釈される言葉と考へます」(第90回帝国議会衆議院本会議18号(回) 1946年7月18日:7ページ) と、生活保護法 (旧法) が憲法草案23条の生活権保障の理念に基づいているのかを、河合大臣に対して質問している。これに対して、河合大臣は「本法の根本理念をどう思つて居るかと云ふ御尋ねでありましたが、是は勿論憲法の條規に依る所の生活保障と云ふことを根底にして作つて居ります、決して是は慈善と云ふやうなるものを目標として居るものではありませぬ」(第90回帝国議会衆議院本会議18号(回) 1946年7月18日:8ページ) と答弁し、慈善事業とは全く異なるものであると答え、憲法草案23条の理念を根底にしていることがわかる。

ただし、坪川が生活権あるいは生活の権利という言葉を用いているのに対して、河合厚生大臣は権利という言葉を用いていない。

衆議院の生活保護法案委員会においても、このことは議論となった。1946年7月25日の第90回帝国議会衆議院生活保護法案委員会では、長谷川保 (日本社会党) が質問に立った。長谷川は、河合厚生大臣は答弁で明確に否定しているが、生活保護法 (旧法) を熟読すると、根本精神に保護的なあるいは慈恵的な臭みを感じると率直に述べている。その上で、第一章の総則の中に国民は生活の保障をされるのは当然であり (権利性の明記)、それは国家の義務として当然に行われると明記すべきだとして、厚生大臣にそのような条文の挿入の意思があるかどうかを尋ねている (第90回帝国議会衆議院生活保護法案委員会3号(回) 1946年7月25日:4ページ)。

これに対して、河合厚生大臣は、慈恵主義や慈善事業であることを明確に否定した上で、「之に付きましては、大体私共は本法に於て十分だと思つて居ります、第一條に付て国家の責任であると

云ふことを明示するのも一つの方法でありませう、併しながら其の点は憲法第二十三條に於て明示されて居る所でありまして、法律は生活の保障の為に立案せられねばならぬと云ふ趣旨が明瞭に書いてあります、それを承けて此の法律は当然出来るのであります」(第90回帝国議会衆議院生活保護法案委員会3号(回) 1946年7月25日：5ページ)と答弁している。生活保護法(旧法)に国民の受給権を明確にするべきだという指摘に対して、憲法草案23条を根拠として、それを否定するという矛盾した答えをしている。

　ここまでみてきたように、生活保護法(旧法)の成立過程において、生活保護は憲法草案23条の生存権を理念としていることについては、否定していない。その事実だけに注目すれば、大変意義があるように思われる。しかし、河合厚生大臣の答弁をみれば明らかなように、生活保護が国民にとって、権利として受給できるということは明言しなかったし、権利性を条文に明記することについても消極的な姿勢であった。長谷川が指摘するように、厚生大臣及び厚生官僚は、恩恵的思想や慈善事業の延長から抜け出すことができていなかったといえる。

第2項　生活保護法(旧法)の権利性の否定

　生活保護法(旧法)の権利性に関する質問は、前項で挙げた答弁以外でも繰り返し行われていた。しかし、厚生大臣や厚生官僚は、条文に保護受給権を明記することに関しては一貫して消極的であった。それどころか、「惰民養成」の危惧や「濫救」の事例を持ち出すことさえあった。厚生大臣は答弁の中で、消極的な姿勢はとり続けたが、明確に否定することもなかった。しかし、議論の場所が衆議院から貴族院に移った時に、一度だけ明確に生活保護法(旧法)の権利性を否定した。

　1946年9月2日の第90回帝国議会貴族院生活保護法案特別委

員会では、小山松吉(貴族院勅選議員)が質問に立った。小山議員は、「国民の側から申しますれば、どう云ふ者が保護を要請する権利があるかと云ふことが書いてないのであります、是が落ちて居るのです、私は條文の欠点であると思つて居ります、殊に憲法草案の二十三條、まあ二十五條に修正になつて居りますが、此の條文の趣旨から申しまして、文化的なる最低生活を営む権利のあると云ふことを明かにして居りまするからして、換言すれば国民が保護を請求する権利のあると云ふことが何処かに現れて居なければならないと思ふのであります、詰り国民の側から申すれば国民の基本的権利が不明である」(第90回帝国議会貴族院生活保護法案特別委員会4号(回)1946年9月2日:1ページ)と、条文に保護請求権が明記されていないことを批判している。

　これに対して、河合厚生大臣は生活保護法(旧法)には、保護請求権を明記すべきではないと答弁した。そして、その理由を生存権と勤労権(労働権)でいう権利とは「此の憲法に於ける権利を有すと云ふ意味は、国家はそれに対して全責任を負つて最低生活を保障してやる義務があると云ふ意味ではないと云ふ憲法の解釈を致して居ります、と申すのは、此の権利を有すと云ふのは、平等に公平に国民は斯う云ふ生活を営む権利を有するのであつて、之を国家は妨害してはならないと云ふ意味に於ける権利である、比喩的に平等とか公平とか云ふ点にあります」(第90回帝国議会貴族院生活保護法案特別委員会4号(回)1946年9月2日:1ページ)と答弁した。河合厚生大臣は、生活保護法(旧法)の議論を通じて、同時に議論されていた憲法25条の生存権が、自由権規定に過ぎないかのような解釈を行った[29]。

---

29) 小川政亮「保護請求権と争訟権の成立」日本社会事業大学編『戦後日本の社会事業』勁草書房、1967年、150～153ページ(小川政亮著作集編集委員会編『小川政亮著作集6―戦後の貧困層と公的扶助の権利』大月書店、2007年に再録。本書では、『小川政亮著作集6―戦後の貧困層と公的扶助の権利』を使用

このことは、後の生活保護法（旧法）の具体的運用に大きく関わってくるし、新法成立過程でいかに議論されていたかを注意深くみておかなければならない。生活保護法（旧法、新法）が、憲法25条の理念を具体化した制度であるといっても、それだけで積極的評価ができるのではない。

また、上記の議論は、憲法25条の生存権が生活保護の問題に矮小化されていく過程でもあり、生存権保障の明記に最後まで消極的であった保守政党の本質を示したともいえる。日本社会党が、憲法25条は国民の権利の明確化と制度拡充については、国家が義務を負うものであると主張していたのとは大きくかけ離れていた。

第3項　『生活保護法の解釈』における保護請求権の否定

これまでは、帝国議会における答弁の分析が中心であったが、生活保護法（旧法）の解説書でも保護請求権は明確に否定された。『生活保護法の解釈』は、内藤誠夫厚生事務官によって書かれた、保護行政に直接関わる官公吏員、民生委員などを対象としている解説書である。

『生活保護法の解釈』は、生活保護法（旧法）の根本趣旨が、国民の最低生活を保障すること、年齢、性別、人種、信条などによって差別されない無差別平等で行うこと、国家の責任で行うことを一番に挙げている。その上で、国家が国民に対しての保護の義務を負い、国民が国家に対して権利を有するということ（保護請

したため、引用ページはこれによる）。井上英夫「公的扶助の権利―権利発展の歴史」河合幸尾編『「豊かさのなかの貧困」と公的扶助』法律文化社、1994年、123ページ。他の答弁では、河合厚生大臣は生活保護法（旧法）は、法律的には国民の権利と政府の義務の権利義務関係にあるとしながらも、実質的には相互扶助、人道主義、共存共栄にあるということも述べている（第90回帝国議会衆議院生活保護法案委員会7号（回）：6ページ）。なぜ、河合厚生大臣が憲法25条の生存権保障を自由権規定のように捉えていたかは、今後明らかにしなければならない課題である。

求権）は、「国民は国家が本法の保護を行う責務を有しておることによって反射的利益を受けるものと解すべきである」として、明確に否定した。[30]

厚生省（厚生官僚）は保護請求権の明記に否定的であったが、GHQの中には保護請求権の保障を強く提言していた者もいる。実際には、生活保護法（旧法）が議論される前に提言されているので、時系列としては若干前後する。しかし、保護請求権の保障が早い時期に提起されていたことは意義があることなので、確認しておく。

保護請求権の保障を明記すべきという見解は、1946年5月18日にネルソン・B・ネフ公衆衛生福祉局福祉課長代理からサムズ公衆衛生福祉局長へと伝えられた。[31] その際に渡された文書が、「公的扶助；解釈及び理解による公的扶助の容認」（いわゆる「ネフ覚書」）である。

「ネフ覚書」は、「公的扶助は、民主主義の基本原則に従って矛盾なく運用しなければならない」と初めに述べた上で、民主主義の原則に従った公的扶助とは、個人の完全性の尊重、有益な生活及び十分な生活保障が個人の幸福追求の機会の確保につながること、経済的自立の能力・機会を失った者も市民及び人間としての権利を失わないことだとしている。そして、公的扶助の権利については、「公的扶助の被扶助者及び申請者の権利」として具体的に書かれているが、以下のとおりである。[32]

(1) 公的扶助について申請を行ない、申請者または家族の状況によって、そのニードを決定される権利

30) 内藤誠夫『生活保護法の解釈』日本社会事業協会、1947年、20～23ページ。
31) 菅沼『被占領期社会福祉分析』前掲書、156～159ページ。
32) 社会福祉研究所（小野顕）編『占領期における社会福祉資料に関する研究報告書』前掲書、124～126ページ。

(2) 当初の決定に満足できない場合、再審及び救済のために上級当局に控訴する権利
(3) ニードが決定された場合、各人の状況における変化があるまで、権利として一定の金額で扶助を受給し、かつ、地域社会が認めうる最低限度のニーズを満す扶助を受給する権利
(4) 差別または特別な好意を伴わずに、公的扶助に関し、他の困窮者に与えられると同じ統一的儀礼及び配慮を供される権利

「ネフ覚書」には、保護申請権、不服申立制度、不利益変更の禁止、無差別平等など、SCAPINで示されていた公的扶助の原則よりも、より権利性の高い、まさに民主主義社会に相応しい公的扶助の原則を示されていた。しかし、生活保護法（旧法）成立過程の議論を分析してきて明らかなように、「ネフ覚書」で書かれていた公的扶助の原則は、一部国会議員の指摘は存在したが、議論の中心的課題とはならなかった。

それでは何故、「ネフ覚書」は、サムズ公衆衛生福祉局長に手渡されていたのに、生活保護法（旧法）に生かされなかったのであろうか。GHQは、大量の生活困窮者を眼前にしながらも具体的な救済政策をとらない日本政府を批判し、SCAPIN404「救済ならびに福祉計画に関する件」やSCAPIN775「社会救済」で政策策定をリードし続けてきたが、生活保護法（旧法）の法案作成や法律制定には積極的に関与することはしなかったことが、その理由として考えられる[33]。

---

33) 菅沼『被占領期社会福祉分析』前掲書、160〜161ページ。

第6節　生活保護法（旧法）の意義と問題点

第1項　生活保護法（旧法）を分析する視点

　前節では、生活保護法（旧法）の成立過程における議論を分析してきた。本節では、1946年10月1日から施行された生活保護法（旧法）の意義と問題点を分析する。

　ここまで分析してきたことからも明らかなように、戦前の恩恵的思想が強く残る厚生官僚（厚生大臣）は、生活保護の受給権を明記することについては、終始消極的であった。そのことは、法律にも大きく影響していることもあり、「欠格条項」の明記、保護申請権・不服申立制度の否定、方面委員（1946年9月の民生委員令により、民生委員に名称変更）など、多くの問題点を含むことになった。[34]
生活保護法（旧法）は確かに問題点も多いが、戦前・戦時中の救貧制度とは異なる点も存在する。そのため、法律の限界とともに意義もみておかなければならない。

第2項　一般扶助主義の明確化

　生活保護法（旧法）の意義は、一般扶助主義をとっていたことにある。恤救規則や救護法が、制度の対象者（身寄りのない高齢者や児童や傷病者など）を列挙した制限扶助主義であったのに対して、法律の第1条で「この法律は、生活の保護を要する状態にある者の生活を、国が差別的又は優先的な取扱をなすことなく平等に保護して、社会の福祉を増進することを目的とする」と明記

---

34) 公的扶助論の著書でも、旧法の問題点を指摘するものは多い。例えば、杉村宏『公的扶助―生存権のセーフティネット―』放送大学教育振興会、2002年、84～85ページ、金澤誠一編『公的扶助論』高菅出版、2004年、92～93ページ、川上昌子編『新版・公的扶助論』光生館、2007年、35～36ページなどがあげられる。

されたことは、一定の評価ができる[35]。次項で分析するように、実質的に一般扶助主義は形骸化してしまうが、SCAPINの影響を受けながら「援護要綱」では失業者を対象とするなど、徐々に制度の対象は拡大されていった。そのことをふまえると、制約を受けながらも一般扶助主義がとられたことは、救貧制度・公的扶助制度の歴史からみて、画期的であった。

　ただし、第1条の条文で、無差別平等は明記されていたが、国家責任は曖昧にされていた。また、憲法25条の生存権の成立過程でも指摘したが、法律の目的が「社会の福祉を増進」することにあって、個人の生活保障でなかったことは留意しなければならない。結果的に、憲法25条の生存権でも削除され、生活保護法（新法）でも取り入れられることはなかったが、法律によって守られるのが、社会の福祉なのか、個人の生活であるのかは決定的な違いである。

第3項　欠格条項の明記

　生活保護法（旧法）のとった一般扶助主義の意義を著しく損なわせることになったのが、「欠格条項」である。「欠格条項」とは具体的には、第2条のことであるが、第3条も含める場合もある。

　第2条　左の各号の一に該当する者には、この法律による保護は、これをなさない。
　　一　能力があるにもかかはらず、勤労の意思のない者、勤労を怠る者その他生計の維持に努めない者
　　二　素行不良な者
　第3条　扶養義務者が扶養をなし得る者には、緊迫した事情が

---

[35]「第1章」でもあげたが、小川政亮と副田義也は生活保護法（旧法）に一定の評価をしている。

ある場合を除いては、この法律による保護は、これをなさない。

「怠惰な者」や「素行不良な者」を制度から排除、家族扶養の強制を条文に明記することによって、生活保護法（旧法）は、一般扶助主義としての意義を失い、実質的な制限扶助主義になってしまったことは、これまでの生活保護研究、社会保障研究で繰り返し批判されてきた。「欠格条項」が明記された理由は、厚生大臣や厚生官僚による国会答弁や『生活保護法の解釈』をみれば明らかである。河合厚生大臣は、生活保護実施に伴いがちな、制度に依存して徒食するものが出てくることを防止するためと説明し（第90回帝国議会衆議院生活保護法案委員会2号（回）1946年7月24日：1ページ）、葛西社会局長は、公費で扶助を受ける以上、世間の爪弾きを受けるような者を保護するわけにはいかないと答弁している（第90回帝国議会衆議院生活保護法案委員会5号（回）1946年7月30日：2ページ）。

『生活保護法の解釈』では、「欠格条項」を明記した理由が、「惰民素行不良者養成」を防止するためであると、国会答弁よりもストレートな表現で書かれており、まさに厚生官僚の本質を表しているといえる[36]。SCAPINで無差別平等の制度を作るように日本政府へ指令していたGHQは、当然ながら、「欠格条項」を条文に明記することに難色を示した。

交渉に当たった葛西社会局長は、サムズ公衆衛生福祉局長に対して、趣旨の説明をしたが、理解を得ることができず、状況は悪化するばかりであった。そこで、葛西社会局長は、とっさに「飲む、買う、打つ、あれですよ」とサムズ公衆衛生福祉局長に説明すると、「日本でも飲む、買う、打つがあるのか」と破顔一笑で、

36）内藤『生活保護法の解釈』前掲書、26〜29ページ。

「欠格条項」を明記する了解を得ることができたという[37]。河合厚生大臣は、生活保護法（旧法）の提案理由で、生活保護による生活保障を「基本的人権の尊重」の試金石として位置付ける発言を行っていたが、「欠格条項」の明記は、GHQ/PHW、厚生官僚の人権感覚の希薄さを露呈した。

さらに付け加えると、法案の国会審議の中で、「欠格条項」を明記することについては、日本社会党の議員を中心に疑義や危惧の表明はなされていた。しかし、「欠格条項」自体を明記する必要がないと主張したのは、長谷川保（日本社会党）だけであり、他の議員は疑問を呈しながらも、何らかの形で「欠格条項」が必要であるという認識は共通していた[38]。この事実は、一般扶助主義や無差別平等という公的扶助の原則が定着することの困難性を如実に表している。

「欠格条項」が明記された生活保護法（旧法）は、それを最大限に活用して、主に稼働能力者への対応を厳格化していく。そして、生活保護法（新法）の法案作成や審議過程においても、「怠惰な者」や「素行不良な者」に対して、いかなる対応を行うのかは常に議論の対象とされてきた。このことをふまえて、生活保護行政の具体的運用を分析しなければならない。

第4項　方面委員（民生委員）の補助機関化

次の問題点は、方面委員（1946年9月の民生委員令により、民生委員に改称）の補助機関化である。そして、権利性の否定、欠格条項の

---

37) 葛西嘉資「占領下の厚生行政について―葛西嘉資氏に聞く―（聞き手：吉田久一・一番ヶ瀬康子）」吉田久一・一番ヶ瀬康子編『昭和社会事業史への証言』ドメス出版、1982年、111～112ページ。厚生省社会局保護課編『生活保護三十年史』社会福祉調査会、1981年、286～287ページにも、葛西社会局長へのインタビュー記録が掲載されているが、同様の趣旨の発言をしている。
38) 菅沼『被占領期社会福祉分析』前掲書、171ページ。

明記は、生活保護行政の実務を担っていた民生委員の活動にも大きな影響を与えた。

GHQ は、そもそも「非軍事化」を掲げていたため、第二次世界大戦遂行の要因となっていた戦災援護会、海外同胞援護会、軍事援護会などの団体を残すことや日本政府の行う政策の担い手となることに関して、一貫して否定的であった。全日本方面委員連盟も戦災援護会などと、類似した団体であると GHQ はみなしていた。だからこそ、「援護要綱」や新しい単一包括的社会救済法を日本政府が作る際に、方面委員を拡充しようとしたことを批判し、SCAPIN775「社会救済」で示された公的扶助の 5 原則では、国家責任による生活保障、公私分離の原則、全国的単一政府機関の樹立を指令した。

民生委員の補助機関化に消極的な GHQ に対して、厚生官僚は交渉を続けた。葛西社会局長は、厚生大臣 – 地方長官 – 地方事務所長 – 市町村長という構造に、補助機関としての民生委員を含めたものが、全国的機関であると説明をしたが、理解はされなかった。厚生官僚は、有給の専門職員のみで生活保護行政に対応することは困難であると自覚していた。そのため、民生委員には、保護に関する必要な調査、保護受給者の生活状況の市町村長への通知、保護決定についての意見申出という多大な役割を担わせようとしていた（生活保護法施行令第 1 条[40]）。

GHQ と交渉を続けていた厚生官僚は、「殆んど戦時国策への協力、戦争遂行への寄与に終始した[41]」方面委員を補助機関化するために、「昔の方面委員令を民生委員令に変えただけ[42]」の民生委員

---

39) 葛西「葛西嘉資氏の証言（聞き手：実本博次・秋山智久・小野顕）」前掲書、281 ページ。
40) 内藤『生活保護法の解釈』前掲書、32〜33 ページ。
41) 全国社会福祉協議会編『民生委員制度四十年史』1964 年、285 ページ。
42) 木村忠二郎「昭和二十年代の社会事業行政をめぐって―木村忠二郎氏に聞く

令を制定して、方面委員を民生委員へと改称した。厚生官僚があらゆる手段を駆使したことと、生活保護法（旧法）の草案作成や法案審議の過程でGHQが積極的に干渉することがなかったこともあり、結果的に民生委員は生活保護行政の補助機関として正式に位置付けられることになった。

　方面委員と中身や精神が根本的に変わりなく、保守的だと指摘された民生委員がどのような対応を行ったかは、次章で具体的に分析していく。結論を先にいえば、民生委員は行政の補助機関というよりも、個人の思想や考えに基づき活動を行ったため、全国で統一的な生活保護行政は実現されず、むしろ日常的な保護受給者への人権侵害が発生した。統一的な対応を行うために、厚生官僚によって『生活保護百問百答』が書かれたが、その中身も保護受給権については考慮されていなかった。

　そのような民生委員による日常的な対応が、全国各地から報告されていたGHQ内でも問題視され、結果的には、有給専門職が強く求められる要因ともなった。

第5項　救護法の焼き直しの条文

　ここまでは、個別の条文の問題点をみてきたが、生活保護法（旧法）は実質的に救護法の条文の焼き直しであるということに最大の特徴がある。この点については、すでに多くの研究で批判されているので、繰り返すことはしない。戦前の救貧制度と同じで、恩恵的思想が強く残っている、慈善事業の延長ではないか、という懸念を持たれることは当然であった。

　救護法を基本としながらも、生活保護法（旧法）で新たに付け加えられたのは、先述したとおり、第1条である。救護法は対象

（聞き手：吉田久一・一番ヶ瀬康子）」吉田久一・一番ヶ瀬康子編『昭和社会事業史への証言』ドメス出版、1982年、318～319ページ。

者を限定した制限扶助主義であったのに対して、一般扶助主義をとることを明記した。他には、第10条「保護は、生活に必要な限度を超えることができない」、第16条「市町村長は、保護を受ける者に対して、勤労その他生計の維持に必要なことに関して指示をなすことができる」、第38条「この法律による給与を受けた保護金品を標準として、租税その他の公課を課すことができない」、39条「この法律による保護金品は、既に給与を受けたものであるとないとにかかわらず、これを差し押さへることができない」などである。[43]

さらに救護法との違いは国庫負担割合であるが、救護法は費用の5割の国庫負担割合であったのに対して、生活保護法（旧法）では8割の国庫負担割合となった。ここには、SCAPIN775「社会救済」で示された国家責任による生活保障という公的扶助の原則が不十分ながらも反映している。

第7節　社会保険制度調査会による総合的社会保障の構想

第1項　社会保険制度調査会「社会保障制度要綱」の概要

本節では、社会保険制度調査会が1947年10月8日に発表した社会保障制度要綱の形成の分析を行う。時系列でみると、本節は前節までと若干ずれてしまうが、憲法25条の成立過程と合わせて分析する必要があること、「社会保障制度要綱」自体の作成は憲法成立過程と並行して行われていたことをふまえて、本章で分析することにした。

「社会保障制度要綱」は、「第一　基本理念」の「一　最低生活の保障」を掲げており、憲法25条の国民の健康で文化的な最低生活を保障するためには、既存の社会保険制度や生活保護では不十

43）菅沼『被占領期社会福祉分析』前掲書、164ページ。

分であり、新しい社会保障制度の確立が必要であることを指摘している。そして、新しい社会保障とは、「二　全国民を対象とする総合的制度」でなくてはならないとして、全国民のための革新的な総合的社会保障制度の必要性を強調する。その上、社会保障の整備だけでは不十分であり、他の社会政策（雇用、賃金、住宅、衛生、医療、教育など）と綿密に連携しなければならないと広い視野を持っている。さらに、「社会保障制度要綱」は答申が絵空事で終わらないように、社会保障の構造を保険事故、国民の分類、保障の種目、費用負担の詳細に分けて、どのような給付制度が必要かを提案している。

社会保険制度調査会のメンバーは、末高信、園乾治、近藤文二、平田冨太郎、大河内一男などの研究者が中心であった。これらのメンバーが第二次世界大戦中から、イギリスのベヴァリッジ報告の研究をしていたことは先述したが、他にもアメリカやドイツの社会政策の研究もしていた。そのため、「社会保障制度要綱」は、ベヴァリッジ報告の影響を強く受けていたが、ベヴァリッジ報告以上に社会主義的であると指摘されたこともあった。[44]

第2項　生存権保障と総合的社会保障

「社会保障制度要綱」がいかに政策に影響を与えたかを分析することは、生活保護が最低生活保障としていかなる役割と機能を求められたかをみていく上で重要である。しかし、ここでは次の2点に注目したい。1点目は、憲法25条を健康にして文化的な国民の最低生活の保障として、生存権とも生活権とも定義していなかったことである。2点目は、憲法25条の実現には、総合的社会保

---

44) 社会保障研究所編『戦後の社会保障（資料）』前掲書、158～159ページ、164～167ページ。近藤文二・吉田秀夫『社会保障勧告の成立と解説』社会保障調査会、1950年、38～39ページ（本書では、菅沼隆監修『日本社会保障基本文献集第18巻　社会保障勧告の成立と解説』日本図書センター、2007年を使用）。

障制度が必要だと指摘していた点である。この2点から、第二次世界大戦直後の政策策定に影響を与えた研究者が、憲法25条の生存権を実現するためには、総合的社会保障が必要だと認識していたことがわかる。

ただし、実態としては前述のように、生存権と生活権の定義の違いは存在したし、生活保護法（旧法）成立過程で、憲法25条＝生活保護と議論が矮小化されていく過程は分析したとおりである。

小　括

当初、日本政府は憲法改正については、消極的な姿勢であった。憲法問題調査委員会は、憲法改正要綱を作成するが、中身は大日本帝国憲法（明治憲法）と類似していた。毎日新聞のスクープでこのことを知ったマッカーサーは、ホイットニー民政局長に対して、GHQで独自に憲法改正案を作成するように指示した。憲法改正作業において、GHQが日本政府を常にリードしていたのは事実である。しかし、GHQは、日本政府が参考にしなかった民間の憲法研究会（高野岩三郎、森戸辰男など）が作成した憲法草案要綱を参考にしており、特に生存権条項に関しては、日本の研究者の与えた影響力は大きかった。

帝国議会憲法改正案委員会、同小委員会における生存権条項の議論をリードしたのは、日本社会党の議員（森戸辰男、鈴木義男、黒田寿男）であった。森戸らは、日本政府の憲法改正案には、生存権条項が明記されてはいるが、権利性をより具体的に明記しなければならないこと、生存権保障を実現するためには、社会的生活保障制度が不可欠であることを主張し続けた。これに対して、日本政府（吉田茂首相、金森徳次郎憲法担当国務大臣）は、権利性を明記する必要はなく、社会経済的状況をふまえて、その都度、社

第3章　日本国憲法と生活保護法（旧法）の制定

会保障制度は整備していけばよいと主張した。委員会内で議論が重ねられた結果、日本社会党が主張した案は、現行の憲法25条1項「すべて国民は、健康で文化的な最低限度の生活を営む権利を有する」として、条文に組み込まれることになった。ただし、対立点は曖昧にされたままであった。

　一方、生活保護法（旧法）は、帝国憲法改正と同じ第90回帝国議会に提出された。河合良成厚生大臣は、法案の提案理由の中で、国家による生活保障は基本的人権であり、民主主義国家の基礎となることを明言した。ただし、生活保護法（旧法）の条文は、救護法を実質的に焼き直ししたものであった。そのため、主に日本社会党の議員から、恩恵的思想が強く残っているのではないか、慈善事業の延長ではないか、という追及を受けた。これに対して、河合厚生大臣は、生活保護法（旧法）は憲法25条を根本理念としていることは明言した。しかし、保護受給権や保護請求権を明記し、権利性をより明確にするべきだという主張については、憲法25条を根本理念としているので、自明なことだとして否定し続けた。それどころか、生活保護の権利性を否定することを通じて、生存権と労働権で書かれている権利とは、自由権規定に過ぎぬかのような逆転の解釈を行った。

　生活保護法（旧法）の議論は、憲法25条の生存権＝生活保護という単純化がされ、生活保護の権利性を否定することによって、生存権の意義を失わせるものであった。社会保険制度調査会「社会保障制度要綱」、日本社会党の主張には、憲法25条の生存権保障を実現するためには、総合的社会保障制度が必要であると主張されていたが、それらが生かされることはなかった。権利性が否定された生活保護法（旧法）が具体的に運用される過程は、次章以降で分析する。

第4章
最低生活保障の機能不全と生活保護の積極的運用
―制度普及期（1946年10月～1947年12月）―

　前章では、生活保護法（旧法）が形成された過程を分析し、旧法の持つ意義と限界を明らかにした。本章以降は、旧法が具体的にどのように運用されたか、いかに新法改正へと向かっていったかを分析する。分析の際の時期区分は、制度普及期（1946年10月～1947年12月）、制度整備期（1948年1月～1949年8月）、制度改正準備期（1949年9月～1950年5月）とした。これは、小山進次郎が「各期における法の運用方針における重点の推移を中心」とし区別している点、さらには井上英夫が「この時期区分は日本資本主義の自主的再建過程における生活保護の問題性を如実に反映し、又行政の意図を最も特徴的に表現している」と分析していることを参考にした。これによって、生活保護行政が変化していく過程がより明確になり、政策の意図や本質を明らかにすることができる。

---

1) 小山進次郎『改訂増補　生活保護法の解釈と運用』中央社会福祉協議会、1951年、28ページ（本書では、全国社会福祉協議会による復刻版、2004年を使用）。
2) 井上英夫「生活保護法の形成過程と機能（上）」早稲田大学法学会『早稲田法学会誌（第27号）』1977年、34ページ。

戦争直後は、GHQ による「民主化」政策があらゆる分野で進められていったが、世界情勢が変化していく中で、占領政策の課題を「反共の防壁」・「反共の工場」へとシフトしていった。そして、日本政府に対しても経済の自立化を求めるようになった。日本政府は、これに応える形で、傾斜生産方式、新価格体系、復興金融金庫の設置などを相次いで実施し、経済復興へと向かっていったが、それらは労働者の生活を犠牲にした上で、なりたつものであった。ただし、社会保障・社会福祉分野に関しては、全体としては「民主化」政策が転換されながら、「民主化」の側面を残したものもある。労働者の生活を犠牲にしてなりたつ経済復興政策は、生活保護の具体的運用にも大きな影響を与えた。厚生官僚は、生活保護法施行以前は、漏救の防止、失業者に対する保護適用にまで言及するなど、積極的な運用方針をとっていた。

　しかし、わずか半年後には求職活動や就労の忌避など、稼働能力を活用せずに保護受給する者が多数存在し、生活保護に伴いがちな「依存」が問題とされ、運用方針は転換された。公共事業の失業対策的機能強化、失業保険・失業手当制度が徐々に整備されていく中、生活保護行政がどのように変化していったかを分析していく。

第1節　GHQ による「民主化」政策と日本経済復興政策の実施

第1項　「民主化」政策の限界と本質

　制度普及期（1946年10月～1947年12月）に GHQ が明言することはなかったが、日本経済の復興政策に大きな影響を与える「民主化」政策は転換が行われた。その要因は、日本国内の情勢変化も一因であるが、アジア情勢の変化が大きく影響した。1946年7月には、中国国内における国民党と中国共産党の抗争が激化

し始めた。さらに朝鮮半島においても、緊迫状況が発生し、アジア諸国においては民族解放と独立の機運が高まっていた。これによって、GHQは、占領政策の課題を日本の「民主化」から「反共の防壁」・「反共の工場」へとシフトするなど、占領政策の本質を徐々に明らかにしていった。[3]

　「民主化」政策の転換はまず初めに経済政策にあらわれた。1946年12月には、マッカーサーが日本政府に対して厳格な賠償を求めた「ポーレー賠償案」を改訂するようにと、陸軍省に進言した。それに対して、陸軍省は翌年1月に賠償問題を検討し直すために調査団を派遣することになった。同年2月には、日本経済の自立のために賠償を主要軍需生産設備に限定し、産業施設を大幅に緩和するとの報告書を提出した(「第一次ストライク報告」)。翌月の3月には吉田茂首相に対して、経済危機克服のために「急遽且急速なる措置」をとるように厳命し、日本の生産・輸出入の再開に向けての措置を実施した。

第2項　日本政府による経済復興政策
―傾斜生産方式と新価格体系

　日本政府もそれに対応し、経済破綻を防ぎ、経済復興へと向かうための政策を実施する。1946年12月には、「鉄鋼・石炭の超重点的増産による経済危機突破根本方針」が閣議決定された。具体的な中身は「1. 復興金融金庫融資、2. 統制価格体系のもとでの価格差補給金支給にみられる金融・財政を媒介としたインフレの国民所得再分配による異常な資本蓄積の推進、3. 傾斜生産方式」であった。[4] 傾斜生産方式は、「鉄鋼生産と石炭生産に資材と

---

3) 井村喜代子『現代日本経済論〔新版〕―戦後復興、「経済大国」、90年代大不況―』有斐閣、2000年、23～24ページ。

4) 古畑義和「傾斜生産」大阪市立大学経済研究所編『経済学辞典（第3版）』岩波書店、1992年、337ページ。

資金を重点的に投入し、その増産をテコにして経済の復興をはかろうとする経済政策」であるが、傾斜生産方式を支え、経済復興政策の中心的役割を果たしたのが、重要産業への巨額な資金提供を行う復興金融金庫融資である。

　復興金融金庫は、1947年1月に設立され、47年後半から活動が行われるようになる。具体的な役割は、融資能力の乏しい民間金融機関に代わって重要産業の巨大産業の再建、赤字融資、公団融資をつうじて公定価格のもとでの大企業の利益を保証し、その復興を援助することであった。民間金融機関の復興・再建を果たしたが、「復金インフレ」を引き起こし、困窮していた国民生活をさらに圧迫することになった。

　価格差補給資金の果たした役割も重要である。補給金政策＝「新価格体系」は、1947年6月に発足した片山哲社会党連立内閣によって発表された食糧確保、物資の流通秩序確立、物価の安定等を目的とした「経済緊急対策」をもとにして、同年7月5日に閣議決定された。補給金政策＝「新価格体系」とは、「基礎的な物資」の価格を戦前（1934年～1936年）の約65倍を限界とする「価格の安定帯」に落ち着かせるため、基礎的な物資の「供給者価格」が「安定帯」価格を上回る時は、「価格調整補給金」を支給して、価格を安定帯まで引き下げるものであった。さらに賃金は、工業総平均を月1800円（戦前基準の27.8倍）とし、業種別基準賃金が設けられた。補給金政策＝「新価格体系」は重要な基礎物資を生産・購入する企業に対しては極めて有利な優遇政策であったが、労働者にとっては賃金を抑制する役割を果たした。問題の本質は、補給金が所得税の大衆化による税収拡大によって支給されており、いわば家計の赤字によって重要産業の赤字が埋め合わせされたこ

5）吉田裕「戦後改革と逆コース」同編『日本の時代史26　戦後改革と逆コース』吉川弘文館、2004年、60～61ページ。

とである。

また、これらの政策は、日本社会党が与党であったにもかかわらず実施されたことに特徴があった。GHQ の後押しもある中、経済復興政策が優先されるようになった。[6]

第3項　アメリカによる対日援助の増加

日本の経済復興政策の推進を後押ししたのが、アメリカによる対日援助の増加である。アメリカによる対日援助は、日本の自力再興を前提としていたため、占領直後は飢餓・疾病のための緊急的食糧・医療品のみに限られていたが、救済的物資（食糧、肥料、医薬品等）を供給するガリオア援助（Government and Relief in Occupied Areas）が 1947 年後半から増大する。当初はガリオア援助が中心であったが、1949 年アメリカ会計年度から、重油、鉄鉱石等の工業用原料、機械、その他の復興資材を提供するエロア援助（Economic Rehabilitation in Occupied Areas）が開始された。

このような対日援助の増加は、敗戦直後の食糧難を緩和しただけではなく、各種の工業用原材料も含まれていたため、経済復興政策による生産拡大にも寄与した。当時の日本人は、対日援助をアメリカ政府からの物資の供与と捉えており、GHQ への感謝と協調的態度を生みだす役割を果たしていたが、日本政府はアメリカからの対日援助総額をはるかに上回る「終戦処理費」の支払いをしていた。何よりも援助物資はアメリカの過剰生産物（小麦、綿花、油脂など）であり、アメリカは占領政策を通じて、自国の過剰生産物を処理することに成功した。後に（1960 年代初頭）アメリカは、対日援助を債務として債務支払を日本政府に要求し、実際に 4 億 9000 万ドルが支払われることになった。このことからも、

---

6) 井村喜代子『現代日本経済論〔新版〕—戦後復興、「経済大国」、90 年代大不況—』前掲書、50～57 ページ。

アメリカによる占領政策の本質を読み取ることができる[7]。

第2節　社会保障・社会福祉分野における GHQ の占領政策

第1項　占領政策の転換的側面

　GHQ の「民主化」政策は全体として転換する方向に向かったことは事実であるが、社会保障分野においては、「民主化」の側面を残していた。この時点では、2つの方向性が交錯していた時期といえる。

　「民主化」政策が転換していることは、マッカーサーによる「二・一スト」への直接介入で明らかになった。労働組合が「二・一スト」へと向かっていく経緯は後述するが、GHQ は敗戦直後、「解放軍」とまで呼ばれ、農地改革、労働改革、財閥解体と次々に「民主化」政策を実施した。それにもかかわらず、「二・一スト」前日にマッカーサーがゼネスト禁止命令を出し、ストを断念せざるを得なかった。そして、このことをきっかけに GHQ の「民主化」政策の本質が「反共主義」であることが明らかになっていく[8]。運動側が GHQ を「解放軍」と呼んでいたことは、「民主化」政策の評価を見誤った結果ともいえる。

第2項　社会保障分野における占領政策の積極的側面

　一方、同時期に社会保障制度が形成されていくことも事実である。生活保護に関しては、公的扶助の原則を示した SCAPIN404

---

7) 同上書、57～61ページ。
8) このことはすでに多くの論者によって指摘されていることであるが、本書では塩田庄兵衛「占領下の労働運動」労働運動史研究会『労働運動史研究（第50号）　日本労働運動の歴史と課題』労働旬報社、1969年、76～78ページをはじめ、塩田の研究を参考にした。

「救済ならびに福祉計画に関する件」やSCAPIN775「社会救済」のように大きな影響を与える指令を発することはなかった。生活困窮者緊急生活援護要綱（「援護要綱」）と生活保護法（旧法）が作られる過程では頻繁なやり取りが行われていたのとは対照的である。GHQの求めていた単一包括的救済法ができた直後であることから、具体的な運用を厚生省に委ねており、小山が制度普及期と名付けたように、厚生省も手探りで制度を運用していたということがわかる。この期間に厚生省とGHQの間で折衝が行われていたのは、1947年4月に公布された労働者災害補償保険法（1947年法律第50号）、同年12月に公布された失業保険法（1947年法律第146号）、1947年12月に公布された児童福祉法（1947年法律第164号）であった。

しかし、詳細は後述するが、民生委員に対する地方軍政部及び民生部からのレポート、体系整備のための6原則（①厚生行政地区制度の確立、②市厚生行政の再組織、③厚生省により行われる助言的措置および実地事務、④民間社会事業団体に対する政府の関与の停止、⑤社会福祉活動に関する民間の自発的な協議会組織の推進、⑥現任訓練計画の策定と実施）の指示など、生活保護法（新法）成立過程では、日本政府に再度影響を与えることになる。

全体としての占領政策の転換は事実であっても、それを一まとめにするのではなく、今日の占領政策研究のように、分野ごとに分析することが必要になってくる。しかし、個別分野の分析をする際に、それ自体が独自に存在するのではなく、全体の占領政策に規定されていることもふまえなければならない。

---

9) 村上貴美子『占領期の福祉政策』勁草書房、1987年、281～301ページの「資料年表」をみても、この間に厚生省とGHQのやり取りを記録した文書は少ない。

10) 社会保障研究所編『戦後の社会保障（資料）』前掲書、10～13ページ。

第3節　生活保護の積極的運用方針とその意図

第1項　制度普及期における積極的運用方針

　小山は、制度普及期の特徴を「制度の趣旨の普及徹底ということに非常な努力が払われ、法の正しい取扱方法を伝えるために中央、地方の連絡会議が極めて頻繁に持たれ、法令解釈の統一と中央、地方の意思疎通を図ることに特に注意が向けられた」[11]と述べている。戦前・戦時中の救貧制度と基本原則が異なる公的扶助としての生活保護行政を徹底するために、法律が施行される直前の1946年9月に重要な通知が相次いで出されている。

　「生活保護法の趣旨の普及徹底に関する件」(1946年9月11日　社発第723号　各地方長官宛厚生省社会局長通知)では、生活保護法（旧法）が「直接国民生活の上に至大の関係がある」ので、都道府県、地方事務所、市町村の関係者、民生委員、一般国民に制度を周知徹底するように、講演会や講習会を開催するように指示している[12]。

　「生活保護法施行に関する件」(1946年9月16日　厚生省発社第106号　各地方長官宛厚生次官依命通知)では、「現在国家が行つている保護の根拠法である救護法、母子保護法、軍事扶助法、戦時災害保護法の如く、保護の対象を限定することなく、現に生活の保護を要する状態にある者に対して、差別的又は優先的な取扱をなすことなく、平等に保護」するようにと無差別平等が強調されている。さらに、「いやしくも生活の保護を要する状態にある者で、保護に漏れるが如きことの絶無を期すること」と漏救の防止にまで言及していた。生活保護法（旧法）の最大の問題点である「欠格条項」についても、市町村長又は民生委員等の主観的な判断によっ

11）小山『改訂増補　生活保護法の解釈と運用』前掲書、28ページ。
12）厚生省社会局編『生活保護法関係法令通知』1952年、148ページ。

て決定するのではなく、総合的で客観的な判断を行うように指示されていた。[13]

　生活保護を積極的に活用しようとする意図は、「勤労署において取扱う失業者中生活困窮者の保護に関する件」(1946年9月16日社発731号　厚生省社会勤労両局長より各地方長官あて)をみても明らかである。通知は、「勤労署においてそのあつ旋により急速に就職をなし得ざる者で、生活保護法(生活保護法施行後)の適用を要すと認められる者を発見したる場合は速に社会福祉施設により、その生活を保護する」という方針のもとで、勤労署に民生委員を常駐させ、生活保護の適用が必要である者に対しては、民生委員に連絡することを指示した。さらに、連絡を受けた民生委員は、保護意見書を作成し市区町村長に連絡するということまで明記していた。そこで対象とされたのは、「身体その他の他の状況より就業に適せずかつ生活に困窮する者」だけではなく、「勤労能力あるも就業の機会なくかつ生活に困窮する者」であり、制限扶助主義をとり続けた戦前・戦時中の救貧制度では、制度の対象外とされた稼働能力者に対しても、積極的に保護を活用する方針であった。[14]

第2項　積極的運用方針の意図

　生活保護を積極的に運用する意図は、「生活保護法施行に関する件」で明らかにされていた。生活保護法(旧法)の施行は、「同法施行の適否は、直接国民生活の安定の上に、ひいては国家再建の成否にも至大の影響」があるので、「諸般の準備を周到細密に整備」する必要があった。河合厚生大臣が、生活保護法(旧法)を民主主義国家に不可欠な「基本的人権の尊重」の試金石に位置付け

---

13) 同上書、134～135ページ。
14) 労働省職業安定局編『失業対策事業通史』雇用問題研究会、1996年、102～103ページ。

たことは先述したが、国家再建の役割も担わされていたのである[15]。

生活保護法（旧法）施行から2ヵ月後の「生活保護法の施行に関する件」（1946年12月18日　厚生省発社第164号　各地方長官宛厚生省社会局長通知）では、生活保護行政が積極的運用方針を示した通知が生かされておらず、「猶遺憾の点がある」ため、生活保護法（旧法）に照らし合わせて、適切な運営を行うように指示された。特に問題とされていたのは、引揚者、戦災者は生活保護が必要であるにもかかわらず縁故が少ないために他所者扱いされていること、農村方面を中心として漏救が多数存在していることであった[16]。

第4節　稼働能力者の保護受給に対する疑問視と保護受給者の増加

第1項　運用方針の転換と稼働能力の活用

しかし、積極的な運用方針は、法律施行のわずか半年後に転換することとなった。「要保護者中失業者に対する就職斡旋並に生活保護法の適用に関する件」（1947年4月1日　厚生省発社第32号　各地方長官宛厚生省社会局長、厚生省勤労局長通牒）では、失業を理由として要保護者と認定された者の数が、勤労署の窓口で求職申込する人数を上回っているとして、第2条の「欠格条項」との妥当性を欠くことが問題とされた。

そのため、通知では「苟くも稼働能力のある者に対しては就職の斡旋等に努め勤労により生活を維持せしめるよう指導せねばならぬ」と指摘された。具体的には、稼働能力のある者は勤労署で求職申込みをし、就職が決定するまでは内職や一時的な就労を行うことが求められた。さらに、保護を開始する場合には、本人の勤労

---

15) 厚生省社会局編『生活保護法関係法令通知』前掲書、134ページ。
16) 同上書、148～149ページ。

能力に適当な就職口がない旨を明記した証明書を勤労署が発行することが求められた。保護受給にいたったとしても、保護受給中の失業者が勤労署長の斡旋した就職を拒否した場合で、市町村長が正当な事由なしと認めた時は、保護を停止することとなった[17]。

「生活保護法施行に関する件」には、積極的運用方針がとられた要因とともに、積極的運用方針が転換した要因も含まれていた。それを端的に表しているのが、「国民が徒らに本法による保護を頼んで怠惰な生活に流れるが如きことは最も戒むべきことであるから、よく自立向上の精神をもつて、自己の生活を建設するよう指導すること」という一文である。他にも国家責任を明確にしながら、私設社会事業の活動や隣保相扶の美風を軽視するのではなく、それらの活動を助長しなければならないこと、民生委員を積極的に活用することが書かれていた。

生活保護法（旧法）は、戦前・戦時中の救貧制度とは異なるとして、無差別平等、国家責任、漏救の防止などを高々と掲げていたが、根底には生活保護に依存する「怠惰な生活」は許してはいけないという恩恵的思想が併存していたといえる。この「生活保護法の施行に関する件」からも、生活保護が積極的運用方針をとった意図と、それがわずか半年で転換するにいたった原因をみることができる[18]。

第2項　保護受給者の増加

制度普及期においては、生活保護行政の運用方針と保護受給者数の推移は必ずしも一致しなかった（表2）。被保護人員をみると、生活保護法（旧法）が施行され、積極的な運用方針がとられた1946年10月は約270万人であったが、稼働能力のある者に対し

---

17) 岡田好治『生活保護百問百答』日本社会事業協会、1947年、78〜81ページ。
18) 同上書、135〜136ページ。

表2　生活保護法（旧法）時の受給人員

(単位：千人)

	居宅保護	収容保護	合　計
1946年10月	2,636	67	2,703
1947年 4月	2,650	112	2,763
1948年 4月	2,013	135	2,149
1949年 4月	1,517	133	1,651
1950年 4月	1,724	125	1,849

出典）小山進次郎『改訂増補　生活保護法の解釈と運用』中央社会福祉協議会、1951年（本書では全国社会福祉協議会による復刻版、2004年を使用）、18〜22ページ、より筆者が作成。
注1）生活保護法（旧法）は1946年10月から施行している。
注2）上記の数字には生活保護法の受給者のみならず、児童福祉法の被措置者と災害救助法の被救助者も含まれているが、概ね生活保護受給者であると小山が認めている。

て厳格な運用方針を求めた1947年4月には、約276万人と若干であるが増加した。それどころか、同年9月には戦後の生活保護受給者数で最大となる321万人に達した[19]。

当時の社会経済的状況からすれば、生活困窮者が増加していく中、生活保護受給者が増加するのはむしろ当然のことであったが、この時期は制度普及期と呼ばれていたように、厚生省と地方自治体に統一した生活保護行政を運営する体制が整っていなかったこともその一因である。生活保護行政が「科学化」され、全国共通の基準が形成されていくのは、指導監査や「被保護者生活状況全国一斉調査」が実施されるようになる制度整備期（1948年1月〜1949年8月）からである。それ以降、保護受給者数の推移は、社会経済的状況の影響だけではなく、生活保護行政の運用方針からも強く影響を受けることになる。

第5節　公共事業の失業対策としての機能強化と失業保険・失業手当制度の制定

第1項　失業対策が議論される背景

日本政府は大量の失業者に対して、あくまで公共事業を実施し、

---

19) 小山『改訂増補　生活保護法の解釈と運用』前掲書、18〜22ページ。

失業者を吸収することで乗り切ろうとしていた。しかし、失業対策であったにもかかわらず、失業者を吸収できなかったこと、雇用された場合も地域ごとに賃金が偏在し、なおかつ低賃金労働者を生むことになり、公共事業が失業対策としての役割を十分果たしていなかったことはすでに述べた。

一方、生活保護行政においては、働く場所があるにもかかわらず、生活保護に「依存」し、労働を忌避することが問題とされていた。大量の生活困窮者への生活保障として、失業対策的役割を担った公共事業と、日本で初めて制定された失業保険法はいかに機能したのであろうか、本節ではその点を分析していく。

第2項　公共事業における失業対策的機能の強化

これまでの経験から、公共事業の実施地域と失業者発生地域のかい離はあらかじめ予想されていたため、失業者が多数存在している地域へ弾力的に事業を起こすことができる「簡易公共事業」と、公共事業で救済されない知識階級失業者への対応として、「知識階級失業応急救済事業」が1946年9月から実施された（両者は1947年に「失業応急事業」に統一された）。

一定数の失業者を事業に吸収する対策としては、同年11月に「公共事業に失業者を優先する件」が閣議決定され、①失業者の優先雇用、②失業者収容施設の設置、③失業者の雇用吸収により所期の事業量を確保できなくてもよいことが確認された[20]。さらに、同年11月には、失業者吸収の改善と公正な賃金支払いを実現するため、労働者の雇い入れは公共職業紹介機関が行うことを厳格に定めた「公共事業及び連合軍設営工事の施行に伴う請負方式の適正化に関する件」（経済安定本部総務長官から厚生大臣あて）、1947年3月には、失業対策としての本来的役割を果たすために公共事業は

20）労働省職業安定局編『失業対策事業通史』前掲書、114ページ。

できる限り直営で行うべきとした「公共事業施行について」(経済安定本部から関係各省及び都道府県知事あて) が通達された。公共事業の補完的役割を目的とした失業応急事業についても、失業対策としての機能を強化することが求められた[21]。

　政府が公共事業を実施して、失業者を吸収し、公正な賃金を支払うことを目的とした失業対策の基本的原則は徐々に確立されていったが、大量の失業者を前にすると、その量は極めて不十分であった。1946年度は、GHQ の「日本公共事業原則」によって、公共事業計画費60億円を計上するように指示されていたが（結果的には約78億円に達した）、1947年度の公共事業費は追加予算を含めると、前年の倍近くにもなる147億5000万円が計上された[22]。それにもかかわらず、戦後直後の急速なインフレの影響で公共事業量が大幅に増加することはなく、失業対策の基本的原則が確立していったとしても、失業者の吸収数が増加することはなかった。

　当時の公共事業への就労状況は平均40万人台に留まっており、さらに公共事業で働く就業者のうち、公共職業安定所で把握されていた失業者数は、そのうちの5～6万人に過ぎなかった[23]。失業対策的機能を持つ公共事業は徐々に事業量を増やし、失業対策としての体裁も整えていったが、十分な事業量が提供されているわけではなかった。

第3項　失業保険・失業手当制度の制定

　公共事業の失業対策的機能が強化されていくとともに、同時期には失業保険法（1947年法律第146号）、失業手当法（1947年法律第

---

21) 同上書、114～115ページ。
22) 同上書、115ページ。
23) 同上書、126ページ。

145号）が新たに制定されている。失業保険法の成立過程に関しては、菅沼隆の研究によってすでに明らかにされている。

　失業保険制度は、第二次世界大戦以前からごく一部の都市（神戸市など）においては組合形式で行われていた。失業保険制度実施の構想も存在してはいたが頓挫し、政府の運営による制度は存在しなかった。第二次世界大戦直後は、失業問題が深刻化したため、失業保険法制定に関する議論が開始された。1946年4月に発足した社会保険制度調査会では、失業保険に関する議論が行われていたが、意見は大きく4つに分かれていた（以下のカッコ内は社会保険制度調査会における主な提唱者）。

　1つ目は国家運営による失業保険制度を創設すべきという主張（末高信）、2つ目は協同組合方式による失業保険を運営・実施すべきという主張（賀川豊彦）、3つ目は失業保険制度を創設することに反対する主張（北岡寿逸）、4つ目は失業保険の制定そのものには賛成だが制定時期については慎重であるべきだという主張（厚生省保険局庶務課）であった。

　失業保険制度創設に反対する者の主な理由は、1920～30年代の世界恐慌期に大量の失業者が発生したことによって、イギリスの失業保険制度が破綻したことを知っており、日本の戦後直後の状況で制度を作ったとしても破綻することは目に見えていると考えていたためである。さらに、生活保護における一般扶助主義、失業者及び稼働能力者への対応を考える際に常に問題とされてきた生活保護への依存＝「惰民養成」と同じく、失業保険への依存＝「惰

---

24) 菅沼隆「日本における失業保険の成立過程（一）～（三）―戦後日本の社会保険思想の原点―」東京大学社会科学研究所『社会科学研究（第43巻第2号、第43巻4号、第44巻3号）』1991年～1992年、同「第三章　失業保険と労災保険制度の確立（第一節　失業保険制度の成立）」横山和彦・田多英範編『日本社会保障の歴史』学文社、1991年、105～114ページ。

25) 菅沼「日本おける失業保険の成立過程（二）―戦後日本の社会保険思想の原点―」前掲書、266～271ページ、288ページ。

民養成」の危惧が反対理由としてあげられていた[26]。当然、失業保険は生活保護（公的扶助）とは異なっており、保険料の拠出が給付条件となる社会保険である。失業保険は給付期間を限定することも当時から議論の前提とされていたが、それにもかかわらず、立法作業に携わった者は、「惰民養成」を強く懸念していた。このことからも、生活保護（公的扶助）の一般扶助主義や無差別平等の定着がいかに困難であるかということをみてとることができる。

失業保険に関する議論は、社会保険制度調査会、厚生省保険局内、GHQ との折衝で行われていたが、法律制定への直接的契機となったのが、1946 年 9 月の第 90 回帝国議会において、生活保護法（旧法）が制定される際の付帯決議で、社会事業法、司法保護事業法等の調整、国民健康保険組合の改善、失業保険の創設が含まれていたためである[27]。付帯決議に失業保険の創設が含まれていたのは、生活保護法（旧法）が稼働能力者をも対象とした一般扶助主義をとったことによって、労働能力のある者も生活困窮すれば、無拠出制の扶助費を給付できることへの危機感が存在したためである[28]。

失業者や生活困窮者への対策として、公共事業が拡充していき、失業保険法が制定されることは、当然高く評価されるべきことである。しかし、「総合的失業対策」の創設が、生活保護に保護受給者を「依存」させないことを目的としているのであれば、一般扶助主義の意義を失わせることになってしまい、本末転倒だといわざるを得ない。「総合的失業対策」の創設が、稼働能力活用の場の

---

26) 同上書、282 ページ。北岡寿逸は「惰民養成」の他にも、「濫救」の多さ、保険詐欺を理由としてあげていた。

27) 同上書、291 ページ。

28) この点については、大沢真理も同様の分析を行っている。大沢真理「第 5 章 公共空間を支える社会政策―セーフティネットを張り替える」神野直彦・金子勝編『「福祉政府」への提言―社会保障の新体系を構想する』岩波書店、1999 年、190〜191 ページ。

根拠として用いられることにより、公的扶助の原則である一般扶助主義や無差別平等の意義を失わせていないか、常に制度の具体的運用を検証しなくてはならない。そのことは、自立支援における議論で常に問題とされる、労働が優先するか生活保障を優先するかという問題ともつながっている。

第4項　失業保険・失業手当制度の概要と問題点

失業保険法は、政府管掌方式で一般失業保険であったことは画期的であった。しかし、適用対象が従業員5人以上の事業所であり、5人未満の事業所、日雇労働者、季節労働者、船員保険の被保険者などを適用対象外としたことはすべての労働者の生活保障という視点からすれば不十分であった。失業保険の受給要件は、離職日以前1年間に通算して6ヵ月間以上被保険者であった者とし、給付額は従前所得に応じて40～80パーセントが支払われた。給付日数も重要な要素であるが、最高で180日までとされており、さらに公共職業安定所の紹介する職業に就くことやその指示を拒んだ時、自己都合退職の場合は給付制限することも含まれていた。

失業保険法は、新たな生活保障の制度として画期的な面と給付抑制を発生させる面という二面性を持っていた。それでも、労使と公益代表を同数とした失業保険委員会と失業保険審査会が設けられて、労働者の権利救済という重要な役割を果たした[29]。

失業保険の受給資格を得るためには、一定期間被保険者でなくてはならない。大量の失業者が存在し生活困窮者が増大していく中、失業保険給付の受給資格を備えるまでの期間への対応として、全額国庫負担による失業手当法が同時に制定された[30]。失業手当制

---

29) 菅沼隆「日本における失業保険の成立過程（三）―戦後日本の社会保険思想の原点―」前掲書、102～105ページ。
30) 労働省編『労働行政史（第二巻）』労働法令協会、1969年、1131ページ。

度の受給資格は離職日まで、失業保険法の適用事業所に6ヵ月以上雇用されていたことであり、失業保険と同じく、支給制限も存在した。支給金額は標準報酬日額の55パーセントを基本としていたが、政令で定めた場合に限っては、35～75パーセントに設定できることになっていた。[31]

以上が失業保険と失業手当制度の概要である。法律が制定されたのは1947年12月であり、本章の対象時期とは異なっているので、両制度がどのように運用されたのか、労働者の最低生活保障にいかに寄与したのかは、次章以降で分析していく。

第6節　生活権援護に向けた労働運動と「二・一スト」

第1項　労働組合と革新政党の要求

日本政府は、大量の生活困窮者を眼前にして根本的対策をとらなかったが、戦後直後に労働組合や革新政党は社会保障に関していかなる要求をしていたのであろうか。本節では、その点を分析していく。

結論からいえば、この時期に関しては、全日本産業別労働組合会議（以下、産別会議と略記）と日本労働組合総同盟（以下、総同盟と略記）、革新政党である日本社会党や日本共産党も生活保護の改善に真正面から取り組むことはなかった。

例えば、産別会議は1947年7月に行われた臨時全国大会の運動方針起草要綱において、「二、当面の任務と斗争目標」として、「一、適正価格による生活必需物資の完全配給、これにもとずく地域的生活給の確立のための斗争、二、物価安定を基礎とする最低賃金制の確立のための斗争」を掲げていた。[32] さらに、同年11月

---

31) 同上書、1146～1157ページ。
32) 全日本産業別労働組合会議『労働戦線』（第41・42合併号、1947年7月22

に行われた第3回定期大会の運動方針では、「二、それでは何をやるか─斗う目標は生産復興」に、「5、失業とどう斗うか・労働者失業者とが組織を作り一緒に生産復興の斗いをおしすすめることこれが失業との斗いのただ一つの方法である」をあげていた[33]。

この時期の産別会議は、生活権確保を前面に掲げていたが、労働組合なので当然ではあるが、中心的課題は労働条件の改善と、それを前提とした生産復興であった。労働組合が、最低生活保障（生活保護、失業対策、失業保険・失業手当制度など）の改善に真正面から取り組むのは、制度整備期に入ってからであった。

次に、各政党の要求を分析するために、労働と民生に関する選挙公約をみていく。1947年4月25日に、第二次世界大戦後に初めて中選挙区・単記制で衆議院議員選挙が行われた（1946年4月10日の衆議院議員選挙は大選挙区・制限連記制）。各政党の選挙公約の分析に関しては、村川一郎編『日本政党史辞典（下）』を利用しているが、民生分野は「(1) 住宅、(2) 戦災引揚者、(3) 社会保険、(4) ヤミ対策」、労働分野は「(1) 経営参加、(2) 賃金」と分類されている。

日本社会党は、民生分野では「(1) 国営集団住宅の大量建築、(2) 海外同胞ならびに戦争犠牲者に対する援護、生活物資の優先配給、(3) 社会保険制度の実施、(4) ヤミ横流し行為の厳罰」、労働分野では「(1) 全産業に労働協約の締結を推奨する、(2) 最低賃金制を確立し危機突破給を加味」を公約としていた。日本共産党は、民生分野では「(1) 戦犯者、大資本家、待合、料理屋の開放と国有林無料伐採、公営住宅、(2) 職業保証、国庫による生活補助、(3) 社会保険制度の完備、(4) 大口ヤミ利得に最高率課税

　日号）』1947年、2ページ（本書では、産別記念会編『産別会議・全労連機関紙─労働戦線・労働新聞・労働者』労働旬報社、1973年、98ページを使用）。
　33）全日本産業別労働組合会議『労働戦線（第66号、1947年12月21日号）』1947年、1ページ（同上書、147ページ）。

と厳罰」、労働分野では「(1) 労働組合の積極的経営参加、(2) 最低賃金保証とスライディングスケールの採用」を公約としていた。

　保守政党である民主党、日本自由党も、民生分野では社会保険制度の拡充強化、労働分野では新物価体系に基づく給与基準の合理化と標準生活保障、最低賃金制度を公約としていた。[34] 革新政党のほうがより具体的ではあったが、保守政党も社会保険制度や最低賃金制度を選挙公約に掲げていたことは、第二次世界大戦直後の「総スラム化現象」がいかに深刻であり、社会保障制度の確立がいかに緊急性を要し、重要であったかを物語っている。しかし、第二次世界大戦以前と同じく、社会保障制度の確立といっても、中心的課題は社会保険の拡充であった。[35]

第2項　「二・一スト」へと向かう労働組合とGHQの介入

　この時期の労働組合は生活権援護を掲げてはいたが、中心的課題は首切り反対や労働条件の改善であった。労働運動をリードしていたのは、産別会議と総同盟である。

　1946年10月には、産別会議の指導のもと、民間労組を中心とする賃上げ・首切り反対の大闘争を繰り広げ、産業別闘争により賃金引き上げ、産業別統一労働協約などの成果をあげた（「10月闘争」）。さらに、「10月闘争」で民間労働者が賃金引き上げを勝ち取った結果、公務員の低賃金が深刻化したため、同年11月には官公労働者が全官公庁共同闘争委員会（全官公庁共闘、280万人）を結成して、賃金引き上げ、労働協約の締結、勤労所得税の撤廃、労働関係調整法の撤廃など国民生活に直結した「生活権援護」の一点で集結した。同年12月には、「生活権確保・吉田内閣打

---

34) 村川一郎編『日本政党史辞典（下）』図書刊行会、1998年、1135～1136ページ。
35) 井上「生活保護法の形成過程と機能（上）」前掲書、69ページ。

倒国民大会」を実施し、東京の皇居前広場には、民間労働者、農民、学生、市民を含めて 50 万人が結集した[36]。

これら労働者の「生きるための闘争」の広がりに対して、吉田茂首相は 1947 年元旦に「生活権確保・吉田内閣打倒国民大会」に参加した者を「不逞の輩」と呼び、強く批判した。しかし、吉田首相の発言は労働者を刺激し、労働運動の気運を高めるきっかけとなった。産別会議、総同盟、日本労働組合会議（日労会議）、国鉄労組、東京都労連、日本社会党、日本共産党によって吉田内閣打倒実行委員会が作られ、これらの労働組合を中心とした全国労働組合共闘闘争委員会（全闘、600 万人）が結成された。全闘を中心に全国の労働者が 1947 年 2 月 1 日にゼネラルストライキに突入する準備が進められ、1 月 30 日には満場一致でスト決行が確認された。

「二・一スト」突入へと労働者が団結していく中、前日の 1 月 31 日に GHQ が直接介入してきた。全闘議長の伊井弥四郎がマッカーサーに呼び出され、ゼネスト禁止命令が出された。伊井はそれを受け入れざるを得ず、「二・一スト」突入直前の 1 月 31 日午後 9 時 20 分にラジオを通じて、ゼネスト中止が全国の労働者に告げられることになった。「二・一スト」中止はゼネラルストライキに向けて、団結していた全国の労働者を落胆させたが、一定の成果を獲得した。民間労働者に比べて低賃金であった官公労働者の給与水準は平均 2 倍に引き上げられ、労働協約の締結を獲得、さらに各労働組合の統一化が進んだ[37]。

---

36) 社会保障運動史編集委員会編『社会保障運動全史』労働旬報社、1982 年、68 ページ、「事典・日本労働組合運動史」編集委員会編『事典・日本労働組合運動史』大月書店、1987 年、10 ページ。

37) 塩田「占領下の労働運動」前掲書、88〜93 ページ、塩田庄兵衛『日本社会運動史』岩波書店、1982 年、173〜179 ページ。

第3項　運動による一定の成果と労働運動の転換

「二・一スト」は中止に追い込まれたが、労働者の労働条件改善に関しては、一定の役割を果たした。さらに、1947年3月には「二・一スト」やその後の組織の統一化・共闘の経験から、産別会議と総同盟も加盟した全国労働組合連絡協議会（全労連）が結成された。全労連には当時の組織労働者の84パーセント、446万人が参加した。全労連は、労働組合の共闘を促進することを期待されていたが、連絡協議会という性格上、「ゆるい連絡協議体であって、それぞれの団体の自主性が強く主張され、決定には全員一致制がとられ、拒否権を認める程度の統一でしかなかったという弱点」を当初から持っており、1948年6月には総同盟が脱退するという事態が起きた。[38]

ここまで、労働運動をリードしてきた産別会議にも大きな転機が訪れる。きっかけは組織内の方針をめぐる混乱であった。産別会議の内部では日本共産党によるフラクションを通じた指導方法に不満を持つ幹部が増加し、グループを形成し、1948年2月には「産別会議の民主化と労働戦線の統一」を目的とした産別民主化同盟（民同）が結成された。[39]「二・一スト」以降、労働運動は転換への道を歩むことになる。多くの労働者が「二・一スト」へと向かっていく中で機運が高まっていただけに、ゼネスト中止の与えた影響が、労働運動を転換させるインパクトであったことは当然ともいえる。

この時期においては首切り反対や労働条件の改善、社会保険制度の拡充・確立を求める労働運動は存在したが、生活保護や「総合的失業対策」の改善に取り組む組織化された労働運動は存在し

---

38) 塩田「占領下の労働運動」前掲書、93ページ。
39) 木下武男『格差社会にいどむユニオン—21世紀労働運動原論』花伝社、2007年、255ページ。

なかった。もちろん、労働組合が社会保障制度（特に生活保護制度）の改善にどの程度まで取り組むべきであるかという根本的な問題も存在はするので、検証は必要である。社会保障・生活保護改善に取り組む、日本患者同盟、生活を守る会、健康を守る会、全日本土建一般労働組合が組織化されるのは、制度整備期に入ってからである。詳細は次章で分析する。

小　括

　世界情勢（特にアジア情勢）が変化していく中で、GHQによる「民主化」政策が「非軍事化」に寄与する範疇に過ぎないことが明らかになっていく。そして、GHQは日本政府の戦争責任を厳しく問い、厳格な賠償を課していたが、日本を「反共の工場」・「反共の防壁」とするため、賠償額を大幅に減額した。経済の自立化を求められた日本政府は、経済復興政策として、傾斜生産方式、新価格体系、復興金融金庫融資を実施した。しかし、それらは労働者の生活の犠牲の上になりたつものであった。

　生活保護法（旧法）制定と同時期に出された通知には、救貧制度とは異なる無差別平等と一般扶助主義の強調、漏救の防止、失業者への適用と、生活保護を積極的に活用する方針が書かれていた。しかし、そのわずか半年後には、積極的な活用方針は転換することになった。その理由は、働くことができるもしくは働く場所があるにもかかわらず、求職活動をせずに生活保護を受給していることが問題とされ、法律の制定当初から危惧されていた「惰民養成」が現実になってしまうという危機感であった。このことは運用方針の転換ともいえるが、1つの通知の中に当初から2つの方針（国家再建の役割と「惰民養成」への危機感）が併存していた結果でもあった。

この時期に問題とされていたのは、働ける場所や機会があることだった。たしかに、公共事業は事業量を増加し、失業者を吸収するための基本原則が徐々に確立していった。さらに失業保険法が制定されて、失業保険のみでは大量の失業者や生活困窮者の最低生活保障を実現することは、当初から無理であることは予想されていたため、全額国庫負担の失業手当法も制定された。時代的制約がありながらも、「総合的失業対策」は徐々に整備されていったが、大量の失業者、生活困窮者、引揚者を眼前にしてその量は極めて不十分であった。
　それに対して、2つのナショナルセンターである産別会議と総同盟は、労働条件の改善や社会保険制度の整備・拡充を運動方針に掲げていたが、中心的課題はあくまでも労働問題であった。この時期は、大量の生活困窮者の生活を守る組織化された社会運動は存在しなかった。
　生活保護行政に関して、この時期は制度普及期と呼ばれたように手探りでの運用が続いていた。しかし、積極的な運用方針からの転換は確実に行われていた。全国的に共通した生活保護行政を行うための体制が整備されていくのは、次章で分析する制度整備期である。

第5章
生活保護の体制整備と稼働能力者への厳格な対応
―制度整備期（1948年1月～1949年8月）―

　前章までは、制度普及期と呼ばれていたことからもわかるように、戦前の救貧制度と原理原則が異なる公的扶助の運用方針は明確に定まっていなかった。一定の普及期間を経て、現行の生活保護行政につながる運用が行われるのが、本章の制度整備期である。その中でも、稼働能力者に対しては、厳格な対応が一貫してとられていたが、それは社会経済的状況の変動と深くかかわっていた。
　1948年1月、ロイヤル陸軍長官の演説において、「民主化」政策の転換が明言された。アメリカ国内で、日本の占領費用への不満が徐々に広がっていき、GHQ は日本政府に対して経済の自立を求めてきた。それは、「賃金三原則」、「経済安定九原則」、「ドッジ・ライン」などによって、具体的に指示された。
　GHQ から、経済の「自立」や「均衡財政の確立」を求められた日本政府は、企業に対する補助金を縮小・廃止し、国内の企業では人員整理、労働強化、工場整理などの合理化政策がすすめられた。それまでの生活困窮者に加えて、新たに大量の失業者が生まれてくる状況で、公共事業の拡大、失業対策事業の実施、失業保険制度の拡充など、「総合的失業対策」が実施されていった。しか

し、「総合的失業対策」が十分に機能しない中、労働運動・社会運動による最低生活確保の取り組みは、生活保護獲得へと集中していく。

　一方、生活保護行政は、保護受給者層の変化とも関連しながら、保護基準の組合せ式基準の採用（いわゆるマーケットバスケット方式）、指導監査、全国一斉の実態調査がおこなわれるようになり、運営体制が整備されていく。これらの要素がいかに関連して生活保護行政が整備されていくのか、また、その際に何が問題とされていたのかを、本章では分析していく。

第1節　占領政策の転換と経済の自立化

第1項　占領政策の転換

　日本における占領政策の中心を担ってきたアメリカが、その「民主化」政策の転換を明確にしたのが、1948年1月6日「ロイヤル陸軍長官演説」である。ロイヤル陸軍長官は演説のなかで、「日本が再び世界の平和と安全に対する脅威とならないように保証する」、「国際的責任を遂行し、他国の権利を尊重し、連合国の目的を支持する民主的かつ平和な政府を可及的に速かに確立する」ことを目的とした占領政策を行い、一定の成果を挙げてきたことを強調している。しかし、占領政策に関する責任と費用に関する負担がアメリカ国内で問題とされ、さらに新しい世界情勢が生まれてきていることもあり、占領政策の見直しが必要との認識も同時に示している。具体的には、政治的安定を維持し、自由な政治を成功させるためにも健全な自立経済を基礎としなければならないとされた。[1]

---

　1) 大蔵省財政史室編『昭和財政史―終戦から講和まで―17　資料（1）』東洋経済新報社、1981年、64〜67ページ。「ロイヤル陸軍長官演説」の中では、第二

第5章　生活保護の体制整備と稼働能力者への厳格な対応

　第二次世界大戦直後は、厳格な態度で賠償を課してきたGHQであるが、世界情勢の変化とともに賠償額は徐々に緩和されていった。1948年になると、占領政策の転換を明確にし、このような認識をもとに日本経済の自立化を強く求めるようになる。具体的には、1948年3月「第二次ストライク報告」、同年5月「日本及び朝鮮の経済状況と展望：その改善手段」（「ドレーパー報告書」）を相次いで提出し、賠償額を減額する方向を明確にした。

第2項　経済の自立化を求められた日本政府

　1948年後半になると、GHQは経済の自立化へと向けた具体的方法を提示することになる。同年7月には非公式であるが、「経済安定十原則」として、「一、凡ての重要国内産原料及び生産品の生産を増強すること。二、現在の割当及び配給制度の厳格なる計画と実施とにより益々その効果を高めること。闇市場を絶滅すること。三、食糧供出制度の効果的運用に更に一段と改善を加え、その為に供出割当の決定を一層現実的に行うこと。四、公定価格制を厳格に励行し、違反者は凡て直に処罰すること。五、確実にして而かも弾力性ある賃金安定方策を早急実施すること。六、徴税実績を相当程度引上げる計画を益々促進強化すると共に、脱税者には刑法上の訴追を以て厳に臨むこと。七、歳入を更に増徴すると共に税負担が現在以上に衡平に配分されるようにその再分配を行う為、新なる租税措置を実施すること。八、特別会計の赤字を組織的に減少すること。九、外国貿易の統制及び管理の運用に改善を加え、日本政府内の適当なる機関の下に新に外国為替管理を行わしむること。十、現在の融資統制方策を強化し、効果的に強

次世界大戦でアメリカに対して多大な被害を加えた日本から、アメリカを守ることが一番の目的であり、日本の真の幸福、国家としての強さは「断然二次的な考慮であった」と明言しており、ここからも「民主化」政策の本質を読み取ることができる。

行すること[2)]」をあげた。

　これはマーカット経済科学局長（Economic & Scientific Section、ESS）が定例会見において提示したもので、あくまでも現状の枠組みを前提とした上での、日本経済の復興政策であった。

　GHQによる経済の自立化への動きは徐々に具体化され、同年11月「賃金三原則」として、「一、賃金引上のための産業補助の緊急基金は新しい歳入源が見出された場合にのみ支出し得る。二、賃金引上により生ずる赤字補填のために産業に融資してはならない。三、一般物価水準の引上を必要とするような賃金引上は許されない[3)]」が、ヘプラー経済科学局労働課長から示された。ヘプラー経済科学局労働課長が「賃金三原則」を示したのは、労働争議を通じた賃金引上げが、補助金や赤字融資をその資源としていたため、財政の均衡を失わせ、通貨の乱発を引き起こしていることに対しての批判が強かったためである。

第3項　「経済安定九原則」による具体的指令

　「経済安定十原則」をより厳格化したものが1948年12月「経済安定九原則」である。「経済安定九原則」は、マッカーサーから吉田首相に書簡として渡されたものであり、その目的は、「日本の輸出生産を最大限に増強すると共に会計、財政、物価、賃金安定を出来るだけ早く達成することを目的とした一連の諸措置を確立」することであった。

　具体的な中身は、「一、支出を厳重に引締め、かつ必要適切と認められる新財源を含めて最大限の収入を確保することによって一日もはやく総合予算の真の均衡をはかること。二、収税計画を促進強化し、脱税者にたいしては迅速かつ広範囲にわたつて徹底的

---

2) 同上書、73ページ。
3) 同上書、81〜82ページ。

刑事訴追措置をとること。三、金融機関からの融資は日本の経済回復に貢献する諸事業にだけ与えるよう厳重に限定すること。四、賃金安定を実現するための効果的計画を作成すること。五、現行の価格統制計画を強化し、必要があればその範囲を拡張すること。六、外国貿易管理の操作を改善し、かつ現行外国為替管理を強化すること、これらの措置を適切に日本側機構に移譲することが出来る程度にまで行うこと。七、現行の割当並びに配給制度を、特に輸出貿易を最大限に振興することを目標として改善すること。八、すべての重要国産原料並びに工業製品の生産を増大すること。九、食糧供出計画の能率を向上すること[4]」があげられていた。そして、最終目標は「速やかに単一為替交換比率を決定出来る諸条件を確保すること」が明記されていた[5]。

マッカーサーも「経済安定九原則」の具体的実施が、困窮する国民生活に与える影響は認識していたが、「今回の措置が目指している目的について政治的紛争が起ることも絶対に許されないであろう」と厳しい態度で臨むことを明確にした。日本の経済自立化にむけて、厳しい態度を明確にする一方で、「私はこの要求がいかに苛酷なものであり、これにともなう個人的犠牲がいかに大きいものであろうとも日本政府と国民がこの価値ある国家的目標を達成する能力があることを信じている」と、日本政府や国民に対して「信頼感」を寄せていた[6]。

第4項 「ドッジ・ライン」の実施と合理化政策

1949年2月、「経済安定九原則」を政策として実行するために、デトロイト銀行頭取のジョセフ・ドッジがGHQの経済顧問とし

---

4) 同上書、83〜85ページ。
5) 同上書、85ページ。
6) 同上書、84ページ。

て来日した。ジョセフ・ドッジが行った一連の改革は、「ドッジ・ライン」（もしくは「ドッジ・プラン」）と呼ばれているが、その具体的な中身は、①「超均衡予算」（一般会計のみではなく総合での均衡、なおかつ過去の債務返済を実現した上での均衡＝均衡財政の確立）、②経済復興政策の柱とされていた復興金融金庫融資の廃止、補給金の削減・廃止、見返資金特別会計の新設など、③インフレの収束と企業のコストダウン＝国際競争力を強化し、輸出拡大を実現するための1ドル＝360円の固定的単一為替レートの設定と輸出振興、である。

　「ドッジ・ライン」は、深刻な資金不足と需要縮小をもたらし、結果として国内の中小企業・零細企業は淘汰された。さらに、政府部門や民間企業は、強力に合理化政策を進めることとなった。1949年5月には、政府関係職員（公共企業体も含む）28万5000人、地方自治体も含めて合計41万9000人にのぼる人員整理を3ヵ月間で実施することが決定された。民間企業におけるコスト削減は、人員整理、労働強化、非能率の事業所・工場の閉鎖によって実現された。さらに、競争力が脆弱な中小企業では倒産が相次ぎ、実態を把握するのが困難だといわれている労働力調査においても、1949年2月〜1950年3月期における企業整備件数は1万1206件、解雇者数は51万2470人にも達した[7]。

---

7) 井村喜代子『現代日本経済論〔新版〕―戦後復興、「経済大国」、90年代大不況―』有斐閣、2000年、62〜65ページ。

第2節　社会保障・社会福祉分野における「民主化」政策の二面性

第1項　「マッカーサー書簡」による官公労働者の団体交渉権・争議権剥奪

　占領政策全体としては、日本経済の自立化を目的としていくことになるが、社会保障・社会福祉政策分野においては2つの側面が併存していた。1つ目の側面は、占領政策の転換に沿う形で行われた政策である。

　占領当初は労働組合の組織化を促進したGHQであるが、労働運動や労働争議、特に官公労働者の労働争議に対して、マッカーサーは厳格な態度を明確にした。民間労働組合がストライキや労働運動によって、賃金をはじめとした労働条件を改善していった結果、官公労働者の労働条件とのかい離が生じていた。そのため、官公労働者が「生活権援護」を求めて全官公庁共同闘争委員会、さらに労働運動を広く展開する過程で全国労働組合共闘闘争委員会を結成し、「二・一スト」を決行する中心的役割を担うまでになっていたのが、厳格化の理由である。

　マッカーサーは、1948年7月22日「公務員制度改正等に関する芦田首相宛マッカーサー元帥書簡」（「マッカーサー書簡」）において、国家公務員法（1947年法律第120号）の目的が、民主的且能率的な公務員制度の樹立の達成にあることを述べた上で、当時の情勢（特に官公労働者による労働運動）に対応するためには不十分な点があると指摘している。具体的には、「これ等の法規は少数者が団結して政府の権限と権威に加える圧力に対し積極的な保護を与えるものではなく、又公務員制度の恩恵と保護を受け又制限に服する義務を有する政府職員の各種職階に対して法規の適用が

明らかになっていない」と官公労働者の特性をふまえての制限規定が不十分であることを指摘し、「政府関係に於ては労働運動は極めて制限された範囲に於て適用せらるべき」と民間企業の労働組合と官公庁の労働組合を明確に区別し、労働運動を制限する必要があることを明言した。[8]

この「マッカーサー書簡」を具体化したのが、同年7月31日「政令201号」(内閣総理大臣宛連合国最高司令官書簡に基く臨時措置に関する政令)である。「政令201号」に盛り込まれた、「第一条　任命によると雇傭によるとを問わず、国又は地方公共団体の職員の地位にある者（以下公務員といい、これに該当するか否かの疑義については、臨時人事委員会が決定する。）は、国又は地方公共団体に対しては、同盟罷業、怠業的行為等の脅威を裏付けとする拘束的性質を帯びた、いわゆる団体交渉権を有しない」、「第二条　公務員は、何人といえども、同盟罷業又は怠業的行為をなし、その他国又は地方公共団体の業務の運営能率を阻害する争議手段をとつてはならない[9]」という2つの条文によって、官公労働者の団体交渉権と労働争議権は剥奪された。

「政令201号」は、労働基本権への直接的な弾圧であるとともに、労働運動を担ってきた組織労働者の約3分の1を占めていた有力部隊である官公労働者に対する弾圧でもあった。[10]

---

8) 大蔵省財政史室編『昭和財政史―終戦から講和まで―17　資料（1）』前掲書、74～76ページ。さらに、フランクリン・ルーズベルトの官公労働者に対する制限規定を紹介した上で、「雇傭若しくは任命により日本の政府機関若しくはその従属団体に地位を有するものは、何人といえども争議行為若しくは政府運営の能率を阻害する遅延戦術その他の紛争戦術に訴えてはならない」とも述べている。

9) 同上書、76～77ページ。

10) 塩田庄兵衛「占領下の労働運動」労働運動史研究会『労働運動史研究第50号　日本労働運動の歴史と課題』労働旬報社、1969年、98～99ページ。

第2項　アメリカ社会保障制度調査団勧告（「ワンデル勧告」）

「マッカーサー書簡」は明らかに「民主化」政策の転換を示したものであるが、日本での社会保障制度の定着に関して、積極的な役割を果たした文書、政策、勧告などが出されたという2つ目の側面も存在する。それが、アメリカ社会保障制度調査団勧告（「ワンデル勧告」）である。

1947年8月、GHQは社会保障制度についての助言指導を受けるため、ウィリアム・H・ワンデル博士（アメリカ合衆国社会保障行政部）を団長とする、アメリカ社会保障制度調査団が来日することとなった。アメリカ社会保障制度調査団は2ヵ月間かけて、日本の社会保険制度や生活保護制度に関する調査を行い、同年12月には調査報告書をGHQに対して提出した。そして、日本政府に、1948年7月13日「日本社会保障に関する調査団報告の件」（SCAPIN5812-A）として手渡された。

「ワンデル勧告」は、社会保険制度、公共扶助（生活保護法）、公共事業救済計画、公衆衛生活動、医療などの社会保障制度全般に関して、現状認識と改善点を提示している。報告書は合計で260ページに達しており、ワンデル博士の意気込みをみてとることができる。その中でも、生活保護に関しては、「これに依る現在の給付は決して充分ではないが」と前置きをした上で、「世界に於て最も進歩せるものと考へ得べき、綜合的無差別の扶助組織を供与するものなのである」と高く評価した[11]。しかし、当時の生活扶助基準は、東京都の標準5人世帯のCPS（消費者価格調査）の1ヵ月平均支出額と比較しても、20パーセント程度の水準であり、このような高い評価は、生活保護受給者の生活実態からかけ離れたものであった（表3）。

「ワンデル勧告」は生活保護に関する部分は問題を抱えてはいる

---

11) 社会保障研究所編『戦後の社会保障（資料）』至誠堂、1968年、27ページ。

表3 生活扶助基準の推移（東京都標準5人世帯）

改訂年月（改訂次）	基準額	基準指数 (A)	物価指数 (B)	実質基準指数 (A/B)	CPS1ヵ月平均支出額との比較
1946年 4月(第1次)	252円	100.0	100.0	100.0	—
1946年 7月(第2次)	303円	120.2	119.2	100.8	15.5
1946年11月(第3次)	456円	181.0	141.6	127.8	18.2
1947年 3月(第4次)	630円	250.0	154.8	161.5	24.8
1947年 7月(第5次)	912円	357.1	313.9	113.8	13.7
1947年 8月(第6次)	1,326円	523.8	391.7	133.7	21.4
1947年11月(第7次)	1,500円	595.2	527.2	112.9	21.7
1948年 8月(第8次)	4,128円	1627.0	1032.9	157.5	37.8

出典）岸勇「戦後日本の公的扶助（一）」日本福祉大学『日本福祉大学研究紀要（第13号）』1968年、75ページ（本書では、岸勇著、野本三吉編『公的扶助の戦後史【オンデマンド版】』明石書店、2005年を使用。よって、引用ページは『公的扶助の戦後史』のものである）、より筆者が作成。
資料）厚生省社会局保護課編『生活保護状況』1952年。
注1）生活保護法（旧法）では、住宅扶助及び教育扶助は生活扶助と分離されていなかったので、上記の基準には住宅扶助基準と教育扶助基準も含まれている。
注2）第8次改訂の詳細については、厚生省社会局保護課編『基準額の内容とその運用（生活保護百問百答第二集）』日本社会事業協会、1948年に書かれている。本書でも、第8次改訂で基準が大幅に引き上げられた理由を後述する。

が、社会保険制度の単一化（統一化）、家族手当制度の創設や医療機関の公的性格を強調・公的医療機関の整備拡充を提言するなど、今日からみても革新的な勧告を行っている[12]。

ただし、「ワンデル勧告」を日本政府が重視していたかといえば、それは疑問である。「ワンデル勧告」に基づき設置された社会保障制度審議会においても、幹事委員会で「ワンデル勧告」の中身について検討されたのは、1950年1月初旬の1回のみであった[13]。し

12）「ワンデル勧告」の医療制度分野に関する分析については、河野すみ子「占領期の医療制度改革の展開に関する一考察—医療供給体制の整備を中心に—（上）」医療・福祉問題研究会『医療・福祉研究（第3号）』1990年、47～48ページを参照。
13）総理府社会保障制度審議会事務局編『社会保障制度審議会十年の歩み』社会

かも、厚生官僚は、勧告の内容を社会保障制度の改善に活用するというよりも、生活保護制度は世界の中でも進歩的であると積極的に評価されていることを強調し、制度運営の正当性を裏付けることに利用した。[14]

第3項　保護申請権と不服申立制度に関する指摘

　GHQからは保護申請権と不服申立制度に関する重要な指摘がされている。本節の分析対象の時期とは若干前後するが、本項では、1949年10月に東京都内において、厚生省と日本社会事業専門学校の共同で開催された、都道府県民生部関係職員現任訓練講習会の講義録を分析する。[15]

　講義内容は占領政策全体の動向を示すものではないが、講習会の講師はGHQのスタッフが努めていることから、占領政策の意向から大きく逸脱しているとは考えられない。もちろん、講演をしたスタッフが述べたことが、内部でどの程度浸透していたか、発言の影響力は当然考慮しなければならないが、極めて重要な指摘をしている。

　生活保護法（旧法）の成立過程で厚生官僚をGHQが一貫して

　　保険法規研究会、1961年、104ページ。
14）木村忠二郎『改正　生活保護法の解説』時事通信社、1950年、6〜7ページ（本書では、菅沼隆監修『日本社会保障基本文献集第13巻　改正　生活保護法の解説』日本図書センター、2007年を使用）、小山進次郎「生活保護法の原理と原則」大阪社会事業短期大学編『社会事業講座（第六巻）』福祉春秋社、1951年、15〜17ページ（本書では、一番ヶ瀬康子・井岡勉・遠藤興一編『戦後社会福祉基本文献集5　社会事業講座（第六巻）』日本図書センター、2000年を使用）。
15）都道府県民生部関係職員現任訓練講習会での講義は報告書としてまとめられた。日本社会事業専門学校編『現代社会事業の基礎（Basic Papers on Social Work）』日本社会事業協会、1950年（本書では、一番ヶ瀬康子・井岡勉・遠藤興一編『戦後社会福祉基本文献集3　現代社会事業の基礎』日本図書センター、2000年を使用）。

リードしてきたことは前述したが、講習会の講義では、厚生官僚が生活保護行政の運用で、否定もしくは消極的態度をとり続けた事項に関して、GHQ のスタッフから重要な指摘がされている。具体的には、生活保護法（新法）の制定まで否定され続けた保護申請権と 1949 年 5 月に類似した制度が実施されることになった不服申立制度についてである。

　アーヴィン・マーカソン（公衆衛生福祉局福祉部行政及公共扶助課長）は、「第二章　公共扶助（生活保護）実施に必要な民主々義の諸原則」という講義の中で、基本原則として「（一）扶助その他のサービスに対する申請の受理ならびにこれにもとづく処置は、遅滞せしめないこと。（二）申請者に対し、適格不適格を通告すること。（三）扶助機関の係官に対し不服のある場合のため、上級機関に不服申立の制度を設けること」と保護申請を円滑にすすめることと、不服申立制度を設けることを最初に掲げている。円滑な保護申請を実施できていない行政、最後まで不服申立制度の導入に消極的であった厚生官僚とは、制度に対しての理解が大きく異なっている。

　また、フレッド・カー（四国民事部福祉係官）は、「第七章　厚生統計について」という講義で、厚生統計の重要性を指摘した上で、現在の生活保護行政では、扶助の申請に関する報告がされていないことを批判している。この批判は単に厚生統計が整備されていないという理由のみではなく、申請に関する報告を整備することで、保護申請権を保障するための検討ができること、保護決定に関して誤謬を再検査できるようにすることまでも阻害されていることに向けられていた[17]。いずれも生活保護を必要とする人々の保護受給権を保障するという視点からすれば、重要な指摘であ

---

16) 同上書、30〜32 ページ。
17) 同上書、94〜96 ページ。

る。

第4項　マーチン・シェリー（東北地方民事部福祉局福祉係官）による生活保護行政批判

　上記のように、GHQは、公的扶助（生活保護）の運用について、民主主義の原則という積極的な位置づけを持たせるほど重要視していた。しかし、実際の生活保護行政においては、生活保護受給者もしくは生活保護を必要とする人々に対して、日常的な人権侵害が発生していた。

　それらの実態をふまえて、生活保護行政に対して、痛烈な批判をしたのが、マーチン・シェリー（東北地方民事部福祉局福祉係官）である。

　マーチン・シェリーは「第16章　日本の福祉事業の実際に対する若干の批判的考察」の中で、民生委員のなかには扶助決定において新しい法律よりも封建思想の精神が貫かれていること、『生活保護百問百答』の福祉事業における指導が誤っていること、生活保護基準以下の国民が多数いるにもかかわらず、民生委員がこれを等閑視していたこと、扶助を打ち切るために経済安定九原則を持ち出す役人がいること、民生委員及び多くの福祉関係官公吏の頭の中には、依然として封建思想が根を張っていること、「怠け者」であることを理由に生活保護を受給できていない人々の多くは、実は病気で働くことができない人であることを指摘している。これらは、生活保護行政の実態があまりにも生活保護法（旧法）の理念からかけ離れていることへの批判であるが、同時に法律の基本原理に関する指摘も行っている。

　マーチン・シェリーは現状批判だけではなく、生活保護法の基礎的観念は日本国憲法25条にあるが役人の中でそれが理解できていない者がいることを批判し、生活保護受給資格のある人は権利

として受給できることを明言している[18]。これらの指摘は、今日からみても非常に先進的であるが、実際の政策には必ずしも生かされなかった。

　マーチン・シェリーの批判の中には、民生委員に向けられているものもある。詳細は後で分析するが、GHQ が当初から懸念していたとおり、生活保護行政において民生委員を補助機関とすることは結果的に生活保護受給者への人権侵害を招くことになった。しかし、民生委員について、GHQ の評価は一様ではなかった。ドナルド・V・ウィルソン（公衆衛生福祉局福祉課社会事業教育訓練係長）とフローレンス・ブルーガー（ウィルソンの後任の公衆衛生福祉局福祉課社会事業教育訓練係長）の証言をもとに分析した村上貴美子は、「あくまでも国家責任のもとで統一的に行なうべきであるとする政策立案スタッフと、民生委員を日本の歴史の中で捉え一種のケースワーカーとして位置づけ、日本のケースワークを推進しようとする地方軍政レベルのソーシャル・ワーカーとの見解の相違でもあった[19]」として、GHQ 内部が一枚岩ではなかったこと（特に中央と地方のスタッフのずれ）を指摘している。

　民生委員は、生活保護法（旧法）時にも多くの問題点が指摘され、GHQ に当初は批判されながらも、生活保護法（新法）において協力機関として位置付けられた。なぜ、民生委員は生活保護行政に位置付けられ続けたのかを分析する際は、上記の状況をふまえておかなくてはならない。

---

[18] 同上書、188〜203 ページ。
[19] 村上貴美子『占領期の福祉政策』勁草書房、1987 年、241 ページ。

第3節　生活保護行政の「科学化」＝体制整備と「濫救」の防止

第1項　指導監査と「査察的調査」による「濫救」の防止

　前章までの制度普及期は、その名の通り、戦前の救貧制度とは基本原則が全く異なる公的扶助制度（生活保護制度）の運用をめぐって、試行錯誤が続いた時期であった。それに対して、制度整備期（1948年1月〜1949年8月）は、具体的運用方針や保護基準の決定方式に関して徐々に整備されていく時期である。小山進次郎は、この時期の特徴を「単にその時その所の当座の問題を妥当に解決するだけでなく、努めて将来においてもそのまま適用し得る普遍性のある基準を確立しようとした点」であると説明している[20]。制度整備期と小山が位置付けたように、この時期に戦後生活保護行政の原型が形成されていく。

　制度整備期の課題としてはじめに掲げられたのが、いかに「濫救」を防止するかであった。まずは、1948年1月1日「生活保護法関係事務の指導実施に関する件」（厚生省社会局長通知）によって、毎年計画的に指導監査または査察指導が行われることになった。指導監査の実施とともに、1947年12月から1948年2月にかけて、都道府県の吏員によって、生活保護受給者の生活状況の調査を目的とした「被保護者生活状況全国一斉調査」（「査察的調査」）が行われた。「被保護者生活状況全国一斉調査」の実施によって、調査開始時には約265万人であった生活保護受給者のうち、約83万人が保護の停止又は廃止となり、結果的に約182万人に激減し

---

[20] 小山進次郎『改訂増補　生活保護法の解釈と運用』中央社会福祉協議会、1951年、32ページ（本書では、全国社会福祉協議会による復刻版、2004年を使用）。

た[21]。小山はこの結果を「所謂濫救が徹底的に整理されると共に、収入、支出の認定に対する関係者の統一的な考え方が確立された点において極めて意義深いものであった」と積極的に評価している[22]。

しかし、小山は何を基準に「濫救」と断定しているのかを明らかにしていない。それどころか、しっかりとした調査を行わなければ、「惰民養成」という批判も見当はずれとはいえないとまで述べている。これ以降も、「被保護者生活状況全国一斉調査」実施によって、「濫救」が「整理」されていく。1949年2月実施時には、約205万人から約182万人へと23万人もの生活保護受給者が減少した[23]。指導監査と「被保護者生活状況全国一斉調査」の実施によって、「濫救」を防止するという生活保護行政の原型がこの時点で形成された。

第2項 「組合せ式基準」と運用の「科学化」

さらに、この時期には生活扶助基準の決定方法が定められた。1948年8月の第8次生活扶助基準額改定で新しい方法が決定されたが、第7次生活扶助基準額改定までは、基準の決定方法が必ずしも明確にされてこなかった。その上、実際の生活保護行政では、生活保護を必要とする世帯の生活調査（家族の収入、扶養、資産状況など）を行った民生委員や行政の職員が、生活保護費を決定しており、「基準」とされていたに過ぎず、統一した運用が行われていなかった[24]。そこで、第8次生活扶助基準額改定においては、

---

21) 同上書、22～23ページ、27ページ、32～33ページ。
22) 同上書、23ページ。
23) 黒木利克編『医療扶助の取扱（生活保護百問百答第五輯）』中央社会福祉協議会、1952年、270ページ。
24) 厚生省社会局保護課編『基準額の内容とその運用（生活保護百問百答第二輯）』日本社会事業協会、1948年、117～122ページ。

「先ず生活保護法で許さるべき最低生活は如何なる内容のものであるべきかをその物量的方面から規定し、次いでそれに対し当時の重要物資供給力の関係からくる制約に応ずる調整を加え、最後にこれを当時の価格水準で算定するという手順を経て決定」する「組合せ式基準」（後のマーケット・バスケット方式）が採用された。

小山は、「組合せ式基準」の採用によって、生活保護基準が「一応科学化」されたと評価した。[25] 東京都の区内5人家族（標準世帯）の生活扶助基準額と同じ世帯構成のCPS（消費者価格調査）の1ヵ月平均支出額を比較すると、第7次生活扶助基準額改定では、生活扶助基準額が1500円でCPSの21.7パーセントであったのに対して、「組合せ式基準」が採用された第8次生活扶助基準額改定では4100円、37.6パーセントまで改善された[26]（表3）。生活扶助金額がそれまでと比べて、大幅に改善されたことは事実であるが、「科学化」された生活扶助基準の決定方法によって、著しく低い扶助基準が肯定されたという一面も見逃してはならない。

第3項　民生委員に課せられた役割

生活保護行政（特に旧法時代）を分析する際には、補助機関として民生委員に課せられた役割をみておかなくてはならない。それまでの民生委員令に代わって、1948年7月には民生委員法（1948年法律第198号）が制定され、民生委員の役割に法的根拠が与えられ、強化されることになった。具体的な民生委員の役割は、生活保護の対象者の発見、保護受給に際しての調査、保護内容の判定、保護開始後の生活指導など、多岐に亘っており、補助機関といい

25）小山『改訂増補　生活保護法の解釈と運用』前掲書、34〜35ページ。
26）小山進次郎編『生活保護の基本問題（生活保護百問百答第三輯）』日本社会事業協会、1949年、163〜170ページ。

ながらも実質的に生活保護行政の中心的役割を担っていた[27]。その役割は、生活保護法、同施行規則でも明確に位置づけられていた。

生活扶助基準額の「科学化」が実現し生活保護に関する業務が複雑化し、法律に基づく統一した生活保護行政の運用が求められていく中、「民生委員の本領である生活指導の『在り方』を中心に記述」された『生活保護百問百答』が出版された[28]。

その中には、厚生官僚が民生委員に対して期待する役割が露骨に記されていた。例えば、現時点は中学生で高等学校に進学を希望する場合や、現に専門学校に在学している場合は生活保護を適用していいのかという民生委員からの問い合わせがあった。これに対して、葛西社会局長は、「生活の保護を要する状態にある者」とは、自分で精一杯生活しようと努力しているにもかかわらず生活できない者であって、何もしないで現在の苦しい状況をなげいているだけではなく、一家に働くことができる者がいる場合は、一家の生計を維持することができるように力をあわすことが基本条件であるとしている[29]。

著者の岡田は、葛西社会局長の言葉を引用した上で、子どもの将来にも関わってくるので大変難しい事例であると前置きをし、自らが直面したケース（具体的には、母親、中学校2年生の長男、長女と次女の4人世帯で、母親、長男ともに高等学校に進学することを希望しているケース）を紹介している。このケースで民生

---

27) 岸田到『民生委員読本』日本民生文化協会、1951年、82〜84ページ（本書では、菅沼隆監修『日本社会保障基本文献集第21巻　民生委員読本』日本図書センター、2008年を使用）。岸田は、かつては全日本民生委員連盟常務理事を務めていて、著書の出版時点では、中央社会福祉協議会民生事業委員会の専門委員であった。

28) 岡田好治『生活保護百問百答（第一輯）』日本社会事業協会、1947年、5ページ。

29) 同上書、36〜39ページ。

第5章　生活保護の体制整備と稼働能力者への厳格な対応

委員が果たした役割は、母親と二人で長男に対して、世帯の生活状況を説明した上で、納得して高等学校進学を諦めさせ、働かせるということであった。自ら体験したケースを例示した上で、民生委員から問い合わせがあったケースについても、高等学校進学を諦めさせること、専門学校を辞めて働かせるように暗に示している[30]。

　これだけにとどまらず、岡田は、外国からの引揚や工場閉鎖を理由とした失業で就職不能なために生活困難に陥っている者をどのように取り扱えばよいのか、という民生委員からの質問に対しても、次のように答えている。生活保護法（旧法）は無差別平等という原則であるとしながら、「生活保護法第一條に宣示してある國の責任において保護するとゆう字句が、どう履き違えられたのか、保護を受ける側も、又保護を発動する側も、ややともすると國の責任であるということから一も、二もなく、先ず生活保護法による保護を第一義的に考える向が非常に多いように思われるのであります。が、これは非常に間違つた考え方であることは、前段申上げましたことによつて十分御諒解がつくことと思います[31]」と、失業者に対して生活保護を給付している現状を強く批判している。

　他にも、闇商売で生計を維持している者に、生活再建のきっかけとして生活保護を受給させてよいかという民生委員の質問に対して、岡田は、何でも生活保護を利用するというのは、「生活指導の『在り方』としては下の下であって、民生委員工夫の最も足りないもの」と民生委員の対応を批判している。さらに、生活保護を受給している者よりも、闇商売であっても自分の力で生活している者のほうが、気持ちの上では遥かに自負心を持っているとし

30）同上書、41〜55ページ。
31）同上書、66〜71ページ。

て、そのことを肯定するかのような発言をしている[32]。

　ここで紹介した事例からだけでも、厚生官僚が失業者、引揚者、母子世帯などの稼働能力者に対して、厳格な態度で臨んでいたことがわかる。前章で分析したように、生活保護を積極的に活用するという意図は全くみることができず、運用方針は明確に転換したといえる。そして、民生委員には「生活指導の在り方」として提示され、生活保護行政の中心的役割を担うことが課せられたのである。

第4項　第二次世界大戦以前から民生委員に連なる根本的思想

　民生委員は生活保護行政の中心的役割を担っていたが、あくまでも民間の奉仕者としての立場から、良き隣人、良き支援者として、地域住民の生活向上を実現することを目的としている。上記のような厚生官僚から求められていた役割に沿って活動することになれば、生活保護を受給している人や必要とする人々にとって、不利益を被ることは明らかであった。民生委員が自らの根本的思想を確立していれば、憲法25条の生存権、生活保護法（旧法）の一般扶助主義や無差別平等の原理原則を貫き通すことも可能であったが、実際の生活保護行政では、日常的な人権侵害が発生することになった。

　方面委員令を廃止して、新たに民生委員令が制定されたのは、1946年9月のことであるが、その理由は、方面委員令の1条に掲げられていた指導精神が個人的、主観的、慈恵的な色彩が強かったこと、方面委員が救貧委員としてすでに一般社会に定着していたためである。

　そこで、新たな民生委員令では、方面委員が第二次世界大戦以前の救貧制度（恤救規則や救護法）と同じく、慈恵的思想が強い

---

32) 同上書、82～85ページ。

ことを率直に認めて、民生委員は民生安定所施策の推進機関、協力機関となることを明言していた[33]。しかし、慈恵的思想との断絶が強調されているものの、『民生委員読本』では、方面委員の指導精神が「隣保相扶、互助共済」であり、民生委員の指導精神が「仁愛」にあることを述べた上で、指導精神が根本的に改変されたのではなく、「隣保相扶、互助共済」には個人的慈恵救済の観念がまとわりついていることと、隣組制度と間違えられることを危惧して、表現を変更したと記述されている[34]。つまり、方面委員と民生委員とは根本的思想が変化していないことを示していた。

国家責任の明確化を実現した公的扶助（生活保護法）が制定されたにもかかわらず、制度の運営に携わっていた民生委員の根本的思想は、1800年代後半に制度化された恤救規則の「人民相互の情誼」と何ら変わらないものであった。根本的思想が変化していなかったため、民生委員は厚生官僚に求められた役割を受け入れ、生活保護行政では日常的な人権侵害が発生することになったのである。

第4節　稼働能力の活用＝保護からの「排除」とストライキ労働者に対する嫌悪

第1項　失業対策の整備を理由とした稼働能力の活用

制度整備期の生活保護行政の中心的課題は、失業者、引揚者、低賃金労働者、母子世帯など稼働能力者に対していかに適切な運営をするかであった。そこで、本節では稼働能力者への対応を中心に分析する。

33）岸田『民生委員読本』前掲書、74〜76ページ。
34）同上書、127〜129ページ。

この時期の特徴は、失業保険・失業手当制度や公共事業の量的拡大などの失業対策が徐々に整備されたこともあり、それを理由として、稼働能力者に対しては厳格な対応がとられたことであった。具体的には、1948年9月6日「公共職業安定所における要援護者に関する件」（厚生省職発第1077号　各都道府県知事宛　労働省職業安定局長・厚生省社会局長連名通知）、1948年12月21日「要保護者に対する職業紹介、失業保険金の支給等に際し職業安定機関と保護救済機関との連繋に関する件」（厚生省職発第1555号　各都道府県知事宛　労働省職業安定局長・厚生省社会局長連名通知）では、職業安定法や民生委員法が公布施行されたので、失業者や要保護者の生活問題を解決するために、両制度を積極的に活用することとされた。一見すると、積極的側面にみえるが、具体的な対応は保護受給の可否や停廃止の措置についても言及していた[35]。

　このように、失業対策や働くための条件が徐々に整備されていく中、失業者や要保護者が実際に働けるかということやどのような働き方するかは軽視され、働ける場所があることが前提とされることになった。また、失業保険・失業手当制度、失業対策事業、失業対策の役割を担った公共事業は、たしかに失業者の救済ということで一定の役割を果たしたが、量と質ともに極めて不十分であった。そして、「総合的失業対策」の整備を理由とした稼働能力者に対する厳格な対応は、GHQ、日本政府、厚生省（厚生官僚）も大量の失業者が発生すると予測していた「ドッジ・ライン」の実施を目前にしても変更されることはなかった。

35）小山『改訂増補　生活保護法の解釈と運用』前掲書、35ページ、42ページ。木村忠二郎文書資料ファイル名「公共職業安定所における要保護者の取扱に関する件　労働省職業安定局長/厚生省社会局長〔連名通知　職発1077号/昭23.9.6〕」寺脇隆夫編『マイクロフィルム版　木村忠二郎文書資料　戦後創設期/社会福祉制度・援護制度史資料集成（第Ⅰ期）』柏書房、2010年、リールNo.1、コマ番号439〜442。

「ドッジ・ライン」の実施によって、多くの会社（特に小零細企業）が倒産し、倒産しないまでも賃金の欠配や遅配が続き、失業者や労働者の生活状況は悪化する一方であった。「総合的失業対策」が十分に機能しない中、労働運動・社会運動が生活保護の適用へと向かっていくが、「生きていくための闘争」は「尖鋭化」していった。

これに対して、小山進次郎は、「これらの問題の背後に伏在する事情は十分にこれを承知しつつも、生活保護制度は生活保護制度としてその態度を決定しなければならなかった」[36]と一般扶助主義や無差別平等を基本原理とする公的扶助（生活保護法）であっても、稼働能力のある者に対しては、生活保護の対象とすべきではないとでもいうような、恩恵的思想を明確にした。

第2項　ストライキ労働者への保護適用の消極的態度

1949年2月25日「生活保護の適用に関する件」（厚生省社発　各都道府県知事宛　厚生省社会局長通知）では、「ドッジ・ライン」をきっかけにした給料の遅配や未払による生活困窮を理由に、生活保護受給を求める労働者の増加について検討している。

通知では、「これが適用について感情的に尖鋭化したまま集団的に地方公共団体に直接強く要望する動きが少くない様に思料される」として、「あくまで法の厳正なる実施を確保し、かりそめにも一時を糊塗するような便宜的手段により、その施行を誤ることのないよう厳に留意され度、又この旨関係機関にも十分周知徹底するよう取計われたい」と指示された。給料の遅配や未払という労働者が、自らの力で回避できない生活困難に対しても、支払われる予定の賃金を担保とした金銭借入、生活費の不足を他の手段によって臨時収入を得ること、不安定な状態が続くのであれば公共

---

[36] 小山『改訂増補　生活保護法の解釈と運用』前掲書、36〜37ページ。

職業安定所を通じて他の職業を探すことなどが求められた。[37]

この時期には、ストライキに参加して生活困窮に陥った労働者に対しての生活保護適用が議論された。きっかけは、1949年4月7日の愛知県知事からの照会「会社工場等の争議の場合の生活保護法適用について」（社会第221号　厚生省社会局長宛　愛知県知事照会）であり、ストライキが原因で生活困窮に陥った場合に生活保護法（旧法）を適用してよいのか、また、ストライキの発生原因の違いによって対応を変えるべきか、ということが問われた。

これに対して、厚生省社会局は、1949年4月20日「会社工場等の争議の場合の生活保護法適用に関する件」（厚生省社発709号　愛知県知事宛　厚生省社会局長回答）で、生活保護法（旧法）を適用してはならないとまでは言及しなかったが、稼働能力も意思もあるので、内職などで収入を得るよう努めることを求めた。そして、ストライキの発生原因の違いは考慮しないこととされた。この時点では、ストライキが原因で生活困窮に陥った労働者に対して、生活保護の適用は積極的とまではいえないまでも、否定はされていなかった。

第3項　ストライキ労働者の保護受給からの排除

ストライキに参加したことが原因で生活困窮に陥った労働者への対応が明確になったのは、わずか4ヵ月後のことである。1949年8月11日「労働争議に参加したる為に生活の保護を要する状態に陥つた者に対する生活保護法の適用に関する考察」[38]（以下、「考

---

37) 厚生省社会局編『生活保護法関係法令通知』1952年、230〜231ページ。

38)「労働争議に参加したる為に生活の保護を要する状態に陥つた者に対する生活保護法の適用に関する考察」の全文は、木村忠二郎文書資料の中にも含まれている。木村忠二郎文書資料ファイル名「〔原案〕労働争議に参加したる為に生活の保護を要する状態に陥つた者に対する生活保護法の適用に関する考察（八、一一）」寺脇隆夫編『マイクロフィルム版　木村忠二郎文書資料　戦後創設期／社会福祉制度・援護制度史資料集成（第Ⅰ期）』前掲、リールNo.2、コマ番号

察」と略記)には、生活保護法による保護を行うことは、労働者側に援助を与えて、生活保護を受けながら労働争議をするという現象を生み出すことになるので、労働争議に参加している期間は、世帯員に対しても生活保護を受けさせないとする「消極説」と、公的扶助は生活の保護を要する状態にのみ着目して行われるべきであって、その原因の如何を問わないとする基本原則に則って保護受給を認めるべきであるとする「積極説」が紹介されていて、両者の検討が行われた。

その上で、「この問題に対し採るべき方針」として、「(1) 本人に対しては、法第二条第一号に該当する者として保護を拒むべきである。(2) 家族に対しては、それらの者が実際に保護を要する状態にあるならば直ちに保護を加えなければならない」とし、世帯員の保護受給は認めたが、「欠格条項」を理由にストライキに参加した労働者の保護受給は認められなかった。「考察」は他にも、労働争議が終了した場合は直ちに生活保護を廃止し世帯員の生活保護費を返還すること、現に生活保護を受給していてストライキに参加した場合も上記の対応をとること、あくまでも個別対応であり一律な扱いを行わないこと、ストライキに参加した場合は労働不能な疾病にかかって生活保護が必要とならない限り、生活扶助と医療扶助は適用しないことを定めるなど、厳格な態度で臨むことを示していた。[39]

労働条件改善を求めてストライキをうつ労働者にとって、生活保護は生きるために不可欠な制度であったが、生活保護を受給できないという状況は、ストライキに参加することを選択しない労働者を増やすことにもなりかねない。ストライキに参加して生活困窮に陥った労働者への生活保護受給の不適用は官公労働者への

249～253.
39) 小山『改訂増補 生活保護法の解釈と運用』前掲書、148～152ページ。

171

団体交渉権と争議権の剥奪と相俟って、労働運動の基盤を徐々に掘り崩すことになった。

第4項　生活保護法（新法）に引き継がれたストライキ労働者の排除

ストライキに参加したことが理由で生活困窮に陥った労働者に対する厳格な態度は、「欠格条項」が削除された生活保護法（新法）にも引き継がれた。小山は、生活保護法（新法）の運用方針の補足性の原理（法第4条）に関する部分で、ストライキに参加したため生活困窮に陥った労働者に対していかなる対応をするかを説明している。小山はイギリスの国民扶助法の実態と条文を紹介しながら、「これはその能力をその最低生活の維持に活用しているものとは認め難く、従つて、本条（第4条—筆者）第一項の規定により保護を拒否すべきであろう」とし、これまで分析してきた賃金の遅配や未払に対しても、「考察」で示された生活保護法（旧法）と同じように対応するよう述べている[40]。

このことからも、一般扶助主義や無差別平等をはじめとする公的扶助の基本原理や、憲法25条の生存権が条文に明記された生活保護法（新法）にも、具体的な運用に関しては、恩恵的思想が組み込まれたといえる。

第5節　緊急失業対策法の制定と「総合的失業対策」の実施

第1項　「ドッジ・ライン」への対応としての失業保険制度改善と公共事業の拡充

生活保護行政における稼働能力者への厳格な対応は、「総合的失

40）同上書、125〜126ページ、152ページ。

業対策」が実施されたことにより、働く意志さえあれば、労働条件はどうであれ賃金を得ることはできるはずであり、生活保護受給は「依存」を招くことになるので、最後の手段に過ぎないということを意味するものであった。たしかに、基幹産業の復興促進、帰農の実施、勤労意欲の向上を中心としていた第二次世界大戦直後の失業対策に比べると、失業者吸収、適正な賃金支払を前提とした大規模な公共事業の実施は、不十分ながらも経済復興や失業者への賃金稼得としての役割を果たした。

　さらに、1947年12月には失業保険法と失業手当法が制定され、他にも労働三法（労働組合法、労働基準法、労働関係調整法）、職業安定法が制定され、「総合的失業対策」が形成されていった。しかし、進行するインフレや経済の自立化政策実施に伴う大量の失業者の存在からすれば、極めて不十分であった。それは日本政府も認識していたことであり、1949年3月4日の閣議決定「現下の失業情勢に対処すべき失業対策」では、「近き将来に大量の失業者の発生をみることは必至である。さらに潜在失業の顕在化、引揚者の失業等はいよいよ深刻化しつつある[41]」と、当時の労働統計では把握しきれない潜在失業の存在を認めていた。

　「ドッジ・ライン」が実施されると、生産縮小や人員整理、倒産による大量の失業が発生し、社会的な混乱が生じることはあらかじめ予想されていたため、緊急的対応をとることが迫られた。1949年1月、GHQ/ESS（経済科学局）は「総合的失業対策」を実施するための労資協議会を主催した。そこで出された結論は、「第二　失業保険制度の改善（給付率の引上げ、最高賃金の制限解除、保険料率の引下げ、適用範囲（例えば日雇労働者）の拡張等が必要である）。第三　公共事業の拡充（この場合、電源開発、産業

41）労働省職業安定局編『失業対策事業通史』雇用問題研究会、1996年、152～153ページ。

道路の建設等を選定するとともに従来の失業者吸収の不円滑につき反省すべきである）。第四　職業安定機関の整備、職業補導事実の積極化[42]」であり、「ドッジ・ライン」を円滑に進めるために、失業対策の整備・拡充を具体的に提言した。一方、文書の中には、労働組合の理解と積極的な協力を求めるための対応であることも書かれていた。

　同年2月には、労資協議会の議論と平行して、労働大臣の諮問機関である職業安定委員会（現在の中央職業安定審議会）が「目下予想さるる失業情勢に対処すべき失業対策に関する答申」を労働大臣に対して提出した。職業安定委員会は、「第二に建設的公共事業量の拡大とこれに多数の失業者を吸収するため、失業者吸収率の法的措置を行うとともに、不測の失業の発生に対処するため予備費の計上を図るべきである。…第四に失業保険制度の改善拡充を図るべきである。…第六に①知識層失業対策、②技術移民対策、③失業対策により救済されない失業者で生活困窮している者の生活保護法の適用等につき考慮すべきである[43]」と答申した。

　労資協議会と職業安定委員会に共通しているのは、深刻化する失業者の状況を直視し、失業対策としての役割をより強化した公共事業の量的拡大と失業保険制度の改善・拡充を求めたことであった。さらに、注目すべき点は、職業安定委員会が生活保護法の適用にまで言及したことである。もちろん、職業安定委員会は労働大臣の諮問機関であり、生活保護行政を管轄していた厚生省にどのような影響を与えたかは疑問が残る。しかし、このような答申が出されるという事実は、失業者に対して、生活保護法の適用がされていなかったことの裏付けともいえる。

---

42) 同上書、146～148 ページ。
43) 同上書、149～151 ページ。

第2項　緊急失業対策法の制定と失業対策事業の実施

労資協議会結論と職業安定委員会答申を受けて、1949年3月4日に「現下の失業情勢に対処すべき失業対策」が閣議決定された。失業対策に関する閣議決定は、労資協議会と職業安定委員会の提言を参考にしながら、6点（第一　人員整理の実行を適正ならしめるよう必要措置を講ずること、第二　公共事業に失業者を吸収すべき特別方途を講ずること、第三　配置転換を円滑ならしむべき措置を講ずること、第四　失業保険制度の整備拡充、第五　職業補導事業を整備拡充すること、第六　その他）を柱としていた。

具体的には、第二の公共事業に関する部分では、公共事業量の量的拡大と公共職業安定所の全面的活動強化、失業者に対する優先的雇用の実施、そして、失業者救済を主たる目的とする失業対策事業費を公共事業費とは別に設けることとされた。第四の失業保険制度の整備拡充では、給付期間の延長（現在の180日から90日間の給付延長）、適用範囲（適用事業所）の拡充、日雇労働者に対する失業保険制度の創設などが盛り込まれていた。

労資協議会結論と職業安定委員会答申は、現存する制度の改善や整備拡充を主張したものであったが、失業対策に関する閣議決定では、公共事業とは区別された失業対策事業と日雇失業保険制度の創設など、新たな制度によって、深刻化する失業者への対応を行うことが決められた[44]。実際にどの程度機能したかは後で分析するが、新たな制度の創設を閣議決定したことは、「ドッジ・ライン」で発生する大量の失業者への危機感の表れであった。

そして、失業対策に関する閣議決定をもとにして、1949年5月には緊急失業対策法（法律第89号）が制定された。これによって、失業対策としての役割を担っていた公共事業は、公共的建設

---

44) 同上書、152〜154ページ。

及び復旧事業で経済効果の大きいものに限定されることになった。その上で、公共職業安定所との連携を強化するなど、失業者吸収機能をさらに強化することが求められた。失業対策事業は、それまで公共事業に含まれていた失業応急事業費、共同作業施設費などをもとにして設けられることになり、各地における失業状況を把握した上で、失業対策事業の事業計画を策定することとされた。失業対策事業は、失業者が多数発生している地域で事業を実施し、失業者の発生状況に応じて、その数に応じて規模、実施時期、事業種目が決定されるなど、これまでの公共事業よりもきめ細かい対応を行うことが可能となった。失業対策事業の実施によって、公共事業と失業対策事業は明確に区別されることとなった。[45]

　失業対策事業は、緊急的対応としての役割を求められていたので、年度途中からすぐに実施されることになった。1949年度の失業対策事業吸収人員は、7-9月期は1万8755人、10-12月期は3万1491人、1950年1-3月期は8万1534人であり、徐々にで

---

[45] 多少長くなるが、労働省職業安定局が定めた失業対策事業に関する基準が出されているので、それを引用する。1949年8月26日通達「失業対策事業の開始および規模決定に関する基準」(労働省職業安定局長から都道府県知事宛)では、「一　常用労働者の場合　(一) 失業対策事業は、失業保険金の受給者(男)の数が当該地域の非農業労働者数(男)に対して一・二%以上であり、かつその失業保険金受給者(男)のうち三カ月分以上の失業保険金を受けた者(男)の数が五〇%以上である場合に開始するものとする。(二) 失業対策事業によって救済する人員は三カ月分以上失業保険金の支給をうけたが、なお未就職の者と、失業保険の適用をうけない求職者で、その居住地を管轄する公共職業安定所に就職の申込をなして一月以上就職できない者のうち、できるだけ多数の人員とする。二　日雇労働者の場合　(一) 失業対策事業は公共職業安定所で取扱う日雇の求職者(当該公共職業安定所の管轄する地域に居住するものに限る)のうち、調査期日前一カ月間において一〇日間以上継続して就労できなかった者と、当該期間中の就労日数が一一日以内の者との合計が二〇〇人以上に達した場合において開始するものとする。(二) 失業対策事業によって救済する人員は(一)による継続一〇日間就労できなかった者と就労日数一一日以内の者のうちできるだけ多数の人員とする」と定められていた。同上書、154～162ページ。

はあるが失業対策としての役割を発揮していった。[46]

第3項　失業保険・失業手当制度の実施状況

労資協議会結論、職業安定委員会答申、失業対策に関する閣議決定では、公共事業の拡大とともに、失業保険制度の整備拡充が含まれていたので、本項では1947年12月以降の失業保険制度と失業手当制度の実施状況をみていく。

失業保険制度、失業手当制度を分析する際には、給付金受給者数の推移も重要であるが、「法の制定当初は未だ一般に周知徹底が充分に行われず、また当時は戦後の混乱期であり、一般の関心も薄かつたため」[47]、失業保険制度の対象になれるにもかかわらず、制度の対象となっていなかった労働者がいるという問題もみておかなければならない。

該当年度の適用事業所数、被保険者数は、1947年度が11万9278ヵ所で508万2304人、1948年度が13万8944ヵ所で548万5839人、1949年度が15万3003ヵ所で570万2573人であった（**表4**）。失業保険適用事業所数は増加傾向ではあるが、適用除外の事業所

表4　一般失業保険適用状況

（単位：千ヵ所、千人）

	適用事業所数	対前年度増減(%)	被保険者数	対前年度増減(%)
1947年度	119	—	5,082	—
1948年度	138	16.5	5,485	7.9
1949年度	153	10.1	5,702	4.0
1950年度	167	9.2	5,898	3.4

出典）厚生省職業安定局失業保険課編『失業保険十年史』1960年、895ページ、より筆者が作成。

46）労働省職業安定局失業対策課編『失業対策年鑑（昭和二十六年度版）』国際公論社、1952年、301〜326ページ（本書では、日本図書センターによる復刻版、2003年を使用）。

47）労働省職業安定局失業保険課編『失業保険十年史』1960年、893ページ。

表5　一般失業保険受給状況　　　　　　　　　　　　　　　　　（単位：千人）

年度	離職票受付件数		初回受給者数		受給者実人員
	年度計	年度平均	年度計	年度平均	年度平均
1947年度	—	—	—	—	—
1948年度	114	9	79	6	26
1949年度	727	60	619	51	251
1950年度	693	57	623	51	359

出典）労働省編『労働行政史（第二巻）』労働法令協会、1969年1163ページ、より筆者が作成。

を勘案しても、当時の労働者の多くは被保険者にすらなることができなかった。

　失業保険給付を受給するには、公共職業安定所に離職票を提出し、なおかつ労働の意思と能力があるにもかかわらず就職できない事実を認定されなければならず、実際に給付されるのも7日間の待機の後であった。失業保険給付の初回受給者は、1948年度が7万9046人、1949年度が61万9879人に過ぎなかった（表5）。

　当時の失業者数と合わせて分析する必要があるが、既存のデータでそれを分析することは困難である。しかし、様々な理由で失業保険給付の手続きをしないで、受給できなかった者もいると考えられる。失業保険は、事業所が適用事業所に該当しない、制度上は適用事業所に該当しているにもかかわらず適用事業所となっていない、適用事業所となっていても被保険者になっていない、被保険者であっても失業保険給付の手続きをしていないという、四重の漏救構造ともいえる状況であった。

　失業保険法の制定当初から懸念されていた問題点は現実のものとなり、失業保険の適用事業所及び被保険者は少なく、保険受給者に関しても当時の失業者への生活保障としての役割を果たしたとはいえなかった。日本政府もあらかじめ予想していたことであるが、大量の失業者に対して、失業保険制度のみで生活保障を果

たすことは無理であった。

　また、失業保険制度の補完的役割を期待された失業手当制度であるが、対象者を1948年4月以前に失業した労働者のみと限定していたため、離職票受付件数は、1947年12月が196件、1948年1月が206件であり、同年4月の486件を頂点として、1949年4月には0件となった。失業手当制度は、日雇失業保険制度制定のための失業保険法改正に伴い廃止されることになったが、期待された機能を果たしたとはいえず、過渡的制度に過ぎなかった。

第4項　失業保険法改正と日雇失業保険制度の制定

　労働省職業安定局失業保険課は、日雇失業保険制度の制定を含む失業保険法改正案の検討を1948年後半から行っており、同年10月には失業保険委員会に諮問している。失業保険法改正を直接的に後押ししたのは、労資協議会結論、職業安定委員会答申、失業対策に関する閣議決定であるが、改正の主な内容は、適用範囲拡張（土木建築、映画演劇及び旅館、料飯店など）、失業保険給付水準の従前賃金の6割への統一、保険料の引下げ、日雇失業保険制度の創設である。

　失業者への生活保障としての役割を期待された日雇失業保険制度であるが、1949年度の被保険者は約65万人であった。「ドッジ・ライン」の影響により、対象者は増大していたが、初回失業認定件数は2万7429件、失業保険受給人員は1万5439人に過ぎなかった。

第5項　不十分な「総合的失業対策」

　失業対策としての機能が強化された公共事業、失業対策事業、

48）同上書、1161ページ。
49）労働省職業安定局失業保険課編『失業保険十年史』前掲書、923ページ。

失業保険制度、日雇失業保険制度の制定によって、「総合的失業対策」は整備されていった。しかし、失業対策事業は事業量が予想よりも拡大することはなく、しかも失業者を優先的に雇用するという基本原則も必ずしも貫き通すことができたわけではなかった。さらに、失業保険制度、失業手当制度に関しても、制度が抱えていた不備、制度の認識不足によって必ずしも機能したとはいえなかった。「ドッジ・ライン」によって、発生する大量の失業者への対応として新たに創設された日雇失業保険制度に関しても同様であった。

しかし、生活保護法（新法）成立過程における国会での議論は後で詳細を分析するが、厚生官僚の認識は異なっていた。議論の中では、ボーダーライン層や生活保護を受給することができるにもかかわらず、受給できていない人々（漏救）の存在が問題とされたが、公共事業や失業対策事業、失業保険制度で対応すると述べており、生活保護受給に関しては一貫して消極的な態度をとり続けた。

職業安定委員会答申では、生活保護法の適用を提言していたが、実際には「総合的失業対策」と生活保護制度のどちらでも生活保障がされていない生活困窮者を発生させることになり、制度の谷間に放置されたままであった。そして、失業者のみならず、多くの生活困窮者が生活保護受給を求めて、労働運動・社会運動を繰り広げていくことになる。

第6節　労働運動・社会運動における生活保護改善・適用運動——人権侵害への対抗

第1項　労働運動・社会運動をめぐる状況

不十分ながらも各種制度が運用されている今日とは違い、第二

次世界大戦直後は社会保障制度が整備されておらず、なおかつ戦前にすでに作られていた健康保険制度と国民健康保険制度もインフレに対応することができず、その機能を果たすことはできなかった[50]。このような状況の中、労働運動は社会保険制度の確立や失業対策の拡充、労働条件の改善等を掲げて運動を繰り広げていたが、生活保護の改善・適用を前面に掲げる運動はこれまで存在しなかった。しかし、労働組合が生活保護適用・改善を掲げ、改善運動に取り組むのがこの時期における特徴である。

　日雇労働者の労働組合である全日本土建一般労働組合、主に結核患者が療養所の改善運動に取り組んだ日本患者同盟、全国的に統一化された組織ではなかったが、低所得者の生活改善に取り組んでいた生活を守る会と健康を守る会などの運動も広がり、社会運動が隆盛した。他の社会保障制度は生活保障としての役割を果たすことができていなかったため、生活保護に運動が集中した。

第2項　民生委員による人権侵害の実態

　この時期の労働運動・社会運動による取り組みは、生活保護改善というよりも生活保護適用を求めるものであった。生活保護法（旧法）どおりの運用が行われていれば、適用運動というもの自体がなりたたないはずであるが、実際には日常的な人権侵害が発生していた。運動団体の機関誌（紙）には、生活保護を受給することができないという実態が示されている。

　例えば、日本患者同盟の機関誌『健康会議』の「生活相談」の中では、「兄は入院料の負担ができず、民生委員は生保を適用せず病院は全額免除にしてくれない〜六十五歳の老母と泣いている場合〜」という題名で、民生委員が生活保護の申請をさせず、医療

---

50) 後藤道夫「日本型社会保障の構造—その形成と転換」渡辺治編『日本の時代史27　高度成長と企業社会』吉川弘文館、2004年、190〜191ページ。

券（医療扶助の初診券）も発行してもらえないという相談が行われている[51]。さらに、「座談会　生活保護法について」では、小島貞夫（日本患者同盟幹事）が「民生委員にお願いして折角申請書を作つて貰つても、区役所の窓口で断られるような実情があるのです。現在とても起つている。折角民生委員の方々にお願いし手続しても、区役所の方が権威があるというか、はねられて、患者がどうしてよいかわからぬことがとても多いです」[52]と述べていることから、民生委員は適切な対応をしているが、行政職員の対応によって、生活保護受給が侵害されるケースも存在した。

　生活保護を受給できたからといって、安定した生活をおくることができたわけではない。「生活相談」の「その再査定・打切り・一部負担・附添料・生活扶助・減免規定のこと」では、医療扶助の取り扱いが変更したということで、「何か困ったことになるぞ、今度こそあの民生委員に打切られてしまうぞ」という不安を抱えて生活している保護受給者の声が紹介されている[53]。

　さらに、日雇労働者を中心とした労働組合である全日本土建一般労働組合・東京土建一般労働組合の機関紙『ぢかたび―職人と自由労働者の新聞―』においても、「生活保護法のうけ方」という読者からの質問に対して、「区の役人や民生委員は何だかんだといつてなかなかうけつけません」と実態が紹介されている[54]。さらに、

---

51) 朝倉純義「生活相談　生活保護をうけられる人のために」日本療養所患者同盟『健康会議（第1巻第4号）』1949年、36～37ページ。雑誌『健康会議』は、日本患者同盟の機関誌であるが、奥付では日本療養所患者同盟の編集となっている。

52)「座談会　生活保護法について」日本療養所患者同盟『健康会議（第1巻第3号）』1949年、18～19ページ。

53) 朝倉純義「生活相談　厳しくなる医療扶助の全貌」日本療養所患者同盟『健康会議（第1巻第5号）』1949年、36～38ページ。

54) 全日本土建一般労働組合・東京土建一般労働組合『ぢかたび（第24号、昭和25年4月下旬号）』1950年、3ページ。

日雇労働（失業対策事業）手帳の交付をもとめて、公共職業安定所に集団で訪れ、座り込みを続ける女性の実態を紹介する文章の中で、「民生委員は不親切」と小見出しがつけられ、実態が紹介されている。

第3項　民生委員による人権侵害を把握していた全日本民生委員連盟とGHQ

　上記のような実態については、全日本民生委員連盟とGHQも把握していた。民生委員についての様々な批判について、岸田は、民生委員制度の本質と伝統を理解せずに表面に現れた指示をそのまま鵜呑みにしていること、生活保護行政において自分の役割が唯一の使命であると錯覚していること、国家機関的な面が強調されて「援護ボス」となっているケースが一部であるが存在すること、12万数千人という民生委員の中には過ち（保護の適用を口実に或る種の要求する者や保護費を中間搾取する者など）を犯している者が一部であるが存在していること、を認めている。そのため、民生委員の役割を徹底するために『民生委員読本』が編纂されている。

　GHQにおいても、地方軍政部/民事部からの『福祉活動報告』によって、民生委員の活動の実態は把握されており、民生委員制度についての議論がされていた。しかし、『福祉活動報告』では、東京都、広島県、三重県、和歌山県、静岡県、福井県などの軍政部/民事部から、民生委員が保護申請権を否定している、不服申立制度の手続きをしない、記録が不正確で要保護世帯の収入を正確に把握していない、調査を行っていない、方面委員に似た活動を

---

55) 全日本土建一般労働組合・東京土建一般労働組合『ぢかたび（第27号、昭和25年5月下旬号）』1950年、4ページ。
56) 岸田『民生委員読本』前掲書、100〜113ページ。

行っている、民生委員の多くが僧侶である、民生委員の思想が民生委員法と逆行している、役場吏員と民生委員とが結託して積極的な保護抑止策をとっている、民生委員が公的扶助を権利として認めているかわからない、といった問題が報告されている[57]。

岸田は、1つか2つのケースを誇張して、それが全体の問題点であると周りから批判されていると述べているが、運動団体の機関誌（紙）と『福祉活動報告』を分析すると明らかなように、民生委員や行政の職員による人権侵害は日常的に行われていたと考えられる。

第4項　労働組合による生活保護適用・改善運動の取り組み

社会保障制度や「総合的失業対策」で生活が保障されない多くの生活困窮者は、生活保護の受給を求めるようになるが、円滑に保護受給できるわけではなかった。労働運動・社会運動が生活保護適用・改善に取り組むことにより、行政と激しい対立を生むことになる。

1948年2月には、生活保護改善の共闘組織として、全患同盟、国患同盟（両者は3月に統一して日本患者同盟となる）、国療同盟、産別会議、引揚者団体全国連合会、東京都引揚者団体連合会、労農救援会、新日本医師連盟、自由法曹団の9団体で生活保護改善期成同盟（同盟委員1400万人）が結成された。生活保護改善期成同盟は、①保護費を全額国庫負担とされたい、②保護費単価（扶助支給額その他）および保護費国庫予算を増額されたい、③保護にかかわる生活査定基準を引き上げられたい、④生活保護法を積極

---

57) 田中壽『戦後社会福祉基礎構造改革の原点―占領期社会事業と軍政―』筒井書房、2005年、123～127ページ。田中壽は、静岡軍政/民事部厚生課技術顧問を経験し、その後は静岡県や厚生省での勤務を経て、国立国会図書館調査立法考査局でGHQ/SCAPINの内部文書の整理・分析を行っていた。同書では、豊富な資料分析が行われている。

的に運用されたい、⑤民生委員を公選制とし、民生事業を民主化し、強化されたい、⑥その他保護法令の改正・改善を速やかに実現されたいと、改善要求を実現するために、国会請願行動・署名行動を積極的に行った[58]。

ここで注目すべきは、生活保護改善期成同盟に戦争直後の労働運動をリードしていた産別会議が加わっていた点である。産別会議は、1948年2月の第4回大会における運動方針で、失業対策の拡充、失業保険制度の拡充、失業保険制度の改正等、従来の方針を堅持しつつも、生活保護の改善闘争の精力的な組織化を掲げた。具体的には、①保護費の全額国庫負担、②保護費の増額、③保護法の積極的運用、④民生委員の公選制と事業の民主化、全国的に請願運動を起こすというものであった[59]。産別会議が生活保護適用・改善運動に取り組み始めたことは、運動や保護受給者などに重要な変化を起こしたが、一方で、失業問題への取り組みとの関連で、労働組合がどこまで生活保護適用・改善運動に取り組むべきかという根本的な問題も問われることになった[60]。

---

58) 社会保障運動史編集委員会編『社会保障運動全史』労働旬報社、1982年、72～73ページ、741～742ページ。

59) 井上英夫「生活保護法の形成過程と機能（中）」早稲田大学法学会『早稲田法学会誌（第28巻）』1978年、45ページ。

60) 産別会議が生活保護適用・改善運動に取り組んだことに対して、「当時の労働組合のナショナルセンターであった産別会議が参加し、運動経験の浅い諸団体を指導して、1946年11月3日に公布された新憲法の第25条（生存権）をよりどころに、『恤救規則』、『救護法』（1929年）以来の封建的・慈恵的内容と制限的取扱いを強く批判して、法の改善と保護適用拡大の運動を組織的に展開したのが特徴である。この期成同盟の活動は、1950（昭和25）年に改正された新（現行）生活保護法に憲法第25条の理念を反映させるなど、一定の役割を果たすことになった」と肯定的な評価がある一方で（社会保障運動史編集委員会編『社会保障運動全史』前掲書、73ページ。編集代表は沼田稲次郎が務めていた）、井上は「失業対策としては本来消極的な生活保護法の適用へと向わざるを得ない（しかも請願運動として）労働者の運動の追い込まれた状態が如実に語られている」と指摘している。同上書、44～45ページ。

第5項　日本患者同盟の取り組み

　日本患者同盟は、生活保護の適用運動と改善運動を行っていた。具体的には、最低生活の算出の仕方（具体的な生活扶助基準額）、基準額は尺度に過ぎないこと、医療扶助の場合の基準額は高いことを紹介し、生活保護受給の要件を満たしているかを相談者に対して示すことによって、申請行動につなげている[61]。また、生活扶助基準額の変更で生活保護受給の可否が変わってくるため、生活扶助基準額が変更するたびに改定内容を解説している[62]。生活相談をしても生活保護を受給できないという民生委員に対しては、『健康会議』で解説した生活扶助基準額を利用して生活保護申請を認めさせること[63]、それでも申請ができない場合は、都道府県の厚生課や厚生省の社会局に直接陳情することを勧めるなど、実践的な取り組みの紹介がされている[64]。

　日本患者同盟は、同時に生活保護法改善にも取り組んでおり、第1回中央委員会では、「生活保護法の改善」を掲げ、ストレプマイシンの適用運動等を行っていた[65]。さらには、生活保護改善期成同盟の中心的役割も担っており、全国的に署名運動を行って、国会へと請願していた[66]。

---

61) 朝倉純義・岩本辰雄「生活相談　生活保護法のうけ方」日本療養所患者同盟『健康会議（第1巻第2号）』1949年、24～25ページ。

62) 朝倉純義「生活相談　第十次生活扶助基準額はどう改正されたか―最低の生活を守るために、医療の扶助を受けるために、打切、停止、一部負担を、不服申立で喰いとめるために」日本療養所患者同盟『健康会議（第1巻第6号）』1949年、36～38ページ。

63) 朝倉純義「生活相談　引揚者の問題（他）―医療はただで、簡単に心配なくうけたい―」日本療養所患者同盟『健康会議（第2巻第4号）』1950年、32～33ページ。

64) 朝倉純義「生活相談　生活保護をうけられぬ人のために」日本療養所患者同盟『健康会議（第1巻第4号）』1949年、36～38ページ。

65) 日本患者同盟四〇年史編集委員会編『日本患者同盟四〇年の軌跡』法律文化社、1991年、54～57ページ。

66)「座談会　生活保護法について」日本療養所患者同盟『健康会議（第1巻第

不十分ながらも国民皆保険が実現している今日とは異なり、療養所の入所者にとっては、十分な医療を受けることは切実な要求であった。戦争被害により、工場の消失や破壊、軍需生産の停止で、大量の失業者が発生し、第二次世界大戦以前に作られた健康保険制度の被保険者数は半数に減少した。国民健康保険も同様であり、終戦までに全町村の98％、六大都市を除く63％に組合が設立され、組合数は1万、被保険者数は4千万人を超えていたが、社会的混乱状況の中、保険料の徴収は困難になっており、過半数の組合が事業の不振・休止に追い込まれていた。[67]当時の状況からすれば、生活保護（医療扶助）に患者が集中してくるのは当然であったが、切実な要求（運動）に対しても厳格な対応がとられ続けていた。

第6項　全日本土建一般労働組合の取り組み

全日本土建一般労働組合も生活保護適用運動と改善運動に取り組んでいた。全日本土建一般労働組合は、日雇労働者と失業対策事業で働く労働者の労働組合であり、運動の目的は「仕事よこせ」、「賃金を上げろ」であった。しかし、「総合的失業対策」が機能しない中、運動方針に生活保護法（旧法）の適用を求めるようになる。

東京土建一般労働組合は1949年8月に被馘首者同盟、失業者同盟等、14団体の共同で主催した失業者大会で、「①仕事よこせ、輪番制度反対、②あぶれなくせ、③手間を三〇〇円にせよ、④あぶれた者に生活保護法を適用せよ、⑤失業手当の一〇〇％支給、期間を一年にせよ、⑥失業者、日雇い労働者に健保・失保を適用せ

3号）』1949年、16ページ。

67）吉原健二・和田勝『日本医療保険制度史（増補改訂版）』東洋経済新報社、2008年、122〜123ページ。

よ」などの要求を東京都と労働省に提出した。これに対して、労働省は就労枠拡大と「生活保護法の適用に努力する」ことを東京土建一般労働組合に対して、確約した。[68]

ただし、生活保護法の適用に努力すると確約したのが、厚生省ではなく、労働省であることは留意しなければならない。これ以降、東京土建一般労働組合は、「生活保護法の全面適用！医療保護の完全実施！」を運動のスローガンにしていくことになる。[69]具体的には、機関紙上で生活扶助基準額を示して、民生委員や行政の職員に拒否されても、それを利用して生活保護の申請を行うこと、[70]生活保護法の適用を求めて、東京都庁の前に座り込んでの交渉、[71]婦人による開かれた生活相談所（生活保護法、病気の相談、託児所の問題）の開設などで、生活保護法の適用運動に取り組んでいた。[72]

全日本土建一般労働組合と日本患者同盟の他にも、1948年頃からは、全国生活と健康を守る会の前身である、健康と医療、地域要求や生活問題など多様な要求を取り上げた健康を守る会と、主として生活保護に関する要求に取り組んだ生活を守る会が、全国各地で結成された。[73]これによって、「失業者や低所得者・患者・障害者など、いわゆる予備軍や沈殿層とみられる階層の生活要求

---

68) 全日本自由労働組合編『全日自労の歴史』労働旬報社、1977年、32～34ページ。
69) 東京土建一般労働組合『ぢかたび（第21号、1949年12月7日号）』1949年、1ページ。
70) 全日本土建一般労働組合・東京土建一般労働組合『ぢかたび―職人と自由労働者の新聞―（第24号、昭和25年4月下旬号）』1950年、3ページ。
71) 全日本土建一般労働組合・東京土建一般労働組合『ぢかたび―職人と自由労働者の新聞―（第23号、昭和25年4月中旬号）』1950年、1ページ。
72) 全日本土建一般労働組合・東京土建一般労働組合『ぢかたび―職人と自由労働者の新聞―（第29号、昭和25年6月中旬号）』1950年、4ページ。
73) 全国生活と健康を守る会連合会『全生連運動の50年』2004年、18～20ページ。

やそのたたかい」を担う「世界に例をみない困窮者の組織」化が進められた[74]。

この時期の各種運動団体の取り組みの特徴は、生活保護の適用運動であり、菅沼隆が指摘するように、生活保護法（新法）の制定における新しい理念や原理原則を主張・要求していたわけではなかった[75]。しかし、後に分析する不服申立制度を積極的に活用しようとする取り組みや、国会での請願運動の中には、生活保護の適用を求める運動とは異なり、憲法25条（生存権）に相応しい制度を構築しようという提言も含まれていた。具体的には、次章で分析する。

第7項　運動の「尖鋭化」と行政との対立

ここまで分析してきたように、厚生官僚、都道府県及び市町村の行政職員、民生委員は、生活困窮者を目の前にしても、生活保護の適用には一貫して消極的な対応をとり続けた。生活困窮者にとっては、生活保護受給の可否は死活問題であったことから、各種運動団体の取り組みは、行政職員や民生委員と激しい対立を生み出し、「尖鋭化」していった。

この時期に、厚生官僚は全国各地で盛り上がる運動に対して、具体的な対策をとることはなかったが、「感情的に尖鋭化」した要求であると強く批判し、「生活保護としての態度」を明確にしていくことになる。このような厳しい対立状況をはらんだ上で、生活保護法は新法改正へと向かっていく。

74）社会保障運動史編集委員会編『社会保障運動全史』前掲書、70ページ、92～94ページ。

75）菅沼隆「被占領期の生活保護運動―日本患者同盟の組織と運動思想を中心に―」社会事業史学会『社会事業史研究（第30号）』2002年、48ページ。

第7節　不服申立制度の導入と権利性の否定

第1項　不服申立制度導入以前の取り組み

　生活保護法の改正のきっかけとなったのは、旧法の制定時には否定された不服申立制度の導入である。不服申立制度が実施されたのは、愛知県知事からの疑義紹介を経た1949年5月からである。しかし、正式に不服申立制度が導入される以前から、都道府県の中には類似した制度が実施されていたことが先行研究によって明らかにされている。例えば、菅沼隆は、知事からの疑義照会があった愛知県の他にも、山口県や福井県で不服申立制度が実施されていたことを指摘している[76]。しかし、各都道府県における不服申立制度の実施状況や導入の経緯は十分に明らかにされておらず、生活保護法成立過程の重要な研究課題となっている[77]。

　その後、田中壽による、1947年2月の広島軍政部報告、1947年7月の埼玉軍政部報告の分析を通じて、生活保護の決定した内容に不服があった場合は、市町村や都道府県の担当者に申し出る制度が存在していたことが明らかにされている。ただし、被保護者が不服申立制度を知らない、民生委員に遠慮して制度を利用しようとしない、制度の手続法が確立していないなどの問題点があり、実際にはほとんど活用されていない状況であった[78]。

　本節では、各都道府県の取り組み状況、運動団体の対応、愛知県と厚生省のやり取りの中で、権利性がいかに取り扱われたかを分析していく。

76）菅沼『被占領期社会福祉分析』前掲書、238～243ページ。
77）村上『占領期の福祉政策』前掲書、280ページ。
78）田中『戦後社会福祉基礎構造改革の原点―占領期社会事業と軍政―』前掲書、97～101ページ。

第2項　愛知県知事からの疑義照会と厚生省の回答＝権利性の否定

　不服申立制度が実施されたきっかけは、愛知県知事からの疑義照会である。1949年2月5日「生活保護法の疑義についての照会」(社会第79号　厚生省社会局長宛　愛知県知事照会) では、要保護者が保護に対する異議がある場合は、救済機関 (民生委員、市町村長、地方事務所長、県知事) に異議の申し立てをできるようにしているが、これを実施する時にいくつか疑義があるということが問い合わされた。疑義照会の中身は、生活保護を要する者が保護請求権を有しているのか、保護請求権が認められていないとすれば、生活保護法 (旧法) と憲法25条 (生存権) がいかなる関係にあるのかということであった[79]。

　これに対する厚生省の回答として、同年3月1日「生活保護法の疑義に関する件」(社乙発第55号　愛知県知事宛　厚生省社会局長回答)[80] が出された。厚生省は、生活保護法 (旧法) は憲法25条の生存権を具体的に立法化したものであるが、憲法25条自体が具体的な請求権を有しておらず、プログラム的意義にとどまっているので、保護請求権は認められない＝「反射的利益」に過ぎないという従来の考え方を示した。

　これは、生活保護法 (旧法) 制定時と同じく、生活保護のみならず、憲法25条の具体的な権利性をも否定するものであった。しかし、異議申立 (不服申立) 制度に関しては、愛知県の取り組みを評価し、訴願法が全面的に改正されることもあり、保護救済の手段を早急に樹立する必要があるため、省令改正について「鋭意考究中」であると回答した[81]。

---

79) 厚生省社会局編『生活保護法関係法令通知』前掲書、247～248ページ。
80) この回答は、愛知県知事宛とともに、全国の都道府県知事に対して、通知されている。
81) 厚生省社会局編『生活保護法関係法令通知』前掲書、248～252ページ。

第3項　不服申立制度の導入と実施状況

不服申立制度は生活保護法施行規則の一部改正という形で、1949年5月1日から実施された（1949年4月21日「生活保護法施行規則の一部改正に関する件（各都道府県知事宛　厚生省社会局長通知）」）[82]。不服申立制度は、「法律的には既に旧法の枠をはみ出ている制度」であり、生活保護法（新法）制定のきっかけになったが[83]、権利性の否定という点は引き継がれており、そのことが新法制定とどのように関わっていたのかを注意深く分析しなくてはならない。ちなみに、不服申立制度は、制度導入後の1949年5月～9月は申立件数が173件、新法制定後の1951年1月～9月もわずか68件にとどまっており、数字の上では必ずしも有効的に活用されたとはいえない[84]。

不服申立制度が導入された契機として、労働運動・社会運動の役割を強調する岸勇や井上英夫の研究に対して、田中壽はマーチン・シェリーの愛知民事部在任（1949年1～9月）時の「月例報告」には、労働運動・社会運動のことが触れられていないとして両者の関係に疑問を呈している[85]。たしかに、労働運動・社会運動は、生活保護適用を求めており、明確に不服申立制度の導入を求

---

82) 小山『改訂増補　生活保護法の解釈と運用』前掲書、158ページ。
83) 同上書、38ページ。小山は、「不服申立という制度は素直に考えれば、法律的には既に旧法の枠をはみ出ている制度であって、法解釈として旧法の建前と調和させようとして試みられている理論構成そのものが、裏返せばその儘旧法のどの部分が改正されなければならないかを示しているものなのである」と率直に述べている。また、同時期に厚生省社会局保護課職員であった高橋三男も生活扶助基準額算定方式の策定と不服申立制度の導入が生活保護法（新法）制定への直接的契機であったと述べている。高橋三男「小山さんと新法制定の二つの動機」厚生省社会局保護課編『生活保護三十年史』社会福祉調査会、1981年、303～306ページ。
84) 小山『改訂増補　生活保護法の解釈と運用』前掲書、663～667ページ。
85) 田中『戦後社会福祉基礎構造改革の原点―占領期社会事業と軍政―』前掲書、99～102ページ。

めたものは見当たらない。厚生官僚は、不服申立制度の導入に一貫して消極的であったにもかかわらず、アーヴィン・マーカソン（公衆衛生福祉局福祉部行政及公共扶助課長）が、公的扶助実施に必要な民主主義の原則として、不服申立制度が不可欠であると総括していること[86]、フィリップ・ボーリッシュ（第八軍民事局社会部公共福祉課）が不服申立制度の導入が徹底されていないと指摘していること[87]などからも、GHQ が主導したものとも考えることができる。

　不服申立制度がどのように、誰が主導で実施されたかは重要なことである。しかし、どのように活用されたかに目を向ければ、日本患者同盟のように、憲法25条の生存権保障に相応しい社会保障制度の実現を目指すため、不服申立制度を積極的に活用することで、現状を変えていこうとする運動も存在した[88]。権利保障実現としての不服申立制度の活用という日常的な運動が、生活保護改善に向けた国会への請願を含む幅広い実践につながっていった。

第8節　社会保障制度審議会の設置と「生活保護制度の改善強化に関する勧告」

第1項　社会保障制度審議会の設置

　ここまで、生活保護法（旧法）の具体的運用を分析してきた。不服申立制度の導入、生活扶助基準額決定方法の策定、生活保護適用運動の「尖鋭化」、被保護者層の変化によって、法律改正への機運が徐々に高まりつつあった。本節では、不服申立制度の導入と

---

86) 日本社会事業専門学校編『現代社会事業の基礎（Basic Papers on Social Work）』前掲書、30〜32ページ。
87) 同上書、34ページ。
88) 朝倉純義「生活相談　生活保護の不服申立について―適正な取扱いをうけていない困つている人のために、国民の生活を本当に保障する社会保障制度をつくるために―」日本療養所患者同盟『健康会議（第1巻第7号）』1949年、33〜35ページ。

ともに、新法制定に大きな影響を与えることになった、社会保障制度審議会「生活保護制度の改善強化に関する勧告」について分析する。

社会保障制度審議会は、1948年7月のアメリカ社会保障制度調査団報告書(「ワンデル勧告」)の「勧告の概要」の中に、「国会並びに責任ある政府行政機関とに対して、社会保障に関しての企画、政策決定、法律制定の面に於ての勧告をなす為に、内閣と同列の諮問機関を設置する事[89]」が含まれていたことを受けて、同年12月に社会保障制度審議会設置法案(1948年法律第266号)が可決され、設置された。

社会保障制度審議会は、第1回総会を1949年5月に開催した。総会では、国民生活が深刻化していく中、社会保障への要請が求められているが、社会保障の整備を実現するための財政経済的基盤は楽観視できない状況であることが確認された。そして、大内兵衛が会長、末高信が副会長に、厚生次官の葛西嘉資が常務委員に就任した。同月開催の第2回総会では、運営、綜合企画、社会医療、社会保険、公的扶助の5つの小委員会を設けることが決定された。公的扶助小委員会のメンバーは、青柳一郎(委員長、民主自由党衆議院議員)、姫井伊介(緑風会参議院議員)、山下義信(日本社会党参議院議員)、坂田太郎[90]、萩田保(地方財政委員会事務局長)、原泰一(全日本民生委員連盟会長)、勝俣稔(元厚生省公衆衛生局長)、湯浅佑一(日本経営者団体連盟)であった[91]。

第2項　公的扶助小委員会における議論

「経済安定九原則」や「ドッジ・ライン」の影響で失業者や生活

---

89) 社会保障研究所編『戦後の社会保障(資料)』前掲書、30〜31ページ。
90) 坂田太郎については、所属などを確認することができなかった。
91) 総理府社会保障制度審議会事務局編『社会保障制度審議会十年の歩み』社会保険法規研究会、1961年、73〜76ページ。

困窮者が大量に発生して、緊急的対応が迫られる中、公的扶助小委員会は開催された。具体的な日程は、第1回委員会は1949年6月23日、24日、第3回及び第4回委員会は7月21日、22日、第5回及び第6回委員会は8月22日、23日であった[92]。

　第1回（第2回）公的扶助小委員会では、公的扶助の定義や範囲を、諸外国の例や日本の制度を分析して振り返った上で、生活保護法（旧法）が抱えている問題について検討されている。その中では、生活保護は「反射的利益」に過ぎないとして権利性が否定されているが、その権利を認めるかどうかということ、企業整理や行政整理に伴う失業者や給料遅配の労働者に対して、生活保護法にいかなる影響を与えるか、また、そもそも適用すべきかということが議論されていた。さらに、労働争議に参加した労働者に対して、生活保護を適用するか否かということも、議論にはなったが結論は結局出なかった[93]。

　第1回公的扶助小委員会では、木村忠二郎厚生省社会局長が現状報告を行っているが、生活保護の受給に関して、「反射的利益」に過ぎないという理解には問題が残るという指摘をしている。この指摘は、それまでの行政解釈を転換させるきっかけになる可能性もあり、積極的に評価できる。しかし、同時に木村は行政整理、企業整理などによる失業者への生活保護法（旧法）の適用は量的にも質的にも問題が発生する、労働争議や給料遅配により生活困窮に陥った者への生活保護の適用には相当問題がある、医療扶助の費用が増加傾向にあり、「相当厳しい手を打たなくてはならな

---

92) 第2回公的扶助小委員会の議事録は資料に含まれていないが、他の開催状況から6月24日が第2回委員会だと思われる。なお、日程については次に引用する資料に記載されていた日程を参考にしている。

93) 木村忠二郎文書資料ファイル名「公的扶助小委員会議事録（要旨）第一回〔昭24.6.23-24〕」寺脇隆夫編『マイクロフィルム版　木村忠二郎文書資料　戦後創設期/社会福祉制度・援護制度史資料集成（第Ⅰ期）』前掲、リール No.58、コマ番号139。

い」とも述べており、これまでの厳格な対応を肯定する発言もしている。[94]

　第3回及び第4回公的扶助小委員会では、「最低生活保障制度の確立に関する勧告案」の検討を行っており[95]、第5回及び第6回公的扶助小委員会では、英国及び米国の公的扶助について検討を行い、社会保障制度における公的扶助の占める地位について審議している。[96]

第3項　「最低生活保障制度確立に関する勧告案」の意義と問題点

　当初、公的扶助小委員会は、生活保護制度の改善を実現して、最低生活保障を確立すべきと考えていた。結果的には、「生活保護制度の改善強化に関する勧告」という名称案に変更されたが、委員会では「最低生活保障制度の確立」が議論されていた。木村忠二郎文書資料の中には、「最低生活保障制度の確立に関する勧告案」として確定するまでのいくつかの文書が残されており、どれが社会保障制度審議会総会に出されたものか確定することはできない。委員会で議論されていく過程でどのように中身が変化していった

---

94) 木村忠二郎文書資料ファイル名「第一回公的扶助小委員会に於ける厚生省社会局長の説明要旨」寺脇隆夫編『マイクロフィルム版　木村忠二郎文書資料　戦後創設期/社会福祉制度・援護制度史資料集成（第Ⅰ期）』前掲、リールNo.58、コマ番号150。
95)「最低生活保障制度の確立に関する勧告案」は、何度か変更されながら最終的に決定した名称である。木村忠二郎文書資料ファイル名「公的扶助小委員会会議録　第三回/第四回〔昭24.7.21/22〕」寺脇隆夫編『マイクロフィルム版　木村忠二郎文書資料　戦後創設期/社会福祉制度・援護制度史資料集成（第Ⅰ期）』前掲、リールNo.58、コマ番号141。
96) 木村忠二郎文書資料ファイル名「公的扶助小委員会会議録　第五回/第六回〔昭24.8.22/23〕」寺脇隆夫編『マイクロフィルム版　木村忠二郎文書資料　戦後創設期/社会福祉制度・援護制度史資料集成（第Ⅰ期）』前掲、リールNo.58、コマ番号142。

第5章　生活保護の体制整備と稼働能力者への厳格な対応

資料1　「最低生活保障制度確立に関する勧告案（1949 年 8 月）」の基本原則に関する内容

　現行生活保護制度に対し次に述べるような改善を加え、名実共に具った最低生活保障制度を確立すべきことを勧告する

第一　法律の基本原則に関するもの

（一）　「国は凡ての国民に対しこの法律の定めるところにより、その最低生活を保障する。国の保障する最低生活は健康で文化的な生活を営ませ得る程度のものであって、勤労能力のあるものに対しては、その者の勤労によりその生活を再建させ得る程度のものでなければならない。」ことが明記されねばならない。

（二）　各種の救済福祉制度及社会保険制度における給付金等は凡て少くとも右の最低生活を保障する以上のものたることを建前とすることが明かにされねばならない。

（三）　他の手段により最低生活を営むことの出来ぬものは当然に権利として公の扶助を請求し得るものであるという建前が確立されねばならぬ。従って公の扶助を申請して却下された者及び現に受けている扶助につき不服のある者はその是正を法的に請求し得るようにしなくてはならない。

（四）　保護の欠格条項をもっと明確にしなければならない。

出典）木村忠二郎文書資料ファイル名「最低生活保障制度確立に関する勧告案」寺脇隆夫編『マイクロフィルム版　木村忠二郎文書資料　戦後創設期/社会福祉制度・援護制度史資料集成（第一期）』柏書房、2010 年、リール No.58、コマ番号 226～228、より筆者が作成。

注1）旧字体は新字体に改めた。

注2）詳細は第6章第5節で分析するが、1949 年 7 月の社会保障制度審議会総会で、青柳一郎公的扶助小委員会委員長が勧告案の報告を行った際には、「保護の欠格条項は削除すべき」と提案した。しかし、上記の勧告案や実際の勧告では「保護の欠格条項は明確にすべき」と変更され、以降、「欠格条項」の扱いは一貫している。

かを分析することも重要であるが、本書では、書き込みがされていない文書が実際に提出された最終案（もしくは最終案に限りなく近いもの）と考え、そこにおける意義と問題点を分析していく（**資料1**）。

　「最低生活保障制度確立に関する勧告案」では、生活保護制度の

改善を実現して、名実ともに最低生活保障制度を確立することを強調している。そして、「第一　法律の基本原則に関するもの」では、（一）国家が国民に対して、健康で文化的な最低生活を保障しなければならず、勤労能力のある者は勤労によって生活を再建できる程度でなければならないこと、（二）救済福祉制度及び社会保険制度による給付金は少なくとも、最低生活保障以上であることが明記されなければならないこと、（三）他の手段により最低生活を営むことができない者に対しては、保護請求権が確立されなければならないこと、（四）保護の欠格条項をもっと明確にしなければならないことが書かれていた。（一）と（三）では、最低生活保障に対する国家の義務と国民の権利について、（二）では、今日の社会保障制度でも常に問題とされる社会保障制度における生活保護制度の機能についての言及がされており、今日からみても意義がある。

　法律の基本原則以外にも、「第四　保護の内容に関するもの」では、（一）今日の生活保護行政は消極的すぎるから、もっと積極的に運用した上で、経済更生的施策を拡充し、「ボーダーライン」層の人々が生活保護に落ち込まないようにしなくてはいけないと指摘している[97]。

　しかし、法律の基本原則の（四）の保護の「欠格条項」に関する部分には、いかに保護請求権を明確にしたとしても、保護受給者に何らかの制限を加えるという恩恵的思想が根強く残っている。以後、社会保障制度審議会、生活保護法（新法）法案作成過程や国会での審議の過程を分析していくが、保護の「欠格条項」の問題は、稼働能力者の問題と関連付けられ、議論されていくことに

97）木村忠二郎文書資料ファイル名「最低生活保障制度確立に関する勧告案」寺脇隆夫編『マイクロフィルム版　木村忠二郎文書資料　戦後創設期/社会福祉制度・援護制度史資料集成（第Ⅰ期）』前掲、リール No.58、コマ番号 226〜228。

なる。

第4項 「最低生活保障制度確立に関する勧告案」から「生活保護制度の改善強化に関する勧告案」への変更

　公的扶助小委員会で決定された「最低生活保障制度確立に関する勧告案」は、1949年8月の社会保障制度審議会第5回総会に提出された。青柳一郎委員長は即日決定することを求めた。しかし、大内兵衛会長からは、社会保障制度の基本原則も含めて、最低生活保障に関してはこれから審議会で議論しようとしていること、近藤文二委員からは、国民の最低生活保障というよりも現行の生活保護法の欠陥を是正するという形にすべきことが指摘されるなど、慎重論が噴出した。

　それを受けて、公的扶助小委員会は同年9月の第6回総会が開催される前に委員会を開催した。委員の中には、社会保障制度の基本原則が定まらないうちに、単独の勧告を出すことは混乱を招くのではないかと危惧し、提出を慎重に考えるべきという慎重論もあった。しかし、湯浅佑一委員は、「ドッジ・ライン」による失業者の激増、社会不安の防止が急を要すること、最低生活保障といっても実質的には生活保護制度の改善強化であることから、表題を「生活保護制度の改善強化に関する勧告案」へと名称変更すべきだと主張した。「生活保護制度の改善強化に関する勧告案」は、公的扶助小委員会での議論を経て、改めて第6回総会に提出され、了解を得た。9月13日には、吉田茂内閣総理大臣に提出され、同様のものが厚生大臣及び大蔵大臣に提出された[98]。

　「最低生活保障制度確立に関する勧告案」から「生活保護制度の改善強化に関する勧告案」へと変化していく過程を分析していく

---

98) 総理府社会保障制度審議会事務局編『社会保障制度審議会十年の歩み』前掲書、80～81ページ。

と、医療・保健制度、年金保険、社会福祉、社会手当、公衆衛生などの体系化された社会保障制度で、最低生活保障を実現するのではなく、最低生活保障＝生活保護制度で対応するという今日にも共通する枠組みがすでに形成されたことが確認できる[99]。もちろん、当時の社会経済的状況で、社会保険制度調査会、社会保障研究会、「ワンデル勧告」、憲法25条の議論における日本社会党の主張のように、総合的社会保障がどの程度実現できたのかという現実的な問題は残されている。しかし、ここでは最低生活保障が生活保護制度の議論に矮小化されていく過程が重要であり、そのことが今日にも影響を与えているという点をみておかなくてはならない。

　生活保護は、実際は質・量ともに極めて不十分であったが、大量の失業者に対する生活保障も含めて、低水準な社会保障・失業対策、「社会不安」の防止としての過重な役割を担わされることになった。

第5項　「生活保護制度の改善強化に関する勧告」の意義と問題点

　「生活保護制度の改善強化に関する勧告」は、生活保護法（新法）制定にも大きな影響を与えたので、詳細を分析していく（**資料2**）。

　「生活保護制度の改善強化に関する勧告」の「原則」では、「（一）国は凡ての国民に対しこの制度の定めるところにより、その最低生活を保障する。国の保障する最低生活は健康で文化的な生活を営ませ得る程度のものでなければならない。（二）他の手段

---

99) 先行研究の総括でも述べたが、井上英夫はこの点を強調している。井上英夫「生活保護法の形成過程と機能―新生活保護法の制定と新・旧生活保護法の性格・機能をめぐって―」茨城大学政経学会『茨城大学政経学会雑誌（第40号）』1980年、34～35ページ。

資料2 「生活保護制度の改善強化に関する勧告(1949年9月)」の原則に関する内容

> 　現行の生活保護制度の採っている無差別平等の原則を根幹とし、これに次に述べる原則並びに実施要領により改善を加え、もって社会保障制度の一環としての生活保護制度を確立すべきことを勧告する。
> （原則）
> 　（一）　国は凡ての国民に対しこの制度の定めるところにより、その最低生活を保障する。国の保障する最低生活は健康で文化的な生活を営ませ得る程度のものでなければならない。
> 　（二）　他の手段により最低生活を営むことのできぬものは当然に公の扶助を請求し得るものであるという建前が確立されねばならぬ。
> 　　　　従って公の扶助を申請して却下された者及び現に受けている扶助につき不服のある者は、その是正を法的に請求し得るようにしなければならない。
> 　（三）　保護の欠格条項を明確にしなければならない。

出典）社会保障研究所編『戦後の社会保障（資料）』至誠堂、1968年、169～170ページ、より筆者が作成

により最低生活を営むことのできぬものは当然に公の扶助を請求し得るものであるという建前が確立されねばならぬ。従って公の扶助を申請して却下された者及び現に受けている扶助につき不服のある者は、その是正を法的に請求し得るようにしなければならない。（三）保護の欠格条項を明確にしなければならない」とされており、無差別平等、最低生活保障における国家の責任、保護請求権、不服申立制度の導入など、GHQ/PHWやSCAPIN775「社会救済」で示された公的扶助の基本原則をとり入れることが明確にされた。

　しかし、「（三）保護の欠格条項を明確にしなければならない」と無差別平等の意義を失わせた、旧法最大の問題点を新しい法律に明記しようとしていたことは、見落としてはならない。さらに、「実施要領」の「第一　保護機関に関するもの」では、「（三）市町

村長及びその指定するものは保護施設及び保護費の支払を受ける医療機関を監査し得ることとすべきである。(四)民生委員は次に掲げる事項につき市町村長の行う保護に協力するものとすべきである。…(3) 保護を受ける者の生活指導を行うこと」[100]と木村社会局長が挙げていた医療費削減のための「相当厳しい手」としての監査機能の強化、GHQや運動団体からも批判の的となっていた民生委員の活用など、生活保護法（新法）下でも問題となる内容が含まれていた。

一方、「第四　保護費に関するもの」では、「(一) 現行の8、1、1、の負担区分は地方負担過重に失し、この制度の円滑なる実施に対する障害をなしているから、地方負担の軽減を図るようにしなければならない。…(三) 国及び地方公共団体はこの制度の実施に要する必要にして十分な金額を予算に計上し且つ支出しなければならないことを法律に明記すべきである」[101]と、不十分な生活保護予算と地方負担分が、生活保護行政の日常的な人権侵害を生みだしていることをふまえて、国庫負担割合の増額と十分な予算措置の条文化を提言している。このことは、国庫負担割合の削減が議論されている今日からみると、改めて評価されなければならない点である。

「生活保護制度の改善強化に関する勧告」は、生活保護行政における厳しい態度が示すように、恩恵的思想を払拭できていない消極的な側面と、救貧制度とは全く異なる公的扶助の基本原理を取り入れようとする積極的な側面という二面性をもっているといえる。この勧告が、生活保護法（新法）案が作成、国会で議論されていく過程で、具体的にどのような影響を与えたかは次章で分析する。

---

100) 社会保障研究所編『戦後の社会保障（資料）』前掲書、170ページ。
101) 同上書、170ページ。

第6項 「生活保護制度の改善強化に関する勧告」の作成者とその意図[102]

「生活保護制度の改善強化に関する勧告」は、内容と生活保護法（新法）制定にいかなる影響を与えたかが重要であるが、誰によって作成されたかもみておかければならない。これについては、1969年の『生活と福祉』誌上で行われた、日本社会事業大学の学監であった仲村優一と厚生省社会局保護課長であった小山進次郎との対談で、小山が事実を語っている（以下の「」部分は、対談からの引用である）[103]。

仲村は勧告の作成に関して、小山が深く関わっていたのではないかと聞くと、小山は率直に「私の作文なんです」と答えている。そして、勧告に「保護の欠格条項」が含まれていることを問われると、社会局保護課の伝統であることを認めながら、「やっぱり保護というものはそういう厳しさを伴ったものなんですね。無差別平等ではあるけれども、受けるには、受ける者の欠格条件というものがあるというんで、それに該当するようなことがあるとすれば、これは、いかに無差別平等な保護といえども及び得ないんだ」と無差別平等を基本とする公的扶助にも「欠格条項」が不可欠であることを明確に述べている。

しかし、「欠格条項」が新法に明記されなかった点は、生活保護法（旧法）とは大きく異なっている。ただし、「法文化の段階で、多分うやむやの格好になっているはずですわ」と、小山は「欠格条項」を明文化しなかったものの、別の形で残したことを示唆し

---

102) 本項は、村田隆史「生活保護法における『自立』規定に関する一考察―小山進次郎氏の文献分析を通じて―」日本福祉図書文献学会『福祉図書文献研究（第9号）』2010年、66～67ページをもとにしている。

103) 小山進次郎・仲村優一「(対談) 公的扶助のあゆみ100年―新生活保護法制定―」全国社会福祉協議会『生活と福祉（第153号）』1969年、10～16ページ、同「(対談) 公的扶助のあゆみ100年―新生活保護法制定―」全国社会福祉協議会『生活と福祉（第154号）』1969年、14～22ページ。

ている。これらの発言は、小山が公的扶助の原則である無差別平等を十分に受け入れられなかったことを示している。

仲村は小山に対して、「保護の欠格条項を明確にしなければならない」と勧告に含まれていることと、新生活保護法第1条に「自立助長」が含まれていることは、関係しているのではないかと質問している。これに対して、小山は「それとは、それほど理論的な結びつきはありません。説明としてはいろいろ関連させることがあったと思うんですが」と明確に否定はしていない。その上で、「自立助長」を入れた意味は「惰民養成」防止ではないこと、新生活保護法が社会福祉の制度であることを強調している。さらに、仲村が旧生活保護法時には、現に労働を怠る者や素行不良の者を保護の対象としていなかったことを例にあげながら、「新法の考え方は、そういう人であっても、社会の一員として十分この社会に適応できる人として更生させていくべきだという考え方、そこに結びつけて、自立助長ということがいわれたんだというふうに解釈してもよろしいんでしょうか」と聞くと、小山は「その点はおっしゃる通りだったと思います」と答えている（ここまでは対談をもとに分析している）。

小　括

これまで、曲がりなりにも「民主化」政策を押し進めてきたGHQであったが、社会保障・社会福祉分野においては二面性（「マッカーサー書簡」による官公労働者の団体交渉権・争議権剥奪と公的扶助の基本原理の提示）を持ちつつも、明確に方針転換をすることになった。日本政府に対して、経済の自立化を求めたGHQは、「経済安定九原則」や「ドッジ・ライン」で具体的な指示を出した。日本政府はこれに応える形で、自立化政策を実施していくが、深刻な資金

不足と需要縮小をもたらし、企業は合理化政策や人員削減、官公庁でも人員整理を強力に推し進め、大量の失業者が発生することになった。

　街にはこれまでにも増して、生活困窮者が溢れていたが、生活保護制度は必ずしも機能しなかった。この時期は制度整備期といわれたように、指導監査と「被保護者生活状況全国一斉調査」の導入、「組合せ式基準」の採用、民生委員の役割の明確化など、戦後の生活保護行政の原型が形成されたが、いずれも生活保護行政の運用を厳格化させるものであった。日本政府は、「経済安定九原則」や「ドッジ・ライン」によって、大量の失業者が発生することを予測していたが、失業保険制度改善、失業対策の機能を強化した公共事業の量的拡大、失業対策事業の実施、日雇失業保険の創設で乗り切ろうとしていた。そのため、職と食を失った失業者、引揚者、日雇労働者などの稼働能力者に対しての生活保護適用は消極的にならざるを得なかった。そして、賃金遅配や欠配の労働者やストライキに参加したことが原因で生活困窮に陥った労働者に対しても、極めて厳格な対応がとられた。

　他の社会保障制度や「総合的失業対策」が十分機能しない中、全日本産業別労働組合会議（産別会議）、全日本土建一般労働組合、生活保護改善期成同盟、日本患者同盟、生活を守る会と健康を守る会などの労働運動・社会運動は、最低生活の保障を求めて、生活保護適用・改善運動に取り組む。厚生省はこれらの切実な要求に対しても、「尖鋭化」した運動であると批判し、生活保護の適用により強固な姿勢で臨もうとする。そのため、両者は激しい対立関係にあった。

　このような状況の中、生活保護法（旧法）では十分に対応することができなくなり、新法制定の議論が始まる。きっかけは、「組合せ式基準」の採用と不服申立制度の導入であった。不服申立制

度の導入は、いくつかの都道府県や市町村で先駆的に行われていたものが制度化されたこと、そして、何よりも生活保護受給者の権利保障ということからすれば画期的であった。しかし、不服申立制度導入のきっかけとなった、愛知県知事からの疑義紹介への厚生省の回答は、生活保護法（旧法）が憲法25条（生存権）を具体化した制度であるとしながらも、保護請求権に関しては明確に否定した。

　公的扶助の基本原理と恩恵的思想の対立ともいえる状況は、社会保障制度審議会の公的扶助小委員会も同様であった。「生活保護制度の改善強化に関する勧告」は、公的扶助の基本原理（無差別平等、国家責任による最低生活保障、保護請求権、不服申立制度の導入など）をふまえたものであったが、「欠格条項」を明確にするべきとも提言していた。

　一般扶助主義の意義を失わせる「欠格条項」を残すということは、恩恵的思想が根強く残っていることの表れであった。そのことは、小山進次郎の発言からも確認することができる。そして、何よりも社会保障制度審議会における議論で、「最低生活保障制度確立に関する勧告案」から「生活保護制度の改善強化に関する勧告案」へと変更されていく過程は、最低生活保障を総合的社会保障ではなく、生活保護制度で代替しようとする議論でもあった。生活保護法（新法）案の作成、国会においては、このような激しい対立を孕んだ状況で議論されていた。

第6章
旧法の限界と新法制定に向けた議論
―制度改正準備期（1949年9月～1950年5月）―

　本章では、前章までの分析をふまえて、生活保護法（新法）案が作成されていく過程を分析する。生活保護法（新法）が議論されている時期は、生活保護法（旧法）が制定された時期とは、社会経済的状況が大きく異なっている。具体的には、世界情勢（特にアジア情勢）が大きく変化していく中、「民主化」政策は転換し、アメリカは日本政府に経済の自立化を強く求め、「経済安定九原則」や「ドッジ・ライン」を具体的に提示し、さらにその補完的役割として「シャウプ勧告」を行った。これによって、日本経済は「自立」の道を歩んでいくことになるが、それは国民の生活を犠牲にしてなりたつものであった。さらに、アメリカとソヴィエト連邦の冷戦構造がアジア諸国に影響を与えるようになると、「非軍事化」政策も放棄され、日本政府は再軍備を求められることになり、「逆コース」を歩むことになる。
　社会経済的状況が大きく変化する中、生活保護制度も不服申立制度の導入、「生活保護制度の改善強化に関する勧告」、労働運動・社会運動による生活保護適用・改善の取り組み、それに伴う生活保護受給者層の変化という動きに示されるように、生活保護

法（旧法）で対応することができず、新たな法律制定の準備が進められていった。

「序章」でも述べたが、生活保護法は旧法と新法といわれるが、手続き上は法律の改正ではなく、新しい法律として制定されている。しかし、実際は生活保護法（旧法）の3年間の具体的な運用をふまえて法律は制定されており、「断絶」というよりも「連続」面が強い。前章までの分析で明らかにしたように、生活保護行政は生活保護受給者（特に稼働能力者）に対して、一貫して厳格な態度をとり続けていた。生活保護法（新法）制定の議論で、憲法25条（生存権）に相応しい法律にするため改善されたのか、それとも憲法25条（生存権）に相応しい法律にするといいながらも巧妙な形で権利抑制的側面が条文に組み込まれたのかを注意深く分析しなければならない。

第1節　戦後経済体制の形成と「逆コース」への道

第1項　「シャウプ勧告」による均衡財政の確立と強固な大衆的課税

GHQは、日本政府に対して経済の自立化を促すために、「経済安定九原則」や「ドッジ・ライン」を指示した。「ドッジ・ライン」によって、「インフレの収束、均衡財政の確立、単一為替レートの設定、大規模な人員整理、劣弱企業の淘汰を実現し、日本の重要産業の有力大企業を軸として国際競争力を推進・強制していくメカニズム」が形成され、「1949年末頃には資本主義的秩序を一応回復」することになった[1]。

「ドッジ・ライン」が1949年度予算編成＝均衡財政に大きな影

---

1) 井村喜代子『現代日本経済論〔新版〕―戦後復興、「経済大国」、90年代大不況―』有斐閣、2000年、69ページ。

響を与えて、失業者や生活困窮者を急増させたことは前章で述べたが、この時期には、資本主義的秩序を回復（均衡財政の確立）させた上で、国際競争力を強化するための体制が整備されていく。

　均衡財政の確立に寄与したのが、歳出の削減と安定した歳入を確保するための税制に影響を与えた「シャウプ勧告」である。1949年5月に税制改革を実現するためにカール・シャウプを団長とするアメリカ税制調査団が来日し、同年8月には「第1次税制改革勧告」の概要を発表し、それをふまえて、9月には「シャウプ勧告」を発表した。「シャウプ勧告」の目的は、「税制自体の体系性と恒久性を確保するために、負担の公平性と資本価値の保全を租税原則の基礎とし、間接税重視から直接税中心主義に改めること[2]」にあった。

　「シャウプ勧告」の内容は多岐に亘っており、なおかつ実現しなかったものも存在するが、主な内容は「(1) 間接税を最小限にして所得税を中心とする直接税主体の税制。取引高税の廃止、物品税・入場税の引下げ、勤労控除の25％から10％への切下げによる増収。(2) 資本蓄積の促進税制。法人の超過所得税の全廃、株式取得に対する源泉課税廃止、所得30万円以上の累進課税を廃止し、一率55％課税とする。(3) 地方税拡充強化の税制。強力な地方自治体の出現を確保するために不動産税・住民税などの地方独自の税源や平衡交付金制度が設けられた」というものであった[3]。ここに、法人税優遇、所得税等の直接税制の強化、所得税における高額所得者の累進性緩和など、資本蓄積の優遇と強固な大衆的

---

[2] 澤井勝「シャウプ勧告」阿部斉・今村都南雄・岩崎恭典・大久保皓生・澤井勝・辻山幸宣・山本英治・寄本勝美編『地方自治の現代用語（第2次改訂版）』学陽書房、2005年、490〜491ページ。

[3] 矢部洋三・古賀義弘・渡辺広明・飯島正義・貝塚亨編『現代日本経済史年表 1868-2006年』日本経済評論社、2008年、55ページ。

課税を基礎とする戦後の税制体制が形成された[4]。安定した歳入確保の近代的税制の確立は、「ドッジ・ライン」が目的とした均衡財政の確立を実現するために大きな役割を果たした[5]。

また、「シャウプ勧告」は生活保護法（新法）制定においても影響を与え、生活保護費の高い国庫負担率（8割）を維持すべきかという議論を巻き起こした。

第2項　日本経営者団体連盟（日経連）からの要求

アメリカからの経済の自立化の要請は、日本経営者団体連盟の要望とも一致するものであった。木村忠二郎文書の中には、1949年9月に日本経営者団体連盟から出された冊子『失業対策に関する意見・社会保障制度に対する意見』が存在する[6]。

日本経営者団体連盟は、失業発生の要因を経済の整理合理化とともに、輸出の不振、国内有効需要の減退によるデフレ傾向にあるとし、経済対策の面からデフレ打開の対策が不可欠であると分析する。その上で、現在行われている失業対策（公共事業投資など）を明確に否定するわけではないが、輸出の拡大を実施するための生産的産業投資によって失業者を吸収し、生産者に対する有

---

4) 加藤睦夫「シャウプ勧告」大阪市立大学経済研究所編『経済学辞典（第3版）』岩波書店、623ページ。同上書、55ページ。
5) ただし、「シャウプ勧告」に関しては、「占領政策の枠内ではあったが地方財政制度については、できる限り地方自治を実現しようとしていた」と地方自治論、地方財政論の分野では、今日でも高く評価されていることは付け加えておかねばならない。宮本憲一・遠藤宏一「分権型協同福祉社会と財政的自治の設計」宮本憲一・遠藤宏一編『セミナー現代地方財政Ⅰ—「地域共同社会」再生の政治経済学』勁草書房、2006年、350ページ。
6) 木村忠二郎文書資料ファイル名「失業対策に関する意見/社会保障制度に対する意見　日本経営者団体連盟　昭和二十四年九月」寺脇隆夫編『マイクロフィルム版　木村忠二郎文書資料　戦後創設期/社会福祉制度・援護制度史資料集成（第Ⅰ期）』柏書房、2010年、リールNo.58、コマ番号297～306。なお、次からの引用は『失業対策に関する意見・社会保障制度に対する意見』に示されたページ数を示すこととする。

効需要の喚起を通じて失業対策を講ずべきと主張する。そして、雇用維持の拡大のためには、資本投資の拡大が不可欠であり、財源の確保、長期設備資金融資の積極的方策の必要性を指摘する[7]。

　一方、社会保障制度についても、合理化政策の実施によって発生する失業に対応するというだけではなく、憲法25条（生存権）の趣旨からしても重要であり、失業保険法と生活保護法（旧法）を改善すべきと主張する。さらに、総合的社会保障制度の確立についても、「国民全体の社会的連帯責任の問題」として、重要で緊急的な課題だと指摘するなど、積極的な姿勢をみせている。ただし、総合的社会保障制度といっても、経済再建を阻害せずなおかつ国民の負担能力を超えない範囲にとどめるべきで（イギリス流社会保障の採用を否定）、国民の権利として国家に対する依存心を持たせないような制度確立が不可欠と限定をつけている[8]。

　経済と社会保障の関連をどのように捉えるかは、どの時代においても大きな議論になっているが、企業（生産者）の有効需要を喚起し、それを後押しする経済政策を講じ、経済全体を押し上げていくことを第一に掲げて、社会保障制度はそれを阻害しない程度に改善していくという方向性は、GHQ（アメリカ）と日本経営者団体連盟に共通している。

第3項　国際競争力強化と民間貿易の増加

　国際競争力強化のために、単一為替レートの設定はすでに「ドッジ・ライン」に含まれていたが、輸出拡大を促進するために制定されたのが、「外国為替及び外国貿易管理法」（1949年法律第228号）である。同法は、外国貿易の発展・振興、国際収支の均衡、通

---

[7]　日本経営者団体連盟『失業対策に関する意見・社会保障制度に対する意見』1949年、3～4ページ。
[8]　同上書、13～17ページ。

貨価値の安定を目的としていた。第二次世界大戦直後は、日本の輸出入はGHQの管理下に置かれており、品目や量はともに大幅に制限されていた。実際に、1947年度は輸出が101億4800万円、輸入が202億6500万円、1948年度も輸出が520億2200万円、輸入が602億8700万円に過ぎなかった。

　1949年12月、GHQの全面管理下から民間貿易へと輸出取引が移行され、援助物資以外の輸入取引も1950年1月に移行されることとなった。GHQから民間貿易への移行に際して、基本ルールが定められたのが「外国為替及び外国貿易管理法」であり、これに基づき、輸出貿易管理令（1949年政令第378号）、輸入貿易管理令（1949年政令第414号）、外資に関する法律（1950年法律第163号）などが制定された。民間貿易体制の確立に伴って、輸出入は順調に増加していき、1949年度は輸出が1698億4100万円、輸入が2844億5500万円、1950年度は後述する朝鮮戦争勃発による「朝鮮特需」の影響もあり、輸出が2980億2100万円、輸入が3481億9600万円へと急増し、日本経済の自立化に寄与した。国際競争力強化のための体制整備確立は、まさに資本主義的秩序の回復というのに相応しいものであった。

第4項　「逆コース」と軍事力整備

　ここまでは主に経済政策を分析してきたが、日本の社会情勢に大きな影響を与えたのが「逆コース」である。「制度改正準備期（1949年9月～1950年5月）」とは若干時期がずれる部分もあるが、以降の社会保障制度、生活保護制度にも大きな影響を与えるため、

9）矢部・古賀・渡辺・飯島・貝塚編『現代日本経済史年表1868-2006年』前掲書、55ページ。
10）同上書、68ページ。
11）伊藤正直「外国為替及び外国貿易管理法」金融辞典編集委員会編『大月　金融辞典』大月書店、2002年、57ページ。

本項で分析していく。

　第二次世界大戦は「総力戦」と呼ばれたように、日本国内に限らず、戦場となった各地域、戦争に参戦した各国は多大な犠牲を払った。その反省もあり、GHQ は占領政策の究極の目的として、「米国の脅威」の排除＝「非軍事化」政策を押し進めていたし、日本政府もそれに応えて日本国憲法第 9 条で、戦争の放棄、戦力及び交戦権の否認を明記した。アジア情勢の変化、冷戦構造の形成から占領政策は徐々に「民主化」政策からかけ離れてきたが、冷戦の舞台がヨーロッパからアジアに移り、1950 年 6 月に朝鮮戦争が勃発したことが「非軍事化」政策の決定的な転機となった。

　マッカーサーは、7 万 5000 名の警察予備隊の創設と、すでに 1948 年 5 月に創設されていた海上保安庁の 8000 名増員を日本政府に対して指令した。在日米軍が朝鮮戦争に出動するため、その軍事的空白を埋めることが目的であり、アメリカの軍事顧問団に教育・訓練された実質的な米軍の補助部隊であった。警察予備隊は、1952 年に保安隊、1954 年に自衛隊となり、これによって、日本国憲法の平和原則は実質的に放棄されることになり、日本は「逆コース」の道を歩むことになった。[12]

　これ以降、軍事費が年々増額されるとともに、社会保障費削減が課題とされるなど、軍事費と社会保障費の不可分な関係が明確になっていく。早くも、1954 年に MSA（Mutual Security Act）協定締結と同時に、日本は再軍備を義務付けられ、それに基づき防衛庁設置法（1954 年法律第 164 号）、自衛隊法（1954 年法律第 165 号）が公布された。軍事費の増額によって、社会保障費は圧縮されることになり、生活保護行政では、国庫負担割合の削減が検討され（実現はしなかった）、医療扶助適正実施のための入院基準見直し、外

12）吉田裕「戦後改革と逆コース」同編『日本の時代史 26　戦後改革と逆コース』吉川弘文館、2004 年、68〜72 ページ。

国人保護受給者の排除、徹底的な扶養義務者調査による保護の停廃止など、「第一次適正化政策」が実施された。この事実が、生活保護制度を分析する際、社会経済的状況をふまえた総合的な視点を持つことの必要性を物語っている。

第2節　全日本産業別労働組合会議（産別会議）の衰退と労働組合総評議会（総評）の設立

第1項　労働組合の運動方針における生活保護の位置づけ

「ドッジ・ライン」の実施によって大量の失業者が発生し、「総合的失業対策」が機能しない状況で、生存権保障を求めて、全日本産業別労働組合会議（産別会議）を含む生活保護改善期成同盟が結成され、生活保護適用・改善運動に取り組み始めた。また、産別会議も運動方針に生活保護適用・改善を掲げた。しかし、この時期に産別会議は運動方針をめぐる内部での混乱を抱えていた。そのことについて、前述した部分もあるが確認しておく。

産別会議の指導はストライキ激発主義、ゼネスト万能主義であったが、フラクションを通じた日本共産党による強引な指導に不満を持つ者が組織内部にグループを結成し、1948年2月には産別会議の民主化と労働戦線の統一を目的とした産別民主化同盟（民同）を結成した。第二次世界大戦直後の労働運動をリードしてきた産別会議であるが、産別民主化同盟の結成をきっかけとした組織内の混乱という「内的要因」によって、産別会議に参加してい

---

13) 小川政亮『増補新版　社会保障権―歩みと現代的意義』自治体研究社、1995年、94～101ページ。
14) 塩田庄兵衛「占領下の労働運動」労働運動史研究会『労働運動史研究（第50号）　日本労働運動の歴史と課題』労働旬報社、1969年、96～97ページ。
15) 木下武男『格差社会にいどむユニオン―21世紀労働運動原論』花伝社、2007年、255ページ。

た単産は脱退していった。結成当初は21単産・163万人であった組合員は、1948年11月に15単産・120万人、1949年6月には15単産・102万人と大幅に減少していった[16]。

1949年7月には、産別民主化同盟が中心となって、全国産業別労働組合連合（いわゆる新産別）を結成するための準備会が結成された。新産別は綱領として、労働基本権の確立、最低賃金制と同一労働同一賃金制の確立、労働時間の短縮、資本家および政府の全額負担による失業保険を含む社会保障制度の確立、完全雇用の実現を掲げていたが、生活保護改善への言及はみられなかった[17]。

また、1949年11月に東京で開催された日本労働組合総同盟（総同盟）の第4回全国大会で採用された運動方針には、これまで同様に労働条件の改善などは当然含まれていたが、同時に健康保険法、厚生年金法、労働者災害補償保険法等の社会保障関係の法律を一本化する社会保障制度の統合を実現するための運動を実施することを掲げていた。しかし、生活保護に関しては、新産別と同じく言及されていなかった[18]。

前年度の運動方針で生活保護法改善を掲げていた産別会議も、同年11月に東京で第5回全国大会を開催した。第5回全国大会で採択された行動要領には、働けるだけの生活を保障する最低賃金制の確立、労働基準法の完全実施、失業保険法の改正などの労働条件の改善とともに、資本家負担による社会保障制度の確立（健康保険、労災保険、厚生年金などの現行各種社会保険法及び生活保護法の改正、社会施設の拡充）と生活保護法の改善が引き続いて掲げられた[19]。

---

16) 同上書、256～257ページ。
17) 労働省編『資料　労働運動史（昭和24年）』労務行政研究所、1952年、391～392ページ。
18) 同上書、524～525ページ。
19) 同上書、551～552ページ。

労働組合の中で、産別会議だけが生活保護法の改善を掲げていたことは意義があるが、産別会議の組合員数は大幅に減少しており、生活保護行政の改善にどの程度影響を与えたかは実態をふまえて分析しなければならない。それは、生活保護改善期成同盟も同様である。生活保護改善期成同盟の活動に関しては、資料があまり存在していないため実態が明らかにされていない。生活保護改善期成同盟については、日本患者同盟が発行している『健康会議』では国会への請願運動の取り組みが多少書かれており[20]、菅沼隆が分析した『日患情報』や『全患協ニュース』にも活動の様子が部分的に書かれているようであるが[21]、他の運動団体の機関紙（誌）などには記述はみられない。生活保護法改善に与えた影響については、実態をふまえた分析が必要である。

第2項　「黒い霧事件」とレッド・パージ

　産別会議の衰退に大きな影響を与えたのが、1949年後半から立て続けに起きた「黒い霧」事件＝下山事件・三鷹事件・松川事件[22]とレッド・パージであり、謀略を伴う弾圧事件であった。これらの背景には、1949年1月の衆議院議員選挙で民主自由党が戦後初めて単独で過半数を獲得したこと、日本共産党が4議席から35議席に大幅な躍進を遂げたこと、ストライキをうって徹底抗戦を続ける産別会議をけん引していた幹部の多くが日本共産党員であったことが関係していた。
　引き続いて、同じ理由でレッド・パージも行われた。レッド・

---

20)「座談会　生活保護法について」日本療養所患者同盟『健康会議（第1巻第3号）』1949年、16ページ。
21) 菅沼隆「被占領期の生活保護運動―日本患者同盟の組織と運動思想を中心に―」社会事業史学会『社会事業史研究（第30号）』2002年、50ページの（注）。
22) 下山事件・三鷹事件・松川事件に関しては、塩田庄兵衛『日本社会運動史』岩波書店、1982年、199～205ページを参照。

パージの対象とされ、仕事を追われたのは、1950年12月時点の労働省調査では、民間産業で1万972人、政府機関においては1171名に達していた。労働省が認めた人数は約1万2000人であったが、実質的なレッド・パージは1949年秋頃から、「ドッジ・ライン」の実施に伴う行政整理や企業整備の名の下に行われており、日本共産党員やその支持者、さらには「疑われる人」も含めて、約3万人以上が職場から追放されたといわれている。[23]

下山事件・三鷹事件・松川事件とレッド・パージは、戦後労働運動の根幹を揺るがすものであった。追放された多くの人々が労働運動をリードしてきた人材であったため、労働運動の中心となる「核」が失われ、運動内部は混乱をきたした。他にも、日本共産党が関わったとする世論操作を行った日本政府やGHQの意図通りに、「共産党不信」や労働組合の運動やストライキが企業の倒産・経営危機を惹起するという「組合無用論」[24]が労働者や一般大衆の中に広まっていき、労働運動離れが生じた。

それは、労働組合の組織率低下に如実に表れている。1949年6月には3万5000組合、665万人、組織率55.8％と戦後最高の労働組合組織率を誇っていたが、翌年6月には2万9000組合、577万人、組織率46.2％と、わずか1年間で組合員が100万人、組織率が10％も減少した。組合員数減少の中心は産別会議の労働者であり、1948年11月の組合員数約120万人から翌年11月には約77万人と43万人も減少することとなった。[25] 組合員数の減少傾向はこれにとどまらず、1950年6月には8単産で32万1000人、1951年12月には5単産で4万1000人と、産別会議は組合結成からわ

---

23) 同上書、212～213ページ。レッド・パージの実態については、塩田庄兵衛『レッドパージ』新日本新書、1984年が詳細に分析している。
24) 井村『現代日本経済論〔新版〕―戦後復興、「経済大国」、90年代大不況―』前掲書、68ページ。
25) 塩田『日本社会運動史』前掲書、207ページ。

217

ずか5年間で凋落していった。[26]

第3項　労働組合総評議会（総評）の結成

戦後直後から労働運動をリードしてきた産別会議が、GHQや日本政府によって「弾圧」され、組織内部の分裂・後退もあり、衰退していった。これ以降、労働運動の中心は、GHQ、日本政府、日本経営者団体連盟の後押しで結成された日本労働組合総評議会（総評）へと移っていくことになる。

総評に期待されたのは、「正常な労使関係」を構築することにあった。1950年7月の総評結成大会には、代議員161名、オブザーバー62名、加盟組合二連合体、15単産、組合員377万名、オブザーバー17単産、63万名が参加した。[27] 総評は結成に当たって、日本共産党の組合支配と暴力革命的な方針を排除し、民主的な労働組合運動の形成を宣言することによって、反共労働戦線統一を明確にし、さらに当初は朝鮮半島におけるアメリカ軍の軍事行動を支持する姿勢をとった。

ここまではGHQ、日本政府、日本経営者団体連盟の期待する役割を果たしていたが、1951年の第二回大会では、国際自由労連への一括加盟を否決し、平和四原則（全面講和、中立堅持、軍事基地反対、再軍備反対）という政治方針を決定した。総評は、その期待された役割とは異なり、朝鮮戦争の影響もあって、急速に左傾化していったが、これらの変化は「ニワトリからアヒルへ」と揶揄されるほど、インパクトのあるものであった。[28]

26) 木下『格差社会にいどむユニオン―21世紀労働運動原論』前掲書、256～257ページ。
27) 塩田「占領下の労働運動」前掲書、107ページ。
28) 木下『格差社会にいどむユニオン―21世紀労働運動原論』前掲書、274ページ。五十嵐仁『法政大学大原社会問題研究所叢書　政党政治と労働組合運動―戦後日本の到達点と二十一世紀への課題』御茶の水書房、1998年、248～249ページ。

第6章　旧法の限界と新法制定に向けた議論

第4項　労働組合と生活保護改善の関係

　総評が生活保護改善にどのように取り組んだかは、本書の分析対象時期とは異なるため踏み込んで分析することはしない。しかし、総評が1960年代前半までは生活保護改善に取り組んでいたことは確認できる。例えば、1960年には総評が音頭をとって、生活保護問題の究明、生活保護者の生き方のありのままの姿を明らかにすることを目的として、東京都内約200世帯の生活保護受給世帯に聞き取り調査を行った。そして、官公庁統計や官公庁から委託を受けた大学の調査では明らかにすることができない、生活保護受給者の生活実態を明らかにしている[29]。

　また、総評だけではなく、中立労連、社会保障推進協議会と共同で編集した『社会保障のてびき―どう理解し闘うか―』では、労働者階級や労働組合の社会保障に対する関心の低さが、今日の社会保障の停滞を招いていると批判し、社会保障闘争が労働者の権利を強めることになると主張している[30]。生活保護についても、生活保護基準が業者間協定による最低賃金制度の金額、失業保険金額、各種の年金額を決定する基準となっていると強調する[31]。何よりも、この時期の総評は、「人間裁判」と言われた朝日訴訟を支援するため、社会保障推進協議会、全日本自由労働組合（全日自労）、日本患者同盟（日患同盟）、生活と健康を守る全国連絡会議（全生連）などともに、「朝日訴訟中央対策委員会」に参加していたのが象徴的である[32]。

---

29) 総評社会保障対策部調査研究所『生活保護―意見と生活の実態調査―』労働出版社、1960年、1～25ページ（本書では、一番ヶ瀬康子・井岡勉・遠藤興一編『戦後社会福祉基本文献集16　生活保護』日本図書センター、2001年を使用）。
30) 総評・中立・春闘共闘委員会社会保障推進協議会編『社会保障のてびき―どう理解し闘うか―』労働旬報社、1963年、6～9ページ、14～15ページ。
31) 同上書、52～55ページ。
32) 朝日訴訟記念事業実行委員会編『人間裁判―朝日茂の手記』大月書店、2004

ただし、総評は1960年代後半から生活保護の改善には言及しなくなる。そもそも、総評が社会保障運動に取り組んでいたのは、賃金と社会保障の水準が密接に関連していたからであり、労働運動の中心はやはり労働条件の改善であった。朝日訴訟への支援活動も含めて、総評がどのような活動を行っていたのかは、実態をふまえた分析が必要になってくる。この点については、今後の課題である。

第3節　稼働能力者による保護の集団申請と厚生官僚の敵視

第1項　労働運動・社会運動における保護の集団申請

労働運動・社会運動による生活保護適用運動については、全日本土建一般労働組合、日本患者同盟、生活を守る会と健康を守る会の活動があったことは、前章で述べた。

1949年代後半からの特徴は、「ドッジ・ライン」による大量の失業者の発生もあり、全国各地で自由労働組合（失業者同盟）が結成されたことである[33]。全日本土建一般労働組合機関紙『じかたび』、労働組合産業別組合会議機関紙『労働戦線』、全労連機関紙『労働新聞』を分析すると、この時期には自由労働組合の他にも様々な名称の労働組合が結成されていることが確認できる（例えば、賃金遅配労働組合、婦人労働組合など）。これらの団体がどのように組

年、138～142ページ。本書は、朝日訴訟中央対策委員会監修『人間裁判―死と生をかけた抗議/朝日茂の手記』草土文化、1965年を底本としている。

33）例えば、愛知県内でも「経済安定九原則」や「ドッジ・ライン」をきっかけに失業者による自由労働組合が結成されているし（愛知県『愛知県労働運動史（第一巻）』第一法規出版、1982年、710～742ページ）、山口県内でも同時期に自由労働組合の結成が進んでいる（山口県商工労働部労政課編『山口県労働運動史（第一巻）』山口県、1974年、675～684ページ）。全ての都道府県を網羅しているわけではないが、同様の状況であったと考えられる。

織化され、連携していたかは定かではないが、運動の中心は、失業対策事業の量的・質的な拡充、失業対策事業の適用であり、「職よこせ」闘争であった。しかし、失業対策事業が十分に機能しない状況では、生活保護適用に向かわざるを得なかった。

生活保護適用の集団申請は各地で行われていたが、埼玉県では、給料遅配から生活困窮に陥った労働者3400人が給料遅配労組として共闘し、代表者10人が埼玉県民生部を訪れて、生活保護法の適用を求めて交渉した。[34] 民生委員を通して保護申請をする必要があると、集団での申請は認められなかったが、生活保護を適用することは決定した。[35] また、北海道札幌郡千歳町の自由労働者400名も北海道庁職業安定課に、町の助役とともに町のトラックで押し掛けて、生活保護法の適用を求めて交渉し、実際に適用が認められることになった。[36] これらの自由労働者による生活保護適用の運動は、新法が制定されてからも続いており、山形県の鶴岡自由労働組合員60名も輪番制撤回と生活保障を求めて、市長との交渉に臨んでいた。市長からは、輪番制を撤回することはできないが、失業対策事業費を拡充すること、生活保護法を完全適用すること、という回答を勝ちとった。[37]

一方、東京都では給料の遅配に苦しむ沖電気及び日本電気で働く労働者600名が、副知事と民政局長と交渉を行い、給料遅配や配給物資の運営改善とともに、生活保護法の適用を求めたが、「生

---

34) 全日本産業別労働組合会議『労働戦線（第149号、1949年2月21日号）』1949年、2ページ（産別記念会編『産別会議・全労連機関紙―労働戦線・労働新聞・労働者』労働旬報社、1973年、318ページ）。

35) 全日本産業別労働組合会議『労働戦線（第151号、1949年3月2日号）』1949年、2ページ（同上書、322ページ）。

36) 全日本産業別労働組合会議『労働戦線（第195号、1949年8月4日号）』1949年、2ページ（同上書、411ページ）。

37) 全日本金属労働組合『労働者（第122号、1950年12月21日号）』1950年、2ページ（同上書、684ページ）。

活保護法適用は給料遅配のみで行うわけにはいかない」と厚生省の通知通りの回答で、適用が認められなかったケースも存在する[38]。

第2項　生活保護集団申請への敵視

ストライキに参加したことにより、生活困窮に陥った者に対して実施された厳格な対応は前章で分析したが、厚生省は上記の生活保護集団申請に対しての態度も明らかにする。1949年12月22日「生活保護法の集団的適用の規整に関する件」（社乙発第260号各都道府県知事宛厚生省社会局通知）では、「ドッジ・ライン」により生活困窮に陥り、生活保護適用を求める生活困窮者を「集団的な失業に籍口として感情に走り、法理を乱し、剰え政治的の背景をもつて暴力により、集団的に本法の適用を強要」する人々とみなし、機械的に制度を運用することが「惰民養成」につながっていると現在の生活保護行政を批判している。

そして、生活保護の集団申請に対しては、「個別的保護の原則」に基づく対応を求めた。具体的な対応としては、最低生活費及び収入などの徹底的調査を行うこととし、稼働能力者はどのような仕事・労働条件であっても仕事があれば働くこと、失業者は毎日又は数日おきに公共職業安定所で求職活動することを求め、それを正当な理由なく拒否する者は保護の停廃止を検討することとされた。さらに、集団申請に対しては、「職務強要罪を構成するおそれのある場合には、警察署の協力を求めてこれが排除することも考えられる」と警察の介入を認めており、あたかも「暴力集団」のようにみなす態度をとった[39]。

厚生官僚は、生活保護を必要とする人々が抱える問題や、さら

---

38) 全日本産業別労働組合会議『労働戦線（第149号、1949年2月21日号）』1949年、2ページ（同上書、318ページ）。
39) 厚生省社会局編『生活保護法関係法令通知』1952年、150～152ページ。

にそれを増加させる社会的背景をもまったく無視し、「惰民」や「暴力集団」のようにみなすことさえあった。まさに、戦前の恩恵的思想そのものである。本節の分析対象は「制度改正準備期」（1949年9月～1950年5月）であるが、小山進次郎が「かくの如き外部の声に促されつつも、必ずしもその具体的に要望するところの内容に拘泥することなく、この制度に内在する正しい方向への改正を目指して、着々と法改正の準備を進めつつあつた時期」[40]と述べているように、様々な問題点を含みながら、法改正へと進んでいったのである。

第3項　生活保護受給者層の変化

　生活保護法（新法）制定は、生活保護集団申請が生活保護受給者層の変化を引き起こし、生活保護法（旧法）では十分に対応できなくなったことが契機であると、先行研究でも説明されている。稼働能力者に対して、厚生官僚が厳格な対応をとり続けてきたことはすでに分析してきたが、どのような人々を稼働能力者とみなしていたかは本書でも一部しか分析できていないし、先行研究でも同様である。それは、資料がそもそも限られていたからであるが、木村忠二郎文書の中にはこの点を考察する上で、興味深い資料が存在する。

　「生活保護法による被保護世帯構成区別（生活扶助を受けているもののみ）」では、生活扶助単給世帯に限定されているが、詳細な区分と世帯数（割合）が記載されている（**表6**）。

　この資料によると、生活扶助単給世帯の総数は45万7668世帯で、そのうち、非稼働世帯（老人、子ども、病者・弱者、不具者・

---

40) 小山進次郎『改訂増補　生活保護法の解釈と運用』中央社会福祉協議会、1951年、40ページ（本書では、全国社会福祉協議会による復刻版、2004年を使用）。

表6 1949年9月時点の生活保護法による被保護世帯構成区別
（生活扶助を受けているもののみ）

世帯構成	世帯数(世帯)	構成比(％)
(1) 老人（数え年61歳以上）のみのもの	97,355	21.3
(2) 子供（数え年18歳以上）のみのもの	15,700	3.4
(3) 病者・弱者のみのもの	22,787	5.0
(4) 不具者・廃疾者のみのもの	8,947	2.0
(5) (1)～(4)で構成されているもの	13,238	2.9
(6) 世帯の生計の中心となる者が女で老人又は子供を抱えているもの	186,053	40.6
(7) 世帯の生計の中心となる者が女で病者・弱者を抱えているもの	14,684	3.3
(8) 世帯の生計の中心となる者が女で不具者・廃疾者を抱えているもの	6,080	1.3
(9) 世帯の生計の中心となる者が女で(1)～(4)に該当する者を抱えているもの	13,228	2.9
(10) 世帯の生計の中心となる者が男で病弱その他の理由のため収入が少なく又家族にも収入がないか又は働かないもの	46,108	10.1
(11) 世帯の生計の中心となる者が男で職についているが病者・弱者を抱えているもの	7,829	1.7
(12) 世帯の生計の中心となる者が男で職についているが不具者・廃疾者を抱えているもの	2,909	0.6
(13) 世帯の生計の中心となる者が男で職についているが家族が多くて生活に困っているもの	14,824	3.2
(14) 当人に適しない職業についているため収入の少ないもの	4,759	1.0
(15) 失業しているもの	3,167	0.7
合　　計	457,668	100.0

出典）木村忠二郎文書資料ファイル名「第二表/生活保護法による被保護世帯構成区別（生活扶助を受けているもののみ）昭和24年9月」寺脇隆夫編『マイクロフィルム版木村忠二郎文書資料戦後創設期/社会福祉制度・援護制度史資料集成（第Ⅰ期）』柏書房、2010年、リールNo.3、コマ番号257、より筆者が作成。

廃疾者[41]のみの世帯）が15万8027世帯（34.6％）であり、稼働世帯が65.4％を占めている。稼働世帯といっても、世帯の生計の中心者が女性で、老人、子ども、病者・弱者、不具者・廃疾者のいずれかを抱えている世帯が、22万45世帯（48.1％）と多数を占めており、世帯の生計の中心者が男性で、老人、子ども、病者・弱者、不具者・廃疾者のいずれかを抱えている世帯は、7万1670世帯（15.6％）であった。当人に適していない職業についているため収入の少ない者と失業者にいたっては、両者を含めても、7926世帯（1.7％）に過ぎなかった。

　この数字は1949年9月時点のものであり、厚生官僚がいかに稼働能力者を幅広く捉え、生活保護を受給している世帯の生活実態（主な稼ぎ主の就労能力も含めて）を無視し、とにかく働くことを強制していたかを垣間見ることができる。そして、失業による生活困窮では、生活保護を受給することが困難であったこともわかる。

　生活保護法（新法）制定以降の1950年9月時点のデータでは、わずか1年間で生活保護受給世帯のうち、稼働能力を有する者を含む世帯の割合が57％へと、10％も減少している（**表7**）。

　「欠格条項」が条文から削除されて、一般扶助主義を明確にした生活保護法（新法）にもかかわらず、なぜ10％も稼働世帯が減少したのか、また、稼働世帯といってもどのような世帯が減少したのか、詳細に分析しなくてはならない。

第4項　生活保護受給者の減少

　ここで、生活保護行政の具体的運用が生活保護受給者数に与えた影響を確認しておく。新法制定以降を含めても、生活保護受給

---

41) 不具者・廃疾者という用語は、今日では使用されない用語であるが、当時の時代背景を考慮し、そのまま使用する。

表7　1950年9月時点の被保護世帯の世帯主の状況

区分		世帯主数（世帯）		合計	構成比（％）
		男	女		
労働力を有するもの	自営業	45,581	55,414	100,995	15.76
	被用者	65,859	118,032	183,891	28.67
	家内労働者	11,126	59,894	71,020	11.09
	完全失業者	4,823	4,299	9,122	1.42
	小計	127,389	237,639	365,028	56.98
労働力を有しないもの	老齢	50,020	73,340	123,360	19.25
	傷病出産	50,874	27,938	78,812	12.29
	労働意欲喪失	3,080	2,266	5,346	0.83
	不具廃疾	18,792	9,997	28,789	4.49
	就学中	7,712	5,487	13,200	2.05
	幼児	955	842	1,797	0.28
	家事のため	902	14,467	15,369	2.39
	その他	2,995	5,970	8,964	1.39
	小計	135,329	140,308	275,636	43.02
合計		262,719	377,718	640,665	100.00

出典）黒木利克編『医療扶助の取扱（生活保護百問百答第五輯）』中央社会福祉協議会、1952年、285～286ページ、より筆者が作成。

注）黒木の著書を参考に再計算したところ、数字が一致しない箇所があった。参考にした書籍のみならず、初期の厚生省関連の資料でも数字の不一致は存在する。一致しない箇所はわずかであり、全体の傾向を理解するのには問題ないため、書籍の数字を利用した。合計や構成比で数字が合わない部分があるのは、そのためである。

者数が最大であったのは、1947年9月の約321万人である。しかし、わずか2年後の1949年10月には、約170万人と半数ほどに減少している。[42]「総合的失業対策」の整備も生活保護受給者数減少の一因であることは事実であるが、「ドッジ・ライン」やレッド・パージの影響で大量の失業者が発生したことをふまえれば、保護受給者数減少の要因は、やはり生活保護行政にあったといわざるを得ない。

---

42) 小山『改訂増補　生活保護法の解釈と運用』前掲書、19～21ページ。

黒木利克は、1947年9月から1949年5月までの保護受給者数が減少した理由として、社会福祉関係法の整備、労働生産性の向上、公定価格制の実施、配給統制の強化、配給物資の増加をあげている[43]。黒木があげている要因全てを検討することは不可能であるが、次節では「総合的失業対策」がいかに生活保護受給者数減少に寄与していたかを分析する。

第4節　最低生活保障として機能しない「総合的失業対策」

第1項　「総合的失業対策」の実施
　敗戦直後は大量の失業者に対しても、自力再興を前提として根本的対策がとられることはなかったが、GHQの指令に基づく公共事業の実施、失業対策としての公共事業の機能強化、失業保険・失業手当の制定、公共事業と明確に役割を分担した失業対策事業など、量・質ともに極めて不十分ではあったが、「総合的失業対策」は徐々に整備されていった。後に、各制度とも、期待される機能や役割は変化していくことになるが、「総合的失業対策」の枠組みはこの時期に形成されたといってよい。

　しかし、ここまで分析してきたように、「総合的失業対策」の整備はそれを根拠として、稼働能力者に対する生活保護行政を厳格化させていった。本節では、「総合的失業対策」が最低生活保障として機能していたのかどうか、主に1950年の実施状況を中心に分析していく。

43）黒木『医療扶助の取扱（生活保護法百問百答第五輯）』前掲書、267〜269ページ。

第2項　公共事業の実施状況

　失業対策事業が実施されることにより、公共事業は公共的建設及び復旧事業で経済効果の大きいものに限られることになったが、失業対策機能を果たしたことには変わりなく、政策的にはいかに失業者を吸収できるかということが課題とされていた。その点では、やはり公共事業も失業対策の一環であったといえる。

　具体的には、全国各地で実施されている公共事業に対して、事業の内容（河川、砂防、農業、山林、水産、道路、港湾など）、事業規模などをふまえた上で、どの割合で失業者を雇用しなくてはならないかということを失業者吸収率として、労働省告示で明示した。さらに、無技能者と有技能者を明確に分けて、一般の就労が困難である確率が高い無技能者を多く雇用するように、失業者吸収率が高く設定されていた。事業によって異なるため、一般化することはできないが、公共事業の中には、無技能者の失業者吸収率を 60％ に設定されているものもあった[44]。

　実際に失業者をどの程度吸収できていたのかを確認することはできないが、1950 年度の公共事業費は、一般公共事業が 500 億円、災害公共事業が 511 億円の合計 1011 億円であった[45]。公共事業に従事していた労働者の数（就労人員月平均）をみると、少ない月で約 27 万人、多い月で約 48 万人と月によってばらつきはあるものの、1 年を通じての月平均は、都市が 3 万 2676 人、その他が 35 万 8298 人、合計が 39 万 974 人と約 40 万人が就労していた[46]。

---

44) 労働省職業安定局失業対策課編『失業対策年鑑（昭和二十六年度版）』国際公論社、1952 年、223～234 ページ（本書では、日本図書センターによる復刻版、2003 年を使用）。
45) 同上書、239 ページ。
46) 同上書、250～251 ページ。

第3項　失業対策事業における就労機会の「均等化」

　失業対策事業は1949年5月から実施されることになった。当初は、先着順紹介方式を採用していたが、「ドッジ・ライン」の影響もあり、求職者が紹介窓口に集中した。そのため、恒常的に「あぶれ」が生じることになったが、量的拡充を図るよりも様々な「工夫」によって、「あぶれ」の解消を乗り切ろうとしていた。

　そうした「工夫」の1点目は、「就労適格要件の設定」である。1950年1月9日「失業対策事業の開始等に関する基準について」（職発第20号　労働省職業安定局長から各都道府県知事宛）では、失業対策事業に就労する適格要件として、「(1) 居住地を管轄する公共職業安定所に登録した日雇労働者であること、(2) 公共職業安定所に求職申込みを行ったのち一カ月以上の未就職者で、失業対策事業に就労を希望し、家族生計費の主要部分を担当する者であること、(3) 生活保護法の適用を受けている世帯の構成員でないこと、(4) 一般失業保険の受給資格者でないこと[47]」を求めた。後に修正されて就労要件からは外されたが、当初は生活保護受給者を対象から外すなど、厳格な要件を定めた。

　2点目は、「輪番制」の導入である。先着順紹介方式では、紹介窓口に求職者が殺到したため、1950年2月7日「労働紹介の輪番制及び失業対策事業への就労あつ旋に関する件」（職発第100号　労働省職業安定局長より各都道府県知事宛）では、輪番紹介方式が採用されることになった。輪番紹介方式は、求職者に対して、就労機会の「均等化」と紹介時の煩雑を防止することを目的とし、紹介作業を円滑に行うため、出頭率等を勘案して3日前に「当たり番」となる登録労働者を決定、そして前日までに登録労働者に発表し、不就労日となる日の周知を図った。輪番紹介方式を徹底するため、

---

47) 労働省職業安定局編『失業対策事業通史』雇用問題研究会、1996年、181～183ページ。

登録労働者中に不出頭者がいたとしても、原則として欠員補充はしないこととされていた。[48]

失業対策事業への求職者の増加に対して、適格要件を厳格にすることによって対象者を絞り込み、さらに輪番紹介方式で就労機会を「均等化」することで対象者の減少、就労機会の減少を招くことになった。全日本土建一般労働組合が、「輪番制」の反対を運動の主眼事項に掲げていたのは、失業対策事業の量的拡充を図らずに、「均等化」で乗り切ろうとする労働省の方針に明確に反対していたためであった。

第4項　失業対策事業の実施状況と制度の谷間に追いやられた日雇労働者

失業対策事業に関する1949年度の当初予算は、8億800万円であったが、失業情勢の悪化もあり、補正予算で8億5000万円が追加されることになり、結果として平均8万1000人の失業者を吸収することになった。1950年度の予算は40億円で、平均9万5000人の失業者を吸収する予定であったが、この年も補正予算で13億円追加せざるを得ない状況であった。[49]

「就労適格要件の認定」と「輪番制」の導入以前ではあるが、失業対策事業における就労日数別日雇労働者数（1950年1月時点）をみると、1日～10日が4万2983人（34.1％）、11日～16日が2万7123人（21.5％）、17日～20日が1万8111人（14.4％）、21日～25日が1万9674人（15.6％）、26日以上が1万8164人（14.4％）であった。合計の就労人員は、約12万6000人と予定人員を上回っていたが、平均就労日数は15.1日であり、失業対策事業[50]

---

48) 同上書、176～180ページ。
49) 労働省職業安定局失業対策課編『失業対策年鑑（昭和二十六年度版）』前掲書、122～126ページ。
50) ただし、平均就労日数は、最短が佐賀県の5.5日、最長が東京都の24.1日

第6章　旧法の限界と新法制定に向けた議論

で就労する人々のうち、半数以上（55.6％）が月の半分はあぶれていたことになる[51]。

　失業対策事業に従事して、生活扶助基準額を超える賃金を得ることができるのか、検討してみる。失業対策事業の日額賃金は都道府県及び従事する事業ごとに異なっており、なおかつ、生活扶助基準額も等級地や世帯人員によって異なっているので、比較することは容易ではない。それでも、「総合的失業対策」の整備を理由に、生活保護行政では厳格な対応がとられていたことに妥当性があるのかを判断する材料の一つにはなると考えられる。失業対策事業の日額賃金は、軽作業と重作業に区分されており、さらにその中でも最低額と最高額が定められている。

　例えば、東京都の場合は、重作業の最低額が195円で最高額が295円、軽作業の最低額が128円で最高額が194円であった[52]。当時の標準世帯の生活扶助基準額[53]（1949年5月の第10次生活扶助基準改定額）は5200円であるので、東京都の最高額で平均の15日働いたとしても4425円に過ぎず、生活扶助基準額を満たすことはなかった。東京都の最高額であったとしても、生活扶助基準額を超えるには18日以上の就労機会を得なければならなかったし、軽作業にいたっては、ほぼ毎日働いても生活扶助基準額を超えるのは困難であった[54]。

　厳密性を求めれば、詳細な分析が必要であるが、失業対策事業

　　と都道府県ごとで大きく異なっている。
51) 労働省職業安定局失業対策課編『失業対策年鑑（昭和二十六年度版）』前掲書、298ページ。
52) 同上書、300ページ。
53) 標準世帯は、64歳男性、35歳女性、9歳男子、5歳女子、1歳男子の5人世帯であった。
54) 生活保護制度は、旧法時でも、生活扶助以外に医療扶助、生業扶助、出産扶助、葬祭扶助があった。他の扶助（特に医療扶助）を含めると、生活保護基準を超えるのはさらに困難であったと考えられる。

に従事していたとしても、生活扶助（保護）基準額以上の賃金を得ることは困難であったと考えられる。生活保護基準以下の生活を強いられていたとしても、稼働能力者は「総合的失業対策」が整備されているとして、稼働能力の活用が求められて生活保護を受給することが困難であった。一方、どのよう条件であっても就労していれば、生活保護を受給することが困難であるという実態もあり、日雇労働者や失業者は制度の谷間に追いやられた状態にあった。

　実際に、この問題は労働事情に関する件、日雇労働者の求職状況として、国会の衆議院労働委員会でも取り上げられていた。東京土建産業労働組合員、東京土建一般労働組合員、各地の自由労働組合員、現に公共職業安定所を通じて働いている日雇労働者は、求職活動のため公共職業安定所を訪れると仕事がなければ生活保護を受給することを勧められ、民生委員や行政の窓口を訪れると稼働能力があることを理由として生活保護申請ができず、実際に生活保護を受給すると、公共職業安定所でそれを理由として職業紹介をしてもらえないという実態を語っている（第7回国会衆議院労働委員会14号（回）1950年4月21日：4～7ページ）[55]。

第5項　失業保険制度の実施状況

　1947年12月に制定された失業保険法が、適用事業所や給付制限等の制度そのものに付随する問題点と、新しい制度として作られたばかりで制度の普及が徹底されておらず、失業者の生活保障として機能していない状況であることは、前章で述べた。本項では、引き続き失業保険制度と新たに制定された日雇失業保険制度

55）国会会議録の分析は、国立国会図書館「国会会議録検索システム」（http://kokkai.ndl.go.jp/）〈最終閲覧日・2011年9月15日〉を利用した。ページ数は、画面上の分割表示のページ数を示している。

第6章　旧法の限界と新法制定に向けた議論

の実施状況を分析する。

　1950年の失業保険制度の適用事業所は16万7063ヵ所、被保険者は589万8240人であり、適用事業所と被保険者はともに増加傾向にあるものの、前年と比べて約1割の増加に過ぎなかった。保険給付の受給状況（1950年度平均）をみると、離職票受付件数が5万7796件、初回受給者数が5万1967人、受給者実員数が35万9662人であり、前年度と比較すると、離職票受付件数は減少し、初回受給者数は微増であった。しかし、受給者実員数は約10万人増加しており、失業が長期化している傾向を確認することができる（表4、表5）。また、「ドッジ・ライン」や「シャウプ勧告」による失業者の急増に対して、初回受給者が増加していないのは、そもそも適用事業所に勤めていない、もしくは失業保険制度の被保険者になっていなかった、公共職業安定所に行かないため、失業と認定されていなかったなど、様々な理由が考えられる[56]。

　日雇失業保険制度に関しては、被保険者が58万人と減少し、以降一貫して減少傾向をたどることになる。受給状況（1950年度平均）をみると、初回失業認定件数が8万9638件、受給者実員数は5万9789人であり、受給者実員数は2倍以上に増加した。被保険者は減少しているにもかかわらず、保険給付の受給者数は増加していくことになる。ただし、日雇失業保険制度は、一般失業保険にも増して脆弱な制度であり、平均受給日数は7.5日に過ぎず、平均受給月額も1000円であった。一般失業保険の平均受給月額も3412円に過ぎず、失業保険制度は失業者の最低生活保障としての役割を果たしていなかった[57]。

　戦後直後の混乱期を数字のみで把握することが困難であること

56）労働省職業安定局失業保険課編『失業保険十年史』1960年、895〜901ページ。
57）同上書、916ページ、924ページ。

は事実だが、それを差し引いても「総合的失業対策」は稼働能力者の最低生活保障を果たしていたとはいえない。厚生官僚は、「総合的失業対策」が最低生活保障として機能しているかどうかを検証したことはない。制度を作ったことのみを根拠として、稼働能力者に対して厳格な対応を行うというのは、今日と同じ実態である。

第5節　厚生官僚による生活保護法（新法）案の作成の意図

第1項　生活保護法（新法）案の作成方針

　小山進次郎によれば、生活保護法（新法）案の作成の準備が本格的に進められたのは、1949年11月中旬からであり、法案作成の方針として、「(1) 一部改正の形を採らず、全文を書き直すこと。(2) 改正の内容は、概ね社会保障制度審議会の勧告を中心とすること。(3) 前項の外、医療機関に対する監督の規定を盛ること。(4) 法律としての形式的構成の整備にも意を用いること」とし、法律を全面改正することがあげられていた。さらに、法案作成上の問題点として、37点あげられ、検討されたという。

　このうち、本書の課題と関連するものとしては、「『総則』に関するもの」では、「(1) 法律の目的を社会保障のみにおくか、社会福祉をも含めたものとするか。…(4) 被保護者の欠格条項（旧法第二二条[59]）をどうするか」、「『保護の原則』に関するもの」では、「(7) 無差別平等の原則の機械的運用をどのような方法で防止するか」、「『保護の機関及び実施』に関するもの」では、「(16) 義務的監査の規定を設けるか、どうか。(17) 被保護者に対する市町村長

---

58) 小山『改訂増補　生活保護法の解釈と運用』前掲書、50ページ。
59) 旧法の「欠格条項」は第2条であり、誤植だと思われる。

の指示権をどうするか」、「『被保護者の権利及び義務』に関するもの」では、「(32)市町村長に対しその行つた指示等につきどの程度迄の強制権を認めるか」があげられる。[60]

　ここからは、公的扶助の基本原理である無差別平等の機械的運用を防止する方法が検討され、具体的には、市町村長の強制権を伴う指導指示に生活保護受給者を従わせ、厚生省がそれを監査し、指導するという方法を想定していたと読み取ることができる。

第2項　新法案作成方針における問題点

　小山は生活保護法について、「旧法は社会福祉の法であって、社会保障の法ではなかった」と述べている[61]。それでは、社会福祉をどのように定義していたかが重要になってくるが、小山は社会福祉を説明する際に、生活保護法（旧法）の第2条「欠格条項」に触れて、「何らかの意味において社会的規準から背離している者を指導して正常な社会の一員として自立させることを目的としている」と定義している[62]。小山の社会福祉の定義はまさに、恩恵的思想そのものであるが、生活保護行政で稼働能力者に対して厳格な対応がとられ続けたことは、必然的であったことがわかる。

　このように、生活保護法（新法）では社会福祉の法律として、「自立」が重要な課題としてあげられることになった。「序章」で述べたが、小山進次郎は自立助長を「最低生活の保障と共に、自立の助長ということを目的の中に含めたのは、『人をして人たるに値する存在』たらしめるには単にその最低生活を維持させるというだけでは十分ではない。凡そ人はすべてその中に何等かの自主独立の意味において可能性を包蔵している。この内容的可能性

---

60) 小山『改訂増補　生活保護法の解釈と運用』前掲書、50～53ページ。
61) 同上書、83ページ。
62) 小山進次郎編『社会保障関係法〔Ⅱ〕』日本評論新社、1953年、14～15ページ。

を発見し、これを助長育成し、而して、その人をしてその能力に相応しい状態において社会生活に適応させることこそ、真実の意味において生存権を保障する所以である。社会保障の制度であると共に、社会福祉の制度である生活保護制度としては、当然此処迄を目的とすべきであるとする考えに出でるものである。従つて、兎角誤解され易いように惰民防止ということは、この制度がその目的に従つて最も効果的に運用された効果として起ることではあらうが、少くとも『自立の助長』という表現で第一義的に意図されている所ではない。自立の助長を目的に謳つた趣旨は、そのような調子の低いものではないのである」[63]と格調高く述べていることから、今日でも高く評価されているが[64]、本質は大きく変化していないのである。

第3項　公的扶助小委員会における「欠格条項」の議論と「自立」のつながり

　ここまでは、小山の社会福祉及び「自立」の定義を分析してきたが、社会保障制度審議会及び同公的扶助小委員会でも「自立」に関する議論が「欠格条項」と関連付けて議論されていたので、若干時期は遡るが、分析していく。分析の際には、木村忠二郎文書資料を解題した寺脇隆夫の論文を使用する[65]。

---

63) 小山『改訂増補　生活保護法の解釈と運用』前掲書、92～93ページ。
64) 先行研究の総括で述べたように、副田義也は小山進次郎を高く評価している。近年の研究では、小山の「自立助長」の解説と木村忠二郎の「自立助長」の解説を比較して、小山を高く評価するものが多い。具体的には、岡部卓（著者代表）、東京都板橋区・首都大学東京編『生活保護自立支援プログラムの構築―官学連携による個別支援プログラムのPlan・Do・See―』ぎょうせい、2007年、6～8ページ、岡部卓「第10章　生活保護における自立支援」社会福祉士養成講座編集委員会編『低所得者に対する支援と生活保護制度―公的扶助論』中央法規、2009年、194～197ページなどがあげられる。
65) 寺脇隆夫「史資料紹介　旧法の全面改正＝生活保護法（新法）の立案過程―木村文書資料中に見られる立法関係資料の紹介と解題―」社会事業史学会『社

第6章　旧法の限界と新法制定に向けた議論

　公的扶助小委員会委員長の青柳一郎は、1949年7月24日の第4回社会保障制度審議会総会において、最低生活保障の確立という緊急的な対応を迫られた公的扶助小委員会の議論をふまえて、「最低生活保障制度確立に関する公的扶助小委員会委員長の報告要旨」として報告を行っている。

　その中で、「第一　法律の基本原則に関するもの」として、「（一）国家はすべての国民に対して最低生活を保障し、勤労能力のある者に対しては勤労により生活再建させる程度のものにしなければならない、（二）各種の救済制度及び社会保険制度の給付金は少くとも最低生活を保障する以上のものでなければならない、（三）他の手段により最低生活を維持できない者に対しては、保護請求権が認められなければならない」という基本原則とともに、「（四）保護の欠格条項を規定している法第二条及び適用除外を規定している法第三条はこれを全面的に削除すべきである」[66]として、生活保護法（旧法）の最大の問題点であった「欠格条項」を削除すべきと主張していた。他の3点も基本原則として重要ではあるが、この点は再確認しておかなければならない。

第4項　「欠格条項」の必要性に関する認識の一致

　しかし、前述したように、実際に内閣総理大臣に提出された「生活保護制度の改善強化に関する勧告」では、「保護の欠格条項を明確にしなければならない」とされており、一見すると矛盾しているようであるが、実は公的扶助小委員会でもこの点について、議論がされていた。

　社会保障制度審議会総会に案を出すまでに、公的扶助小委員会内では「生活保護制度改善に関する公的扶助小委員会の勧告案要

───────────
会事業史研究（第37号）』2009年、111〜143ページ。
66）同上書、135ページ。

旨」(1949年6〜7月頃)を題材として議論されていたが、勧告案要旨には「(四) 保護の欠格条項を規定している法第二条及び適用除外を規定している法第三条はこれを全面的に削除すべきである」に続いて、「第二条が削除されても第十六条及び第三十六条の運用により十分弊害を生じさせないことが出来るし、第三条を削除してもこれに代るより積極的な規定即ち扶養能力ある扶養義務者に対し必要な費用を国税徴収法の例により徴収することの出来る規定を設けることにより、よりよく目的を達しうるからである[67]」という文言が存在しており、「欠格条項」を別の形で残すことが示唆されていた。

ちなみに、生活保護法（旧法）の第16条は「市町村長は、保護を受ける者に対して、勤労その他生計の維持に必要なことに関して指示をなすことができる」、第36条は「保護を受ける者が左の各号の一に該当するときは、市町村長は、保護をなさないことができる。一　この法律又はこの法律に基づいて発する命令により市町村長又は保護施設の長がなした処分又は指示に従はないとき。二　正当な理由がなく保護に関する検診又は調査を拒んだとき」である。

これらの条文は、生活保護法（新法）でも、第27条（指導及び指示）、第62条（指示等に従う義務）として、実際に引き継がれている。「欠格条項」を別の形で残すという文言は、「最低生活保障制度確立に関する公的扶助小委員会委員長の報告要旨」には含まれなかったが、「欠格条項」の必要性に関しては認識が一致していたことは明らかである。別の形はいかなる方法で、どのように組み込まれたのかを注意深くみておかなければならない。そのことは、生活保護法（新法）の権利抑制を発生させる要因を明らかにすることにつながる。

---

67) 同上書、132〜133ページ。

第5項 「欠格条項」の代替としての「自立助長」

「欠格条項」の代替としての機能を期待されていたのは、「自立助長」であった。「欠格条項」の目的は、生活保護に「依存」する者を生み出さない＝「惰民養成」の防止にあった。

そのため、生活保護制度は、稼働能力者を極力排除し、実質的な制限扶助主義を志向した。つまり、小山が「欠格条項」に触れながら、社会福祉を「何らかの意味において社会的規準から背離している者を指導して正常な社会の一員として自立させることを目的としている[68]」と定義したことと、「欠格条項」の目的は一致している。仲村優一との対談の分析でも触れたが、旧法では制度の対象としていなかった者（怠惰な者や素行不良な者）を社会の一員として「更生」させるということと、「自立助長」が関連していることは小山自身が認めていることでもある。

また、ケースワークの目的とは、労働能力がありながら労働意思のない者を、社会生活に適応させることだとも述べている[69]。なおかつ、ケースワーカーの指導指示は、生活保護の停廃止を含む強制力の伴うものであった。「欠格条項」と小山が説明する社会福祉の定義や「自立」は、「惰民養成」防止という目的で一致していたといえる。

「欠格条項」を明記して、怠惰な者や素行不良なものをそもそも制度の対象から外していた生活保護法（旧法）と、「欠格条項」が削除された生活保護法（新法）は、一般扶助主義という点からすれば、全く異なっているものである。しかし、生活保護を受給しても常に強制力を持ったケースワークを伴い、実際に保護の停廃止が多用されたことをふまえると、生活保護に「依存」させない＝「惰民養成」の防止では、旧法も新法も共通しており、それ

---

68) 小山『社会保障関係法〔Ⅱ〕』前掲書、14〜15ページ。
69) 小山『改訂増補　生活保護法の解釈と運用』前掲書、96ページ。

は「欠格条項」と「自立助長」についても同様であった。そして、根底にあったのが社会局保護課に残る伝統の厳しさであることは、小山が基本的人権の尊重、生存権の保障を「自己の意思によらない失業、幼年、老年、病気、その他あらゆる無能力において、生活保障を受ける権利」の確保と説明し、無差別平等や一般扶助主義を受けいれていないことからも明らかといえる。[70]

　もちろん、生活保護法（新法）の問題は、厚生省社会局保護課の思想に矮小化されるものではない。経済の自立化を名目として国民生活に多くの犠牲を強いたGHQ、憲法25条（生存権）の議論も含めて、社会保障制度の権利性に一貫して消極的であり、「総合的失業対策」で局面を乗り切ろうとした日本政府（保守政党）、生活に対する直接的給付よりも国際競争力の強化を図るべきと主張した日本経営者団体連盟の意図に沿うものであった。

第6節　生活保護法（新法）案の変遷

第1項　最低生活保障の明記と自立助長の挿入

　ここまでは、生活保護法（新法）案作成の過程を分析してきたが、本節では法案が国会に提出されるまで、どのように変更されていったのかを分析していく。

　これまでの研究では、法案作成過程と変遷については資料が限られていたため、明らかにされてこなかったが、木村忠二郎文書資料を分析した寺脇隆夫によって、1949年11月7日に厚生省社

---

70) 小山進次郎「生活保護法の原理と原則」大阪社会事業短期大学編『社会事業講座（第六巻）』福祉春秋社、1951年、20ページ（本書では、一番ヶ瀬康子・井岡勉・遠藤興一編『戦後社会福祉基本文献集5　社会事業講座（第六巻）』日本図書センター、2000年を使用）。村上貴美子も社会保障制度審議会公的扶助小委員会の議論の過程で、「絶えず立上るという方向」が検討され、「自立助長」へと発展していったと分析している。村上貴美子『占領期の福祉政策』勁草書房、1987年、234～237ページ。

会局保護課内で作られた生活保護法案第1次案から、1950年3月22日に国会へ提出された生活保護法案第7次案まで存在することが明らかにされており、実際に論文内で紹介されている（国会審議で修正された案を第8次案としている）[71]。全ての条文について検討することは不可能なので、SCAPIN775「社会救済」と「生活保護制度の改善強化に関する勧告」で示された公的扶助の原理とかい離した点、また、今日の生活保護行政からみて、問題があると思われる点を中心に分析していく。

最低生活保障に関しては、生活保護法案第1次案（1949年11月）の第1条（法律の目的）に「この法律は、国が生活に困窮するすべての者に対し、その困窮の度合に応じ必要な保護を与へて、その最低限度の生活を保障し、社会保障の精神を具現することを目的とする」[72]と明記されていたが、旧法の第1条にも最低生活保障はすでに明記されていたため、当然のことといえる。しかし、この時点では自立助長に該当する条文は、第1条を含めても存在しなかった。また、憲法25条（生存権）についても触れられていなかった。

自立助長と憲法25条（生存権）が条文案に挿入されたのは、1950年2月上旬頃に作られた生活保護法案第5次案である。第5次案では、第1条（この法律の目的）が「この法律は、日本国憲法第二十五条に規定する理念に基き、国が生活に困窮するすべて

---

71) 寺脇「史資料紹介　旧法の全面改正＝生活保護法（新法）の立案過程―木村文書資料中に見られる立法関係資料の紹介と解題―」前掲書には第1次案、寺脇隆夫「史資料紹介　旧法の全面改正＝生活保護法（新法）の立案過程―木村文書資料中に見られる立案関係資料の紹介と解題―その2」社会事業史学会編『社会事業史研究（第38号）』2010年、85〜118ページには第2次案〜第6次案が掲載されている。なお、第7次案については、国会議事録に掲載されているので、論文中には含まれていない。

72) 寺脇「史資料紹介　旧法の全面改正＝生活保護法（新法）の立案過程―木村文書資料中に見られる立法関係資料の紹介と解題―」前掲書、136ページ。

の国民に対し、その困窮の程度に応じ、必要な保護を行い、その最低限度の生活を保障するとともにその自立を助長することを目的とする[73]」となっており、現行法に似た条文となっている。

　条文案の変更が行われた3ヵ月間の動向は定かではなないが、この時期は労働運動・社会運動による生活保護集団申請が激化し、1949年12月22日「生活保護法の集団的適用の規整に関する件」が通知された時期でもあり、このことが関連しているとも考えられる。

第2項　保護請求権の明記と削除

　GHQのスタッフによる都道府県民生部関係職員現任訓練講習会や「生活保護制度の改善強化に関する勧告」では、公的扶助の基本原理として、保護請求権の明記が不可欠であることが言及されていたが、生活保護法（旧法）では厚生官僚によって一貫して否定され続けた。しかし、生活保護法案第1次案（1949年11月）では、第7条（保護請求権）に「すべて国民は、生活困窮の状態に在るときは、この法律の定める所により、保護の実施機関に対し、保護を請求することができる」と条文に明記されていた。

　具体的な手続き方法として、第34条（保護の手続）には「2　市町村長は、前項の申請が自市町村内に居住する者に関して行われたものである限り必ずこれを受理しなければならない[74]」という案が示されていた。さらに、民生委員や行政職員によって、保護申請権が侵害されていたことをふまえてか、申請受理義務まで条文に明記されていた。しかし、保護請求権は生活保護法案第3次案

---

73) 寺脇「史資料紹介　旧法の全面改正＝生活保護法（新法）の立案過程—木村文書資料中に見られる立案関係資料の紹介と解題—その2」前掲書、106ページ。
74) 寺脇「史資料紹介　旧法の全面改正＝生活保護法（新法）の立案過程—木村文書資料中に見られる立法関係資料の紹介と解題—」前掲書、136ページ、139ページ。

(1949年12月)で削除されている[75]。現行法でも、第7条に申請保護の原則が明記されているが、保護請求権については明記されていない[76]。

　戦後生活保護行政においては、実態として、福祉事務所の窓口で保護申請権は侵害され続けてきたといっても過言ではないし、今日も実態が改善していないのは、「序章」で述べたとおりである。保護請求権と市町村長の申請受理義務の条文への明記は、改めて問われなければならない点である。

第3項　指導指示への服従義務から指導指示に従う義務へ

　生活保護法（新法）案の作成時にも問題とされ、「欠格条項」の代替である自立助長を実現する、強制力を伴ったケースワークに不可欠な指導指示等に従う義務についてもみておく。現行の生活保護法でも、第62条「指導指示等に従う義務」は明記されているし、旧法にも同様の条文は含まれていたため、一見すると問題はないようにみえる。しかし、生活保護法案第1次案（1949年11月）では、第62条「服従義務」として条文に含まれていた[77]。

　具体的な条文に関しては、生活保護の旧法、新法と大きな違いはみられない。それでも、「服従義務」という名称自体に、条文を作成した厚生官僚の恩恵的思想がにじみ出ている。「服従義務」という名称が問題とされたかどうかは定かではないが、生活保護法案第5次案（1950年2月上旬）では、第63条（指示等に従う義

---

75) 寺脇「史資料紹介　旧法の全面改正＝生活保護法（新法）の立案過程―木村文書資料中に見られる立案関係資料の紹介と解題―その2」前掲書、95～96ページ。

76) ただし、生活保護法第2条では無差別平等が明記されており、生活保護を必要とする人々に保護請求権が認められていることは明らかである。

77) 寺脇「史資料紹介　旧法の全面改正＝生活保護法（新法）の立案過程―木村文書資料中に見られる立法関係資料の紹介と解題―」前掲書、141ページ。

務)に変更されていた。[78]

第4項　必要十分な予算計上原則の明記と削除

　生活保護費の問題に関しては、SCAPIN775「社会救済」では、支給金総額の無制約が公的扶助の基本原理として示され、「生活保護制度の改善強化に関する勧告」でも、地方自治体負担が生活保護行政の妨げになっているとして、国庫負担割合の増額を提言していた。現行の生活保護法は、SCAPIN775「社会救済」と「生活保護制度の改善強化に関する勧告」の指摘が条文に生かされなかったこともあり、生活保護費に関する条文は負担割合など、限定されたものとなっている。しかし、生活保護法案第1次案(1949年11月)では、第70条(原則)で「国、都道府県及び市町村は、この法律の施行に要する必要にして十分な費用を予算に計上し、且つ支出しなければならない[79]」と明記されていた。必要十分な予算計上原則は、名称や条文案の中身を若干変更しながらも維持されてきたが、結果的に生活保護法案第6次案(1950年3月中旬頃)の段階で削除された。[80]

　戦後生活保護行政は、生活保護費削減を主要命題とされ、1980年代には国庫負担割合増額どころか削減までされた。生活保護費削減は、「適正化政策」の実施、結果としては生活保護受給者への日常的な人権侵害へとつながっていった。現在、生活保護費の国庫負担割合の削減が再び議論の対象とされているが、SCAPIN775「社会救済」、「生活保護制度の改善強化に関する勧告」の意義を再

----
78) 寺脇「史資料紹介　旧法の全面改正＝生活保護法(新法)の立案過程—木村文書資料中に見られる立案関係資料の紹介と解題—その2」前掲書、113ページ。
79) 寺脇「史資料紹介　旧法の全面改正＝生活保護法(新法)の立案過程—木村文書資料中に見られる立法関係資料の紹介と解題—」前掲書、141ページ。
80) 寺脇「史資料紹介　旧法の全面改正＝生活保護法(新法)の立案過程—木村文書資料中に見られる立案関係資料の紹介と解題—その2」前掲書、115～116ページ。

確認し、最終的に明記はされなかった必要十分な予算計上原則について も、検討する必要がある。

小　括

　制度改正準備期（1949年9月～1950年5月）は、世界における冷戦構造の形成と朝鮮戦争の勃発、それに伴うGHQの占領政策としての日本経済の自立化政策（「シャウプ勧告」による均衡財政の確立と強固な大衆的課税、民間貿易増加による国際競争力強化など）、再軍備による「逆コース」への道など、世界情勢の激動期でもあった。以降、再軍備化は社会保障費削減の要請へとつながっていくなど、社会保障と切り離すことができない問題となる。

　日本経済の自立化政策は大量の失業者を発生させた。しかし、日本政府は、日本経営者団体連盟の後押しもあり、生活困窮者に対しての根本的な対策をとることなく、自立化政策を押し進める。「総合的失業対策」は徐々に整備されつつあったが、極めて不十分であった。そのような状況の中、生活保護の適用・改善を運動方針に掲げていたのは、全日本産業別労働組合会議（産別会議）だけであったが、全国産業別労働組合連合（新産別）の結成、レッド・パージの影響もあり、組合員の激減とともに影響力を低下させていく。

　産別会議の代わりに、生活保護の適用・改善運動に取り組んだのが、全日本土建一般労働組合、全国各地の自由労働組合、日本患者同盟、生活を守る会と健康を守る会である。これらの運動団体は、失業対策事業の量的・質的拡充を運動方針として掲げて積極的に取り組んでいたが、十分に総合的失業対策が整備されない中、生活保護適用に向かわざるを得ない状況にあり、生活保護集団申請によって、生活保護適用を認めさせた。

しかし、厚生官僚は、生活困窮者の切実な要求を「暴力集団」、「惰民養成」の結果であるとみなして、無差別平等の機械的運用を防止し、個別的な対応をとるよう通知した。日雇労働者や失業者は、公共職業安定所を訪れると、失業対策事業が十分ではないからと生活保護受給を勧められた。民生委員や行政の職員を訪れて生活保護申請の相談をすると、稼働能力者は生活保護受給できないという厳格な態度で臨まれて、結果的には両制度の谷間に追いやられることになった。そのことが、また、生活保護適用運動を「尖鋭化」させるというサイクルであった。

　このような状況の中、生活保護法（新法）案作成が行われた。厚生官僚は、現在の生活保護行政を目の当たりにしているため、一般扶助主義や無差別平等を徹底した制度にした場合、生活保護への「依存」＝「惰民養成」が深刻化してしまうと危惧した。そのため、「欠格条項」を何らかの形で残そうというのは、共通理解となっていた。一般扶助主義や無差別平等を徹底することが求められたため、怠惰な者や素行不良な者を制度からそもそも排除することはできなかった。そこで、法律に社会保障の制度であるとともに、社会福祉＝「何らかの意味において社会的規準から背離している者を指導して正常な社会の一員として自立させることを目的としている」の制度であることを条文で明記した。

　さらに、「自立」のためには、支援が不可欠となるため、生活保護の停廃止を含んだ強制力を伴うケースワークが行われることになった。現行の生活保護法には結果的に「欠格条項」が明記されていない。しかし、自立助長として別の形で「欠格条項」は残されたとみなすことができる。

　そして、生活保護法の立案作業では、運動団体による集団保護申請が各地で繰り広げられる中、自立助長が条文案に明記された。立案作業では、保護請求権の明記や必要十分な予算計上原則

第 6 章　旧法の限界と新法制定に向けた議論

が含まれていたなど、今日からみても先進的な側面も数多く存在した。しかし、指導指示（ケースワーク）への「服従義務」という名称が示すとおり、厚生官僚は恩恵的思想を拭い去ることができず、先進的な側面（権利性）は徐々に削除されていった。そして、それは経済の自立化の名目として国民生活に多くの犠牲を強いた GHQ、憲法 25 条（生存権）の議論も含めて、社会保障制度の権利性に一貫して消極的であり、「総合的失業対策」で局面を乗り切ろうとした日本政府（保守政党）、生活に対する直接的給付よりも国際競争力の強化を図るべきと主張した日本経営者団体連盟の意図することでもあった。

　厚生省社会局保護課で原案が作成された生活保護法案は、1950 年 3 月 22 日に国会へと提出される。国会では、いかなる議論がされて、戦後の生活保護行政の体制が形成されたのかを次章で分析する。

第7章

生活保護法（新法）の制定と戦後生活保護体制の確立
―恩恵的思想の通底と妥協の産物―

　ここまでは、生活保護法（旧法）の具体的運用と法案の成立過程を分析してきた。それらの分析によって、生活保護法（新法）に課せられた機能や意図を明らかにしてきたが、本章では国会、特に厚生委員会でどのようなことが問題とされ、議論されていたのかを分析していく。法案の作成過程は、社会保障制度審議会や厚生省社会局保護課内で行われており、オープンな場で議論されることは少なかった。オープンな場で、様々な立場の人々が参加する中、何が議論されていたかを分析することは重要である。

　本書は、生活保護法（新法）の成立過程を分析対象としているが、同時期には、社会福祉主事の設置に関する法律（1950年法律第182号）、社会福祉事業法（1951年法律第45号）が制定され、社会福祉主事と福祉事務所が生活保護行政に位置付けられることになった。両者は、生活保護行政において、生活保護法（新法）とあわせて一体的な機能を果たしているので、戦後生活保護行政体制の形成として位置づけ、分析していく。

第1節　生活保護法（新法）案提案理由と中心的課題

第1項　生活保護法（新法）案の提出理由

　生活保護法案が第7回国会衆議院に提出されたのは、1950年3月22日であるが、議論は法案が策定された同年2月中旬から行われている。本会議や労働委員会においても生活保護法に関する議論は行われているが、具体的な運用については、厚生委員会で議論がされているので、分析対象は厚生委員会のみとする。国会会議録は、国立国会図書館「国会会議録検索システム」[1]を使用した。

　1950年3月22日の衆議院厚生委員会では、林譲治厚生大臣が生活保護法（新法）案提出理由を5点あげて説明している。1点目は憲法25条（生存権）の理念を具体化したことであり、保護の内容を法律に明記し、慈恵的色彩の一掃を行ったこと、2点目は不服申立制度が法律上の制度として確立したこと、3点目は保護実施主体を訓練された有給専門職員の活用と協力機関としての民生委員とし、法の運営における両者の責任区分を明確にしたこと、4点目は教育扶助及び住宅扶助を新たに創設したこと、5点目は濫診濫療を防ぐために医療機関の指定制度の確立と監査制度の実施が制度化されたことであった（第7回国会衆議院厚生委員会15号（回）1950年3月22日：8ページ）。

　ここで留意しなければならないのは、1点目から4点目までは、生活保護法（新法）を憲法25条の理念に相応しい制度にするための理由であったのに対して、5点目は明らかに医療扶助の削減を目的としていたことである。生活保護費に占める医療扶助費の割合は45％を占めていたが、社会保障制度審議会で木村忠二郎社会

---

1) 国立国会図書館「国会会議録検索システム」〈http://kokkai.ndl.go.jp/〉（最終閲覧日・2011年9月15日）。

局長が主張していた「相当厳しい手」が具体化されたといえる。

第2項　「生活保護制度の改善強化に関する勧告」との相違点

1950年3月25日の衆議院厚生委員会では、公的扶助小委員会の委員長であった青柳一郎（民主自由党）から「生活保護制度の改善強化に関する勧告」と生活保護法案との相違点が問われている。

木村忠二郎社会局長は、1点目として、市町村長又は社会福祉主事が公的責任を持つため、民生委員の活動を明記した法第22条に「市町村長又は社会福祉主事から求められたときは」という事項を設けたことを挙げている。民生委員がGHQや運動団体から批判されていたことはすでに述べてきたが、「生活保護制度の改善強化に関する勧告」は民生委員の役割を積極的に評価していた。その点では、「市町村長又は社会福祉主事から求められたときは」という限定をつけたことは一見すると、評価できる。しかし、社会福祉主事は民生委員の協力を求めることは不可欠であるし、厚生省社会局保護課として指導していくことで、勧告の趣旨を反映していると述べている（第7回国会衆議院厚生委員会17号（回）1950年3月25日：4ページ）。

さらに青柳は、生活保護制度が「惰民養成」につながるという批判があることに対して、日本の生活保護制度は「惰民養成」につながらないように意欲のある方面委員、民生委員が積極的な役割を果たしてきたと高く評価し、新法下でも積極的な役割を果たすことを期待していると述べている。これに対しても、木村社会局長は、新法下でもその点を留意し、民生委員は格下げではなく格上げであると明確に回答している（第7回国会衆議院厚生委員会17号（回）1950年3月25日：5ページ）。新たな法律を制定する時はGHQから法案をチェックされるので、批判の対象とされる条文を

極力少なくするために、民生委員の活動を限定する条項を加えたが、本質は変化していなかったのである。

2点目として生活保護費の国、都道府県、市町村の経費負担割合をあげている。「生活保護制度の改善強化に関する勧告」は、地方負担割合を軽減するように提言していたが、生活保護法（旧法）と同じく国の負担割合が8割、都道府県及び市町村の負担割合が1割ずつ負担することとされた（第7回国会衆議院厚生委員会17号（回）1950年3月25日：4ページ）。

生活保護費の国庫負担割合については、地方負担分が重すぎるとして、全国の市町村から全額国庫負担にするという要望書が国会に提出されていた。しかし、厚生省は、国庫負担割合が8割ということが、生活保護行政における「濫救」を防ぐという見解を持っていた。

第3項　生活保護法（新法）における中心的課題

生活保護法案の審議に関しては、厚生委員会公聴会が開催されて、国会議員のみならず、様々な公述人が意見を述べている。具体的には、原泰一（全日本民生委員連盟会長）、青木秀夫（日本社会事業協会理事長）、牧野修三（中央児童福祉審議会）、下松桂馬（財団法人浴風会常務理事）、増田正直（千葉県君津郡中村助役）、井上春雄（至誠会第二病院患者代表）、竹内一（日本医師会理事）、天達忠雄（元明治学院教授）、江津萩枝（民生委員）、竹内政（生活保護受給者）、朝倉純義（健康会議社編集長）と、生活保護に携わるあらゆる層の人々が公述の機会を与えられている。ただし、日本患者同盟の機関誌『健康会議』編集長の朝倉純義はいたものの、生活保護行政で常に問題とされていた稼働能力者（あるいは失業者）に関する団体は参加していなかった。

公述内容は、それぞれの所属と関連していることが中心であり、

第 7 章　生活保護法（新法）の制定と戦後生活保護体制の確立

法律の形式や制度（組織）の運営に関するものが多かったが、ここでも民生委員をどのように位置付けるのかが問題とされていた。民生委員に関しては、補助機関から協力機関になることで役割が低下することへの危惧、旧法下では仁愛の精神に基づきほとんど無報酬で活動を続けていたこと、行政の職員とは違って良き隣人としての関わりができていたこと、有給の専任職員を配置するといっても、12万数千人もいる民生委員の協力なくして生活保護行政は成り立たないこと、行政職員は官僚的な対応を行うことが多いので、ケースワークはできないことなどが指摘された。さらに、社会事業学校で専門職の養成が始まったとはいえ、毎年100～200人に過ぎず、当面は民生委員の選定を民主化し、機能を強化することが必要だという主張も存在した（いずれも、第7回国会衆議院厚生委員会公聴会1号（回）1950年4月1日：1～14ページにおける原、江津、朝倉の発言）。

　民生委員は、労働運動・社会運動側からは批判の対象とされていたが、公述人は民生委員を積極的に評価し、新法でも生活保護行政の一端を担うことになった。

第4項　患者団体による生活保護法（新法）案の評価

　生活保護適用・改善運動に取り組んだ運動団体は、厚生委員会に出席していたわけではないので、生活保護法（新法）案をどのように評価していたか定かではない。全日本産業別労働組合会議（産別会議）や全日本土建一般労働組合や自由労働組合の機関紙（誌）でも、その点については書かれていることが少ない。むしろ、憲法25条（生存権）の理念を具体化したとして、積極的な評価も存在する。

　それに対して、生活保護法（新法）案に批判的な意見もしくは明確な反対を主張していたのが、患者団体である。厚生委員会公

聴会でも、朝倉純義は、立ち入り検査や監視、施設から個人への統制が非常に厳しくなることが予想されるので、法律の理念がつぶされてしまうと批判している（第7回国会衆議院厚生委員会公聴会1号（回）1950年4月1日：14～15ページ）。朝倉は、編集長を務めていた『健康会議』の中でも、生活保護法（新法）が制定されて、社会福祉主事という「専門化したいかめしいお役人」が生活保護の運用をすることによって、査定がますます厳格になることを指摘していた[2]。

　医療扶助による医療提供の内容が低下することを危惧して、生活保護法（新法）案の改正に反対していたのは、日本患者同盟などの運動団体だけではない。1950年3月29日に岡良一（日本社会党）は、国立療養所で療養している患者から多くの手紙を受け取り、法律が改正されると医療内容が低下する、生活保護の適用から排除されるのではないか、生活保護の取扱いが官僚化するとして、法案に反対しているという請願を受けたと国会審議で述べている（第7回国会衆議院厚生委員会19号（回）1950年3月29日：7ページ）。医療扶助に関しては、林厚生大臣が新法案制定理由として、濫診濫療を防ぐために医療機関の指定制度の確立と監査制度の実施を掲げて、「相当厳しい手」を打つことを明言していたが、患者団体は反対の意思表示を明確にしていた。

第2節　稼働能力者への対応に関する一貫した消極性

第1項　失業者数の未把握とボーダーライン層に対する保護適用の消極的態度

患者団体が生活保護法（新法）案に反対の意思表示をしていた

---

[2]　朝倉純義「生活相談　くわしい相談例―のつぴきならぬ資料を備えてあたろう―」日本療養所患者同盟『健康会議（第2巻第7号）』1950年、42ページ。

第7章　生活保護法（新法）の制定と戦後生活保護体制の確立

のに対して、失業者や日雇労働者の運動団体は、声を挙げることはなかった。一方、厚生委員会では稼働能力者に対する議論が行われていた。

例えば、法案提出前の段階であるが、1950年2月24日の衆議院厚生委員会では、苅田アサノ（日本共産党）から「そもそも失業者数はどのくらいいるのか、失業者に対しての生活保護適用状況」という趣旨の質問がされたが、木村忠二郎社会局長は、総理府統計局（現在の総務省統計局）が行っている労働力調査報告でも正確に失業者数を把握できていない（大体50〜60万人と推計はしている）、それでも失業者数は増加傾向にはないと答弁している。さらに、失業を理由として生活保護を受給している世帯は、全体で約44万6000世帯のうち、約8000世帯（1.7％）に過ぎないと述べている（第7回国会衆議院厚生委員会7号（回）1950年2月24日：5ページ）。

同年2月27日の衆議院厚生委員会では、木村社会局長が、生活保護行政の最近の施行状況に関する説明を行っているが、失業や潜在的失業の問題は深刻化しつつあることは認識しているが、生活保護受給者の増加に影響していないという認識を示している（第7回国会衆議院厚生委員会8号（回）1950年2月27日：1〜3ページ）。

同日、青柳一郎から「長期失業で最低生活をおくることができない人々に対して、どの程度生活保護が適用されているか、そもそも適用しようとしているのか」という趣旨の質問がされたが、木村社会局長は、生活保護適用の可能性を否定してはいないが、失業者には失業保険給付と失業対策事業があるため、労働能力のある者は労働能力を活用することが当然という従来の前提を全く崩していない（第7回国会衆議院厚生委員会8号（回）1950年2月27日：1〜3ページ）。

堤ツルヨ（日本社会党）は、「ボーダーライン層の実数を把握し

ているのか」、「厚生省社会局保護課は否定するが、『漏救』が多数存在している」という趣旨の質問や指摘をしているが、これに対しても、ボーダーライン層の数は把握しておらず、今後の研究課題であること（潜在的失業の存在は認めている）、ボーダーライン層も失業保険制度や失業対策事業があるので直ちに生活保護を適用することはないと答えた上で、生活保護を申請した後にどのような対応がされたかは、把握できるので調査を行うと答えている（第7回国会衆議院厚生委員会8号（回）1950年2月27日：7～8ページ）。

第2項　稼働能力者への厳格な対応の根拠

　失業者や稼働能力者に対して、厳格な対応をとることは旧法下の生活保護行政に関しても同じであったが、少なくとも「怠惰な者」や「素行不良な者」を制度の対象としないという根拠（法第2条「欠格条項」）は存在した。また、今日の生活保護行政では、新法第4条（補足性の原理）が根拠とされて、稼働能力を活用しない者には、生活保護受給を認めないという運用がされている。

　生活保護法（新法）成立過程では、別の形で残すという方針であったことは前述したが、建前上「欠格条項」は削除された。また、失業者やボーダーライン層に対する生活保護適用が消極的ではないかと、林厚生大臣や木村社会局長を追求する日本社会党や日本共産党の議員に対して、保守政党の議員は、すぐに生活保護適用を求めるのは憲法27条1項（勤労の権利及び義務）を全く理解していないと批判していたが、厚生大臣や厚生官僚が、失業者（稼働能力者）やボーダーライン層への対応に関して、憲法27条1項の勤労の義務を持ち出すことはなかった。また、補足性の原理に関しては、そもそも議論されること自体が少なかったし、問題とされていたのは扶養義務や資産活用、労働で得た賃金をどこ

第7章　生活保護法（新法）の制定と戦後生活保護体制の確立

まで収入認定するかということであり、稼働能力を活用していないから生活保護受給を認めないという議論や説明がされることはなかった。

失業者（稼働能力者）やボーダーライン層に対して、厳格な対応を採り続けた根拠は「惰民養成」への危機感であった。法律の成立過程に関する国会会議録を分析すると、「惰民養成」をいかに防止するかということが説明で何度も述べられている。

木村社会局長は、苅田アサノ（日本共産党）からの「自立助長とは具体的に何をするのか」という趣旨の質問に対して、「自立助長という精神を持って運用にあたる」と、生業扶助の活用という1つの具体策しか出さなかった（第7回国会衆議院厚生委員会18号（回）1950年3月27日：6ページ）。このやり取りが、失業者（稼働能力者）やボーダーライン層への対応に関しては、法律論や政策論ではなく、精神論が優先していたという事実を表している。

第3項　法案制定時における厚生官僚の稼働能力者に対する認識

厚生委員会での議論の分析で明らかになったのは、厚生省と労働省ともに顕在的・潜在的失業者の正確な数を把握していなかったということである。ボーダーライン層の存在は認め、失業者数を正確に把握していなかったにもかかわらず、失業者には失業保険制度や失業対策事業が整備されているとして、生活保護の適用に極めて消極的な態度をとり続けた。そして、失業を理由とした生活困窮に対して、実際に生活保護が適用されたのは、1.7%（約8000世帯）とごく一部に過ぎなかった。これは前章までに分析してきたような生活保護行政を行ったことによる必然的な結果であったといえる。失業者や稼働能力者、ボーダーライン層に対して、厳格な対応をとり続けたにもかかわらず、「惰民養成」防止は、常

に課題としてあげられていたのである。

　労働運動・社会運動による生活保護適用を求めた集団保護申請については、前章までで分析してきたが、このような背景を持ちながらも、厚生官僚は「暴力集団」や「惰民」のようにみなしていた。そして、生活保護法（新法）成立過程においては、新法は憲法25条の理念を具体化し、数多くの公的扶助の基本原理が条文化されたが、「惰民養成」防止という恩恵的思想は、まさに思想や精神として色濃く残った。

第3節　社会福祉主事とケースワーク
　　　　——専門性をめぐる対立

第1項　生活保護行政の複雑化と民生委員の限界

　当初、生活保護行政の運用基準は厚生省から示されていたが、実際には民生委員の裁量に委ねられていた。しかし、生活扶助基準の「科学化」、不服申立制度の導入、生活保護申請の手続き、生活保護受給者への生活指導など、生活保護行政が複雑化していく中、民生委員では十分に対応できないという事態が発生した。それに対して、厚生省社会局保護課は『生活保護百問百答』を編纂し、民生委員の技能向上を目指したが、全国に12万数千人いる民生委員に一定水準の技能を習得させることは困難であった。

　ここまで分析してきたように、全日本土建一般労働組合や日本患者同盟の機関紙（誌）で繰り返し、民生委員の対応が批判され続けてきたことが、そのことを裏付けているといえる。生活保護行政が複雑化することで、民生委員が中心的役割を担うことは限界であった。

　GHQは当初から、SCAPIN404「救済並びに福祉計画の件」やSCAPIN775「社会救済」において、具体的な内容を明記すること

はなかったが、社会福祉の専門職を育成・配置することを求め、方面委員（民生委員）を生活保護行政から排除することを求めていた。第二次世界大戦以前は社会福祉という概念が希薄であり、専門職が存在しなかった日本政府は、これを十分に受容し、政策として実行することは困難であった。それでも、市町村に社会福祉の専門職を配置することはできなかったが、厚生省、都道府県には極めて不十分ながら、社会福祉の有給専任吏員を配置した。有給専任吏員の配置を後押ししたのが、「生活保護制度の改善強化に関する勧告」である。そして、新たに作られる社会福祉の専門職は、単に生活保護行政を円滑に進めるだけではなく、生活保護法（新法）第1条で新たに規定された自立助長を実現するために、ケースワークを実施する役割も担わされることとなった。

第2項　社会福祉主事の役割と機能に関する構想の相違

複雑化する生活保護行政という現実的課題、GHQと社会保障制度審議会の後押しもあり、ケースワークを実施できる社会福祉の専門職を新たに創設することが決定された。社会福祉主事の創設の中心的役割を担っていたのは、厚生省社会局長の木村忠二郎と厚生省社会局庶務課長の黒木利克（小山進次郎の後任の社会局保護課長）であった。厚生省社会局保護課長の小山進次郎も当然関わっていたとは考えられるが、小山の論文や著書には社会福祉主事に関する記述は多くみられない。

木村と黒木に共通していたのは、日本の社会福祉を形成していく上で、アメリカの社会福祉の経験から学ぶということであった。実際に、木村は『米国公的扶助行政の瞥見』（中央法規出版、1953年）、黒木は『ウェルフェア・フロム・USA』（日本社会事業協会、1950年）、『日本社会事業現代化論』（全国社会福祉協議会、1958年）を著しており、アメリカの社会福祉を紹介するとともに、日本への示唆を提

示している。しかし、木村は16日間の視察であったのに対して、黒木は約1年間という本格的な留学経験を積んでおり、アメリカの社会福祉の理解に関して、両者に大きな差があったことは間違いない。

アメリカの社会福祉から学ぶという点で共通していた木村と黒木であるが、社会福祉主事が担う役割と機能に関する議論では、両者に相違点が存在した[3]。黒木は、社会福祉主事の役割と機能を生活保護法（新法）のみならず、同時期に制定されていた児童福祉法（1947年法律第164号）、身体障害者福祉法（1949年法律第283号）を含んだ福祉三法に関する業務（ケースワーク）を行う、ジェネリック・ケースワーカーとすることが「正しい姿」であると述べていた[4]。それに対して、木村は社会福祉主事をジェネリック・ケースワーカーとすることに関して反対していたわけではないが、社会福祉主事の役割と機能を生活保護法（新法）の実施に責任を負うこととし、その実績をふまえて、職務内容を拡大していくことを主張していた[5]。

木村は福祉三法に関する業務を担うことがジェネリック・ケースワークであると定義しながら、児童福祉、身体障害者福祉にそれぞれ特化した社会福祉主事も考えられるとも言及しており、社会福祉主事の役割と機能に関する理解については黒木との相違も

---

3) 社会福祉主事の職務内容に関する木村と黒木の認識の差異に関しては、六波羅詩朗「福祉事務所の成立と生活保護―新生活保護法制定期を中心として―」日本社会事業大学社会事業研究所『日本社会事業大学社会事業研究所年報（第21号）』1985年、51～55ページを参考にした。

4) 黒木利克『現代社会福祉事業の展開―社会福祉事業法の解説―』中央社会福祉協議会、1951年、117ページ（本書では、一番ヶ瀬康子・井岡勉・遠藤興一編『戦後社会福祉基本文献集8 現代社会福祉事業の展開』日本図書センター、2000年を使用）。なお、当時の文献にはゼネリックとジェネリックが混在しているが、本書では直接の引用ではない限り、ジェネリックに統一した。

5) 木村忠二郎『米国公的扶助行政の瞥見』中央法規出版、1953年、17～20ページ。

みられた[6]。木村と黒木の社会福祉主事の役割と機能に関する理解の相違が、生活保護行政の混乱を招くことになるが、その点については後述する。

第3項　社会福祉主事の資格要件

　社会福祉主事にどのような役割と機能を担わせようとしたかも重要であるが、同時に資格要件もみておかなくてはならない。今日の生活保護行政においては、社会福祉主事は「三科目主事」と揶揄されることもあり、なおかつ、その資格を持つ職員の人数すら不足している。そのため、社会福祉主事の専門性については、批判されることが多くなっている。

　しかし、社会福祉主事が創設された当時は、社会福祉の専門職として、高い専門技術が必要とされていた。具体的には、個別処遇（ケース・ワーク）、集団処遇（グループ・ワーク）、地域社会組織化活動（コミュニティ・オーガニゼーション）の社会福祉事業方法を身につけることが求められ、あらゆる科学的知識が必要とされた。

　そのため、社会福祉主事の要件としては、①学校教育における履修科目の要件（社会事業概論、社会事業史、社会事業方法論、社会調査統計、社会事業施設経営論、社会事業行政、公的扶助論、児童福祉論、保育理論、身体障害者福祉論、医療社会事業論、協同組合論、法律学、経済学、心理学、社会学、社会政策、経済政策、社会保障論、教育学、刑事政策、犯罪学、倫理学、修身、生理衛生学、公衆衛生学、精神衛生学、医学知識、看護学、栄養学のうち3科目以上）、②養成または講習の課程修了の要件（日本社会事業短期大学研究科、大阪社会事業短期大学研究科、武蔵野学院附属教護事業職員養成所、旧中央社会事業協会委託社会事業研究所、旧日本社会事業学校研究科、旧大阪社会事業学校研究科、財団法人日本社会事業協

6）木村忠二郎『社会福祉事業法の解説』時事通信社、1951年、80〜81ページ。

会社会事業研修所、東京都社会生活学校)、③試験資格の要件(厚生大臣の指定する社会事業従事者試験)と定められていた。[7]

　資格要件は形式上では、今日と大きく変わらないが、当時の教育水準をふまえて考えると、社会福祉主事を社会福祉の専門職として育成したいという厚生官僚の強い意志をみて取ることができる。

第4項　不十分な役割と機能の社会福祉主事

　社会福祉主事の役割と機能に関して様々な議論が行われていたが、生活保護法(新法)の制定と同時期に社会福祉主事の設置に関する法律(1950年法律第182号)として制定された。[8] 高い専門技術を持った社会福祉の専門職として期待された社会福祉主事であったが、十分に定着することはなかった。現実的課題としてはいくつか挙げることができるが、当時は市町村数が約1万あり、小規模自治体も多数存在し、社会福祉の専門職を育成する余裕はなかった。なおかつ、行政整理の最中ということもあり、当時の市町村はいかに職員数を減らすかが重要課題として挙げられていたため、職員を増員することも困難であった。その上、社会福祉主事の資格要件を満たすだけの養成課程も十分に整備されていなかった。

　社会福祉主事が十分に定着しなかったのは、木村と黒木の間ですら機能と役割の理解に相違があったように、様々な利害関係がある中で、妥協の産物であったこととも関係している。このことは、後に黒木利克が仲村優一との対談で事実を述べている。アメリカの社会福祉を学んだ黒木は、福祉事務所と社会福祉主事につ

---

7) 同上書、81～85ページ。
8) 社会福祉主事の設置に関する法律は、社会福祉事業法(1951年法律第45号)に、社会福祉主事に関する条文が定められたことによって廃止された。

いて、市町村から独立した福祉事務所を設置し、そこに福祉三法を担当するジェネリックワーカーと特殊困難なケースに対応するスペシフィックワーカー、そして、その上にスーパーバイザーを配置することを構想していた。

しかし、自治庁、大蔵省、全日本民生委員連盟は、独立した機関（福祉事務所）を作ることと、行政に社会福祉の専門職を置くことに対して強く反対をしており、妥協を余儀なくされた[9]。妥協の産物としての不十分な形で創設された社会福祉主事は、以降も「社会福祉主事の専門性」や「生活保護行政におけるケースワークとは何か」という議論を何度も引き起こし、結論が出ていない。黒木の構想とは異なり、福祉事務所と市町村の位置づけ、社会福祉主事の役割と機能は、曖昧にされたまま今日に至っている。

第4節　福祉事務所の設置と効率的能率的な行政運営

第1項　GHQによる「体系整備のための6原則」の提示

本節では、社会福祉主事の創設とともに、戦後生活保護行政の体制確立に影響を与えた福祉事務所の設置に関する議論を分析していく。きっかけとなったのは、多少時期は遡るが、1949年11月のことである。1949年11月29日に、GHQ/PHWと厚生官僚の合同会議が開催された。主な出席者は、ネルソン・B・ネフ、アーヴィン・H・マーカソン、トーマス・L・メッカー、葛西嘉資、木村忠二郎、小島徳雄、小山進次郎、黒木利克などであった。合同会議の中で、GHQ/PHW側の出席者から口頭で、計画的に厚生行政及び機構を完成させるために必要不可欠な「体系整備のための6原則」が提示された。

---

9) 黒木利克・仲村優一（対談）「公的扶助のあゆみ100年―社会福祉主事誕生前夜―」全国社会福祉協議会『生活と福祉（第159号）』1969年、12～15ページ。

「体系整備のための6原則」の具体的な内容は、生活保護行政に限られたものばかりでは無いが、①厚生行政地区制度の確立、②市厚生行政の再組織、③厚生省により行われる助言的措置および実地事務、④民間社会事業団体に対する政府の関与の停止、⑤社会福祉活動に関する民間の自発的な協議会組織の推進、⑥現任訓練計画の策定と実施、と多岐に亘っていた。[10]

GHQ/PHWがこれらの原則を厚生官僚に提示した目的は、有給専任吏員（社会福祉主事）を制度化し定着させることと、社会福祉専門の公的機関の設立を意図したものであったが、最終的な目的は生活保護行政から民生委員を排除することにあった。[11]

第2項　生活保護行政における福祉事務所

福祉事務所の設置に関しては、社会福祉事業法（1951年法律第45号）に規定された。社会福祉事業法は、公的社会福祉事業と私的社会福祉事業を含む社会福祉事業の全分野における共通的基本事項を定め、社会福祉事業の組織的発展を図り、社会福祉を増進することを目的とした法律である。また、憲法25条の生存権を実現するための重要な役割をも担っている。公的社会福祉事業に関する組織としては、福祉地区と福祉に関する事務所（法第13条～16条）、社会福祉主事（法第17条～18条）、指導監督及び訓練の制度（法第19条～21条）が定められている。[12]

福祉事務所は、生活保護法、児童福祉法、身体障害者福祉法に定められた援護、育成、更生の措置に関する事務を行うという役

---

10) 社会保障研究所編『戦後の社会保障（資料）』至誠堂、1968年、10～13ページ。
11) 六波羅「福祉事務所の成立と生活保護―新生活保護法制定期を中心として―」前掲書、44ページ。
12) 黒木『現代社会福祉事業の展開―社会福祉事業法の解説―』前掲書、73～75ページ。

割を持っており、行政組織を構成し、それぞれの所掌事務を有し、それぞれの権限に基づいて法律の行使に携わる機関として位置づけられた[13]。ここまで、福祉事務所という名称を使用してきたし、今日でも福祉事務所という名称は定着している。ただし、社会福祉事業法では、福祉に関する事務所と書かれており、なおかつ木村も黒木も固有名詞ではなく、各自治体で独自の名称を用いてよいと解説している[14]。

福祉事務所か福祉に関する事務所ということは、大きな違いはないようにみえる。しかし、黒木利克は、福祉事務所を保健所のように社会福祉の専門職を配置した、市町村から独立した機関とすることを主張して、自治庁からの反対にあったので独立機関とすることを諦め、福祉に関する事務所という市町村との関係を曖昧にした形で条文化したと述べている[15]。福祉に関する事務所という名称は、社会福祉主事と同じく、妥協の産物であった。

第3項　社会福祉主事と福祉事務所の本質

社会福祉主事と福祉事務所をめぐる議論を分析してきたが、アメリカの社会福祉から示唆を得た黒木の主張は十分に取り入れられることはなかった。その上、意見の相違は、大蔵省、自治庁という他の省庁だけではなく、社会局長の木村忠二郎との間にも存在していた。

もちろん、黒木の主張が生活保護行政に取り入れられた場合、人権保障としての役割を果たすことができたのかという検討は必要である。しかし、ここで重要なのは、生活保護法（新法）の制

---

13) 同上書、105ページ。
14) 同上書、107ページ。木村忠二郎『社会福祉事業法の解説』前掲書、53ページ。
15) 黒木利克・仲村優一（対談）「公的扶助のあゆみ100年―社会福祉主事誕生前夜―」前掲書、13ページ。

定と同時期に創設された社会福祉主事、福祉事務所は、役割と機能が十分に議論されず、様々な対立を含んだまま、不十分な形で導入されたということである。

　生活保護法（新法）、社会福祉主事と福祉事務所の創設は、「行政組織の再編により『能率的・経済的』な運用をはかったもの」であり、「独占資本の自立・再建を目指すこの時期においてこそ求められた政策」ということに本質があった。そして、戦後の生活保護行政は、「行政の民主化よりも、国の財政の経済的合理的な運用の方向」へと向かっていくことになる[16]。戦後生活保護行政で発生する人権侵害の多くは、これらの矛盾の具体化に他ならない。

小　括

　生活保護法（新法）案は、憲法 25 条（生存権）の理念を具体化したものであり、不服申立制度や有給専門職員など、旧法下で一部とり入れられていたものが、法律上で明記されることになった。しかし、医療扶助の運用厳格化や「生活保護制度の改善強化に関する勧告」との相違点（民生委員の協力機関化、生活保護費の国庫負担割合）も含まれているなど、積極面と消極面を含むものであった。

　生活保護法（新法）に関する議論は、衆議院で公聴会が開催され、委員会でも法案に対する問題点は指摘されていた。特に、木村社会局長が「相当厳しい手」を打つと明言していた医療扶助に関する規定に関しては、公聴、運動団体内でも批判の対象とされていた。

---

16) 井上英夫「生活保護法の形成過程と機能―新生活保護法の制定と新・旧生活保護法の性格・機能をめぐって」茨城大学政経学会『茨城大学政経学会雑誌（第 40 号）』1979 年、37 ページ。

また、生活保護法（旧法）で常に問題とされていた失業者や稼働能力者に関しては、失業者やボーダーライン層の実態や数を正確に把握していないにもかかわらず、失業保険制度や失業対策事業が実施されていることを理由に、生活保護を適用することは「惰民養成」につながるとして、一貫して消極的な姿勢をとり続けた。生活保護法（新法）案は、様々な問題点を含みながらも、ほとんど条文が修正されることなく可決された。

戦後生活保護行政の体制は、生活保護法の制定とともに、社会福祉主事と福祉事務所の創設によって形成された。社会福祉事業法の制定は、約1年間のアメリカ留学で社会福祉を学んだ黒木利克（厚生省社会局庶務課長、後の社会局保護課長）が主導していた。黒木は、市町村から独立した福祉事務所を設置し、そこに社会福祉の専門職であるジェネリック・ケースワーカーとしての社会福祉主事を配置することを構想していた。しかし、大蔵省、自治庁、全日本民生委員連盟の強い反対、厚生省内でも十分に構想が理解されていたとはいえず、妥協を余儀なくされた。その結果、市町村との距離が曖昧な福祉に関する事務所、高い専門技術を生かしきれない社会福祉主事という体制ができあがった。

生活保護法、福祉に関する事務所、社会福祉主事という戦後生活保護行政の体制が、敗戦のわずか5年後に形成されたことは一定の意義があるが、そこには厳しい恩恵的思想が貫かれていた。戦後生活保護行政で、日常的な人権侵害を発生させる「適正化政策」を発生させる要因は、憲法25条（生存権）の理念を具体化した生活保護法（新法）が制定されたこの時期に、すでに組み込まれていたといえる。

終 章
研究の総括と課題

第1節 研究の総括

　ここまで、生活保護法（旧法）の具体的な運用過程と生活保護法（新法）の作成・審議過程を、社会経済的状況や「総合的失業対策」、労働運動・社会運動、憲法25条（生存権）をふまえた上で分析してきた。本章では研究の総括を行うとともに、そこから得られた知見に言及し、人権としての社会保障の実現に向けた課題を示すことにする。

　「第1章　生活保護法成立過程に関する先行研究の総括と研究課題の設定」では、生活保護法成立過程の先行研究を分析し、生活保護法の機能や本質を明らかにすることを目的とした1970年代までの研究（岸、小川、吉田、河合、井上）と、一次資料の実証分析を重視した1980年代後半以降（副田、村上、菅沼）において、研究方法（分析資料）の違いから発生する研究上の対立点や課題を示した。一次資料の実証分析を重視した研究は、法律や制度・政策の詳細な形成過程を明らかにしたが、その結果、法律や制度・政策に課せられた機能や本質を分析するという大目的を欠落させ、総合的な分析も行われなくなった。

その中でも、最も評価が分かれるのが、制度の改善に労働運動・社会運動が寄与したかということであり、政策主体の文書や資料を分析することで、分析の対象から外されることさえあった。また、生活保護法成立過程の研究では、法学者である小川と井上を除いては、憲法25条（生存権）との関連について触れられることは少なかった。そのため、憲法25条の理念を具体化したことが高く評価されている生活保護法（新法）であるが、先行研究では両者の関連が十分に整理されてこなかった。

　「第2章　第二次世界大戦直後の社会経済的状況と救貧制度の機能不全—生活困窮者緊急生活援護要綱の制定と最低生活保障の構想」では、GHQと日本政府の最低生活保障に対する認識と実際の取り組みを分析した。敗戦直後の「総スラム化現象」にあっても、日本政府の戦争責任を厳格に追及するGHQは、最低生活保障の義務を負わないことを明言していた。さらに、日本政府も第二次世界大戦以前の救貧制度で窮地を乗り切ることを前提としていて、根本的対策をとらなかった。そのような状況で、生活困窮に陥った国民は「生きるための闘争」を繰り広げていく。「社会不安」を招くことを危惧したGHQは日本政府に対して、最低生活保障制度を実施することを指示し、公的扶助の基本原理を示した。

　しかし、そこで示された基本原理も一般救済策ではなく、現存物資の軍事優先配分を禁止したものに過ぎず、GHQは「善意の福祉改革者」とはいえなかった。公的扶助の基本原理は、厳格な制限扶助主義をとった戦前の救貧制度からすれば画期的なものであったが、恩恵的思想が残る厚生官僚はそれらを理解することができなかった。一方、社会保障研究会や社会保険制度調査会では、憲法25条（生存権）に相応しい総合的社会保障制度の構想を作成し始めていた。以降、生活保護法（旧法、新法）、憲法25条、「総合的失業対策」が制定されていく中、生存権・最低生活保障をめ

ぐって、様々なアクターの意見の対立が明確化していく。

「第3章　日本国憲法と生活保護法（旧法）の制定—生存権・最低生活保障をめぐる対立」では、日本国憲法25条（生存権）と生活保護法（旧法）の成立過程を分析し、生存権・最低生活保障をめぐる対立を明らかにした。憲法改正草案は、民間の憲法研究会案を参考にしながら、GHQの主導で作られた。憲法改正草案においても、社会権規定がとり入れられていたが、日本社会党の議員は生存権（生活権）を最低生活保障に相応しい条文にするため、具体的権利を条文に明記すること、それに基づく総合的社会保障制度の整備について言及した。これに対して、日本政府は明確に否定することはしないまでも、社会保障制度は時代を追って徐々に整備していけばよいとして、具体的に権利性を明記することに対しては一貫して否定的であり、対立点は残されたまま法案は制定された。

一方、同じく第90回帝国議会で審議されていた生活保護法（旧法）でも、権利性を明記すべきという言及が議員からされていたが、河合厚生大臣は、生活保護法（旧法）は憲法25条（生存権）の理念を具体化した法律であるので、自明のことで条文に加えることは必要ないとして否定した。しかし、保護請求権は認められるのかという質問に対しては、憲法25条（生存権）は自由権規定に過ぎないかのような発言をして、生活保護法（旧法）では認められないと明確に否定した。憲法25条と生活保護法（旧法）の議論は、両者の権利性を否定することによって、総合的社会保障の構想を放棄させ、最低生活保障を生活保護の課題として矮小化していくものであった。

「第4章　最低生活保障の機能不全と生活保護の積極的運用—制度普及期（1946年10月〜1947年12月）」では、実際に生活保護が運用されていく過程と、積極的運用が方針転換していく過程

を分析した。保護請求権を否定した生活保護法（旧法）であったが、当初は漏救の防止に言及するなど、積極的な運用方針をとっていた。しかし、わずか半年後には、生活保護受給に「依存」して、働かない（求職活動を行わない）者が増加していることが問題とされ、積極的運用方針は転換することになった。

　積極的な運用方針から厳格な運用方針へと転換したのは、生活保護が2つの機能を担っていたこと（国家再建と「惰民養成」防止）と、厚生官僚が戦前の救貧制度とは基本原理（厳格な制限扶助主義）が異なる公的扶助の基本原理（一般扶助や国家責任）を受け入れることが困難であったためである。このことが多くの混乱を招くことになった。また、「総合的失業対策」が徐々に整備されていく中、働かずに生活保護に「依存」することが常に問題とされていたが、その根底に存在するのは恩恵的思想そのものであった。

　「第5章　生活保護の体制整備と稼働能力者への厳格な対応──制度整備期（1948年1月～1949年8月）」では、生活保護行政の体制が整備されていく過程を分析した。世界情勢（特にアジア情勢）が大きく変化する中、GHQは日本政府に経済の自立化を求めた。具体的には、「経済安定九原則」や「ドッジ・ライン」として示されたが、大量の失業者が発生することは予想されていた。しかし、これに対しても日本政府は、「総合的失業対策」の拡充で乗り切ることを前提としていた。一方、生活保護行政においては、指導監査と「被保護者生活状況全国一斉調査」の導入、「組合せ式基準」の採用によって、「濫救」を徹底的に排除することが進められたが、そこで問題とされていたのは、経済の自立化政策で食と職を失った稼働能力者であった。これらの厳格な対応に関して、労働運動・社会運動は生活保護獲得運動を繰り広げるが、厚生官僚はこれを感情的な「尖鋭化」した運動であると痛烈に批判

し、適正な対応をとるよう通知を出した。生活保護行政の運営側と労働運動・社会運動団体は激しく対立している状況にあったが、「組合せ式基準」の採用、不服申立制度の導入もあり、生活保護法（旧法）では十分に対応できない状況にあった。

　このような状況の中、法律改正が俎上に上がるが、公的扶助小委員会における議論もまた、生活保護の改善によって、最低生活保障制度の確立を目指す方向に集約していった。なおかつ、「生活保護制度の改善強化に関する勧告」は、GHQから示された公的扶助の基本原理をとり入れていたが、生活保護法（旧法）最大の問題点であった「欠格条項」を何らかの形で残すことは一致しており、問題点を含むものであった。

　「第6章　旧法の限界と新法制定に向けた議論―制度改正準備期（1949年9月～1950年5月）」では、生活保護法（新法）案が作成されていく過程を分析した。経済の自立化政策はさらに押し進められて、「シャウプ勧告」によって、財政規律が厳格化された。生活保護も国庫負担割合（8割）が問題とされ、直接的にも間接的にも社会保障に大きな影響を与えた。労働運動・社会運動は、引き続き、食と職を求める取り組みを行うが、厚生官僚はこれらの運動を「暴力集団」のようにみなしており、さらなる厳格な対応を求めた。ここでもやはり、「惰民養成」防止がキーワードとされていた。

　「生活保護制度の改善強化に関する勧告」をもとにして生活保護法（新法）案が作成されていくが、公的扶助の基本原理を条文に明記していく一方、一般扶助主義を徹底することによって、「惰民養成」を促進してしまうことへの危惧は高まっていった。新法は旧法とは異なり、「欠格条項」を明記することはできなかったが、別の手段として、「自立助長」と強制力を伴う指導指示が組み込まれた。また、保護請求権の明記や必要十分な予算計上原則が組み

込まれていたが、結果的には削除されるなど、積極的側面と消極的側面の両者を含むものであった。

「第7章　生活保護法（新法）の制定と戦後生活保護体制の確立—恩恵的思想の通底と妥協の産物」では、生活保護法（新法）案の国会における議論と、生活保護行政に関連する社会福祉主事と福祉事務所の設置をめぐる議論を分析した。生活保護法（新法）案は、国会でも大幅に修正されることなく、制定された。そのため、先行研究では国会審議が分析されることは少なかった。

国会での議論を分析すると、厚生大臣や厚生官僚は、生活保護法（新法）が憲法25条（生存権）の理念を具体化したものであると強調しながらも、法律には医療扶助の運用厳格化や民生委員の協力機関化などが含まれており、いくつかの問題点を抱えていた。さらに、木村忠二郎社会局長は答弁で、失業者やボーダーライン層の実態を把握していないことを明らかにした。また、生活保護行政では、社会福祉主事と福祉事務所の設置と戦後生活保護行政が確立していくが、アメリカの社会福祉から学び、高度な専門職、独立した機関として位置付けようとしていた黒木利克の構想は財政的理由などから頓挫した。

第2節　本書が明らかにしたこと

本書で明らかにしたのは以下の5点である。

第1に、憲法25条（生存権）をめぐる議論では、日本社会党が総合的社会保障の実現と具体的権利の明記を主張したにもかかわらず、日本政府は一貫して消極的だったことである。

第2に、生活保護法（旧法）の議論では、生活保護の具体的権利を明確に否定することによって、憲法25条（生存権）の権利性を否定する逆転の解釈を行ったことである。後に、両者の関連を

問い直す議論もあったが、日本政府の解釈は一貫していた。

　第3に、実際の生活保護行政では「総合的失業対策」の整備を理由に、稼働能力者に対して厳格な対応をとり続けたことである。稼働能力者への対応は、あたかも生活保護に「依存」する「惰民」のごとき扱いであった。

　第4に、生活保護法（新法）成立過程では、厚生大臣が憲法25条（生存権）の理念を具体化したことを明確に述べたが、具体的権利を否定する解釈には言及していなかったことである。たしかに、生活保護法は憲法25条（生存権）の理念を具体化したものであるが、生存権の意義は矮小化されたままであった。

　第5に、一般扶助主義をとることによって、「惰民養成」が危惧された結果、「欠格条項」のかわりに条文の第1条に自立助長が明記されたことである。生活保護行政では、常に「惰民養成」が危惧されていた。そのため、生活保護受給者は生活保護への「依存」を生まないために、保護の停廃止を含む強制力を持ったケースワークによって、「自立」することが求められ、法律が制定された。生活保護法第1条の自立助長は今日でも高く評価されるが、最低生活保障を満たしているかという点を欠いて議論が行われていたことをふまえると、厚生官僚が持つ恩恵的思想を体現したものであったといえる。

　ここまでの分析をふまえて、序章で挙げた課題に応える形で生活保護法成立過程の分析のまとめを行う。今日、生活保護法成立過程に関しては、一次資料を用いた詳細な実証研究が行われることが多いが、上記の事実からも生活保護行政の変化や政策決定は、個別のアクターを分析するだけでは十分とはいえないことは明らかである。あまりにも実証が重視されてしまうと、一次資料に基づかない事象は、相対的な位置づけが低下するか、もしくは分析の対象から外されることさえある。生活保護法成立過程の分析は、

常に総合的視点を持たなければならず、総合的視点を欠いた研究は、個別の事実を過小評価や過大評価することになり、政策の意図や本質を明らかにすることを困難にする。このことは、社会保障研究にも共通している。

　上記の視点を欠いては、生活保護法（新法）と憲法25条（生存権）に課せられた機能と最低生活保障をめぐる対立を明らかにすることはできない。生活保護研究では、生活保護法（新法）は、憲法25条の理念を具体化したとして積極的に評価されてきたが、憲法25条自体が具体的な権利性と総合的社会保障の形成を否定した上で制定された。そして、生活保護法（旧法）の成立過程でも、不服申立制度の導入の議論でも、生活保護法は憲法の具体化であるとしながら、保護請求権は明確に否定されている。生活保護法（新法）の成立過程では、このことは議論されずに曖昧にされた。新法は憲法25条（生存権）の理念を具体化したからといって、それだけで積極的に評価できるわけではない。

　さらに、憲法25条（生存権）の具体化という点では、一般扶助主義が徹底されたか否かということをみなくてはならない。実際の生活保護行政では、稼働能力者の増加は「不正受給」や生活保護への「依存」と直接的に関連付けられて、「総合的失業対策」の整備とともに、厳格な対応がとられていく。生活保護法（新法）の成立過程では、「欠格条項」は明記されなかったが、稼働能力者への「自立」やケースワークは「欠格条項」と同様の機能を担わされることになった。生活保護法や憲法の成立過程の研究では、生存権が明記された意義を振り返る研究が多いが、法律自体に限界を抱えていたという事実をみておかなければならない。

　生活保護法（新法）成立過程の分析をふまえて、戦後の生活保護行政を鑑みれば、生活保護行政における深刻な人権侵害は、憲法25条（生存権）の理念を具体化した法律に組み込まれた権利抑

制的側面が、時代ごとに表出した結果といえる。

　1950年代の「第一次適正化政策」では、医療扶助費の削減と外国人の「排除」が徹底され、1960年代の「第二次適正化政策」では、稼働能力者の生活保護受給が問題となり、今日の制限扶助主義の原型が形成され、1980年代の「第三次適正化政策」では、「不正受給」が問題とされ、徹底的な調査によって、日常的な人権侵害が発生することになった。「適正化政策」で問題とされたことは、生活保護法（新法）成立過程でも、課題として挙げられたことであり、保護の停廃止を含む「対策」はすでに打たれていた。そして、「適正化政策」が行われた時期はいずれも、社会保障水準の引き下げが模索されていた時期と一致しており、社会保障水準と綿密に関連する生活保護の引き締めは、社会保障水準の引き下げを狙う勢力から、嚆矢としての役割を果たすことを期待された。[1]

第3節　社会保障研究としての意義と課題

　本書は、生活保護法成立過程を分析することを直接の課題としているが、それにとどまらない社会保障研究としての一定の意義を持つと考えられる。今後、社会保障の理論研究として発展させるためにも、意義と課題を示す。

　第1は、社会保障のあり方をめぐって常に対立点となっている「自助」[2]原理を具体的に分析できるということである。生活保護

---

1) ただし、この点については仮説の段階であり、さらなる実証研究が必要である。

2) 資本主義社会における社会保障は、市場経済と資本蓄積の論理に通底する「自助」原理に制約されている。一方、資本主義社会の生活原則に反する国家責任による社会保障が形成・発展してきたのは、資本主義社会の生活原則が生み出す労働者階級の経済的基盤の掘り崩し、生活不安の増加、生存の危機に対して、国家（資本家階級）が対応せざるをえなくなったためである。社会保障における「自助」原理については、相澤與一『社会保障の基本問題　「自助」と社

は一般扶助主義をとる最低生活保障でありながら、貧困に陥って最低生活費以下でありながらも、「自助」が求められてきた。その理由は、生活保護が「最後のセーフティネット」という位置付けのためである。特に稼働能力者に対しては、生活保護行政（社会保障）と「総合的失業対策」（労働政策）の両面から「自助」努力を求められ続けてきた。生活保護にどのような役割や機能を課すかということは、社会保障のあり方を考える際に、どこまで「自助」を求めるのかということと関連している。

第2は、人権としての社会保障を実現するための課題を提示することである。生活保護法（新法）が、恩恵から権利、そして人権保障へという制度的発展を実現したことは先述した。しかし、「自助」原理による権利抑制的側面が組み込まれたとしたら、一定の意義を持ちながらも、限界を抱えていたことになる。

本書の結論をやや単純化してまとめると、最低生活保障をめぐる構図は、憲法25条（生存権）を根拠に総合的社会保障の形成と人権保障を求めて、「自助」原理の制約を図る勢力と、財政的問題や「惰民養成」防止を掲げ、「自助」原理を貫こうとする勢力との明確な対抗関係であったといえる。[3]これらを具体的に分析することは、「市場経済のもとで問われる生活における自己責任の原理、自助・自立の原理ではなく、社会が共同してすべての人々に対して生活と生存を保障するという社会的責任の原理、公共性・共同性の原理が貫かれている」生存権保障を実現するための課題を明確化することとつながっている。[4]

会的保障』未来社、1991年の「序章　社会政策としての社会保障論の諸問題」と、工藤恒夫『資本制社会保障の一般理論』新日本出版社、2003年の「第一章　社会保障とは何か」、「第二章　資本主義社会と生活問題」を参照。

3）井上英夫「公的扶助の権利―権利発展の歴史」河合幸尾編『「豊かさのなかの貧困」と公的扶助』法律文化社、1994年、112ページ。

4）横山壽一『社会保障の再構築―市場化から共同化へ』新日本出版社、2009年、158～159ページを参照。

第3は、社会保障と労働政策を具体的な政策レベルで論じたことである。本書が、生活保護のみならず、「総合的失業対策」を分析対象としたのは、生活保護（生活保障）と公的就労事業（労働保障）の両者を保障する可能性を考察するためであった。しかし、実際の対応では「働く機会がないから生活保護を受けるべき」（労働省）、「働く場所があるはずだから生活保護は受けられない」（厚生省）という、両制度の谷間に追い込まれた多数の生活困窮者を発生させ、今日まで構図は変化していない。このことは、生活保障と労働保障をあわせて論じることの困難さを示しており、理論的整理が不可欠である[5]。その際には、生活保護は一般扶助主義であり、最低生活保障を果たした上で、自立や就労を論じるという原理原則を議論の前提にしなければならない。

　第4は、憲法25条（生存権）と生活保護法の関連について、整理する必要性を提起していることである。憲法25条（生存権）の成立過程では、総合的社会保障の形成と具体的な権利性が課題としてあげられたが、結果的には否定された。しかし、生活保護（公的扶助）は、他の労働政策や社会保障制度が機能した上で、「最後のセーフティネット」としての機能を果たすのであり、最低生活保障＝生活保護ではない[6]。憲法の成立過程の議論をふまえるのであれば、憲法25条の生存権・生活権保障に相応しい総合的社会

---

5) この点については、布川日佐史『生活保護の論点　最低基準・稼働能力・自立支援プログラム』山吹書店、2009年が参考になると思われる。

6) 井上英夫「社会保障の法と政策―社会保障法学の立場から―」日本社会保障法学会『社会保障法（第22号）』法律文化社、2007年、162～163ページ。笛木俊一は生活保護法第4条「補足性の原理」は、「他法の積極的活用」という意義を持っており、他の社会保障制度で生活保障を実現した上で、それでも貧困に陥った場合に最低生活を保障するというのが本来の意味である、と指摘している。笛木俊一「生活保護制度の歴史的推移に関する覚書―生存権原理と補足性原理の対抗関係の視点から―」鉄道弘済会福祉センター弘済会館『社会福祉研究（第66号）』1996年、61ページ。

保障の構想が不可欠である。本書では、総合的社会保障の構想を示すことはできないが、福祉国家と基本法研究会による『新たな福祉国家を展望する―社会保障基本法・社会保障憲章の提言』[7]や『季刊　自治と分権』のシリーズ「新しい福祉国家へ」[8]では、その試みが始められている。総合的社会保障の構想をふまえての、生活保護（公的扶助）が最低生活保障として果たす役割を明確にしなければならない。

　今日、貧困問題が深刻化する中、生活保護の果たす役割はますます重大になってきている。生活保護は一般扶助主義をとっているので、全ての人々の最低生活保障を支えるものでなければならないが、唯一のセーフティネットにしてはならない。総合的社会保障の構想、社会保障における「自助」原理の制約、生活保障と労働保障のあり方など、多くの研究課題は残されている本書の実証研究をふまえての理論構築は今後の課題としたい。

[7) 福祉国家と基本法研究会・井上英夫・後藤道夫・渡辺治編『新たな福祉国家を展望する―社会保障基本法・社会保障憲章の提言』旬報社、2011年。
8) 『季刊　自治と分権（No.39）』大月書店、2010年から、シリーズ「新しい福祉国家へ」という特集が組まれており、社会保障の各分野の研究者（渡辺治、伊藤周平、井上英夫、渕上隆、横山壽一、二宮厚美など）が現状をふまえての提言を行っている。

〈参考文献〉

・相澤與一『社会保障の基本問題 「自助」と社会的保障』未来社、1991年。
・愛知県『愛知県労働運動史（第一巻）』第一法規出版、1982年。
・青木紀・杉村宏編『現代の貧困と不平等：日本・アメリカの現実と反貧困戦略』明石書店、2007年。
・朝日茂著、朝日訴訟記念事業実行委員会編『人間裁判：朝日茂の手記』大月書店、2004年。
・芦部信喜・高橋和之・高見勝利・日比野勤編『日本国憲法制定資料全集(1)―憲法問題調査委員会関係資料等』信山社、1997年。
・芦部信喜・高橋和之・高見勝利・日比野勤編『日本国憲法制定資料全集(2)―憲法問題調査委員会参考資料』信山社、1998年。
・芦部信喜・高橋和之・高見勝利・日比野勤編『日本国憲法制定資料全集(4)―Ⅰ　憲法草案・要綱等に関する世論調査』信山社、2008年。
・芦部信喜・高橋和之・高見勝利・日比野勤編『日本国憲法制定資料全集(4)―Ⅱ　憲法草案・要綱等に関する世論調査』信山社、2008年。
・芦部信喜・高橋和之・高見勝利・日比野勤編『日本国憲法制定資料全集(6)―法制局参考資料・民間の修正意見』信山社、2001年。
・芦部信喜（高橋和之補訂）『憲法（第五版）』岩波書店、2011年。
・阿部斉・今村都南雄・岩崎恭典・大久保皓生・澤井勝・辻山幸宣・山本英治・寄本勝美『地方自治の現代用語（第2次改訂版）』学陽書房、2005年。
・雨宮昭一『占領と改革』岩波新書、2008年。
・五十嵐仁「革新政党」渡辺治編『現代日本社会論』労働旬報社、1996年。
・五十嵐仁『法政大学大原社会問題研究所叢書　政党政治と労働組合運動―戦後日本の到達点と二十一世紀への課題』御茶の水書房、1998年。
・石井寛治・原朗・武田晴人編『日本経済史4　戦時・戦後期』東京大学出版会、2007年。
・石川真澄・山口二郎『戦後政治史（第三版）』岩波新書、2010年。
・伊藤正直「外国為替及び外国貿易管理法」金融辞典編集委員会編『大月　金融辞典』大月書店、2002年。
・井上英夫「生活保護法の形成過程と機能（上）」早稲田大学法学会『早稲田法学会誌（第27号）』1977年。
・井上英夫「生活保護法の形成過程と機能（中）」早稲田大学法学会『早稲田

法学会誌（第 28 号）』1978 年。
- 井上英夫「生活保護法の形成過程と機能―新生活保護法の制定と新・旧生活保護法の性格・機能をめぐって」茨城大学政経学会『茨城大学政経学会雑誌（第 40 号）』1979 年。
- 井上英夫「第 4 章　公的扶助の権利―権利発展の歴史」河合幸尾編『「豊かさのなかの貧困」と公的扶助』法律文化社、1994 年。
- 井上英夫「貧困・不平等と権利保障―『豊かな社会』と平等の復権」庄司洋子・杉村宏・藤村正之編『貧困・不平等と社会福祉』有斐閣、1997 年。
- 井上英夫「社会保障の法と政策―社会保障法学の立場から―」日本社会保障法学会『社会保障法（第 22 号）』法律文化社、2007 年。
- 井上英夫「憲法 60 年　人間の尊厳と人権の旗を掲げる」『経済（No.143）』新日本出版社、2007 年。
- 井上英夫「格差＝不平等・貧困社会とセーフティネット＝人権」民主主義科学者協会法律部会『法の科学（No.39）』日本評論社、2008 年。
- 井上英夫「生存権裁判と憲法 25 条―人権としての社会保障の旗を掲げることの今日的意味」日本科学者会議『日本の科学者（Vol.43、2008 年 11 月号）』本の泉社、2008 年。
- 井上英夫『患者の言い分と健康権』新日本出版社、2009 年。
- 井上英夫「新しい福祉国家へ（3）　平和的生存権と人権としての社会保障」自治労連・地方自治問題研究機構『季刊　自治と分権（No.42）』大月書店、2011 年。
- 井村喜代子『現代日本経済論〔新版〕―戦後復興、「経済大国」、90 年代大不況―』有斐閣、2000 年。
- 岩田正美『戦後社会福祉の展開と大都市最低辺』ミネルヴァ書房、1995 年。
- 岩田正美『現代の貧困：ワーキングプア/ホームレス/生活保護』ちくま新書、2007 年。
- 岩田正美『社会的排除：参加の欠如・不確かな帰属』有斐閣、2008 年。
- 岩田正美「貧困研究に今何が求められているか」貧困研究会『貧困研究（VoL.1）』明石書店、2008 年。
- 岩田正美「最低賃金制度と生活保護制度―仕事への報酬と生活保障の整合性―」社会政策学会『社会政策（第 2 巻第 2 号）』ミネルヴァ書房、2010 年。
- 岩永理恵「『最低限度の生活』の規範：保護基準策定過程（1948～69）からの検討」日本社会福祉学会『社会福祉学（第 45 巻第 1 号）』2004 年。
- 岩永理恵「生活保護の対象を選別する安否判定のしくみ：雑誌『生活と福

〈参考文献〉

祉』による検討」日本社会福祉学会『社会福祉学（第46巻第1号）』2005年。
・岩永理恵「生活保護制度における自立概念に関する一考察：自立支援および自立支援プログラムに関する議論を通して」日本社会福祉学会『社会福祉学（第49巻第1号）』2009年。
・岩永理恵『生活保護は最低生活をどう構想したか―保護基準と実施要領の歴史分析』ミネルヴァ書房、2011年。
・右田紀久恵・高澤武司・古川孝順編『社会福祉の歴史―政策と運動の展開〔新版〕』有斐閣、2001年。
・大蔵省財政史室編『昭和財政史―終戦から講和まで―17 資料（1）』東洋経済新報社、1981年。
・大阪市立大学経済研究所編『経済学辞典（第3版）』岩波書店、1992年。
・大阪社会事業短期大学編『社会事業講座（第六巻）』福祉春秋社、1951年（本書では、一番ヶ瀬康子・井岡勉・遠藤興一編『戦後社会福祉基本文献集5　社会事業講座（第六巻）』日本図書センター、2000年を使用）。
・大沢真理「第5章　公共空間を支える社会政策―セーフティネットを張り替える」神野直彦・金子勝編『「福祉政府」への提言―社会保障の新体系を構想する』岩波書店、1999年。
・大沢真理『現代日本の生活保障システム―座標とゆくえ』岩波書店、2007年。
・大友信勝『公的扶助の展開―公的扶助研究運動と生活保護行政の歩み』旬報社、2000年。
・大友信勝「生活保護制度改革に問われるもの」竹下義樹・大友信勝・布川日佐史・吉永純『生活保護「改革」の焦点は何か』あけび書房、2004年。
・岡田好治『生活保護百問百答（第一輯）』日本社会事業協会、1947年。
・岡部卓（著者代表）、東京都板橋区・首都大学東京共編『生活保護自立支援プログラムの構築―官学連携による個別支援プログラムのPlan・Do・See―』ぎょうせい、2007年。
・岡部卓「第10章　生活保護における自立支援」社会福祉士養成講座編集委員会編『低所得者に対する支援と生活保護制度―公的扶助論』中央法規、2009年。
・小川政亮「社会保障の権利」渡辺洋三編『現代法の基本原理（新法学講座第4巻）』三一書房、1962年（本書では、小川政亮著作集編集委員会編『小川政亮著作集1―人権としての社会保障』大月書店、2007年を使用）。
・小川政亮『権利としての社会保障』勁草書房、1964年。

- 小川政亮「公的扶助と社会福祉の法における問題点」小川政亮・蓼沼謙一編『現代法と労働（岩波講座現代法10巻）』岩波書店、1965年（本書では、小川政亮著作集編集委員会編『小川政亮著作集1―人権としての社会保障』大月書店を使用）。
- 小川政亮「保護請求権と争訟権の成立」日本社会事業大学編『戦後日本の社会事業』勁草書房、1967年（本書では、小川政亮著作集編集委員会編『小川政亮著作集6―戦後の貧困層と公的扶助の権利』大月書店、2007年を使用）。
- 小川政亮『増補新版　社会保障権―歩みと現代的意義』自治体研究社、1995年。
- 小川政亮「権利としての自立―生存権、とくに社会保障権とのかかわりで」人間発達研究所編『自立と人格発達（講座　成年・成人期障害者の発達保障　第4巻）』全国障害者問題研究会出版部、1990年（本書では、小川政亮著作集編集委員会編『小川政亮著作集1―人権としての社会保障』大月書店、2007年を使用）。
- 葛西嘉資「占領下の厚生行政について―葛西嘉資氏に聞く―（聞き手：吉田久一・一番ヶ瀬康子）」吉田久一・一番ヶ瀬康子編『昭和社会事業史への証言』ドメス出版、1982年。
- 葛西まゆこ『生存権の規範的意義』成文堂、2011年。
- 加瀬和俊「第4章　失業対策の歴史的展開―日本における失業対策事業の経験から―」加瀬和俊・田端博邦編『失業問題の政治と経済』日本経済評論社、2000年。
- 加藤睦夫「シャウプ勧告」大阪市立大学経済研究所編『経済学辞典（第3版）』岩波書店、1992年。
- 金子宏・新堂幸司・平井宜雄編集代表『法律学小辞典〔第4版補訂版〕』有斐閣、2008年。
- 金澤誠一編『公的扶助論』高菅出版、2004年。
- 金澤誠一編『「現代の貧困」とナショナル・ミニマム』高菅出版、2009年。
- 川上昌子編『新版・公的扶助論』光生館、2007年。
- 岸勇「新生活保護法の特質とその成立の背景」日本福祉大学『日本福祉大学研究紀要（第2号）』1958年。
- 岸勇「生活保護における『自立助長』の意味」日本福祉大学社会福祉学会『福祉研究（第17号）』1966年（本書では、岸勇著、野本三吉編『公的扶助の戦後史【オンデマンド版】』明石書店、2005年を使用）。
- 岸勇「戦後日本の公的扶助（一）」日本福祉大学『日本福祉大学研究紀要

〈参考文献〉

- （第13号）』1968年（本書では、岸勇著、野本三吉編『公的扶助の戦後史【オンデマンド版】』明石書店、2005年を使用）。
- 岸勇「戦後日本の公的扶助（二）」日本福祉大学『日本福祉大学研究紀要（第16号）』1969年（本書では、岸勇著、野本三吉編『公的扶助の戦後史【オンデマンド版】』明石書店、2005年を使用）。
- 岸勇「公的扶助論」野久尾徳美・清原浩編『福祉問題研究の手引き』法律文化社、1980年（本書では、岸勇著、野本三吉編『公的扶助の戦後史【オンデマンド版】』明石書店、2005年を使用）。
- 岸田到『民生委員読本』日本民生文化協会、1951年（本書では、菅沼隆監修『日本社会保障基本文献集第21巻　民生委員読本』日本図書センター、2008年を使用）。
- 木下武男『格差社会にいどむユニオン─21世紀労働運動原論』花伝社、2007年。
- 木村忠二郎『改正　生活保護法の解説』時事通信社、1950年（本書では、菅沼隆監修『日本社会保障基本文献集第13巻　改正　生活保護法の解説』日本図書センター、2007年を使用）。
- 木村忠二郎『社会福祉事業法の解説』時事通信社、1951年。
- 木村忠二郎『生活保護法の実務』時事通信社、1951年。
- 木村忠二郎『米国公的扶助行政の瞥見』中央法規出版、1953年。
- 木村孜『生活保護行政回顧』社会福祉調査会、1981年。
- 京極高宣『生活保護改革と地方分権化』ミネルヴァ書房、2008年。
- 工藤恒夫『資本制社会保障の一般理論』新日本出版社、2003年。
- 黒木利克『ウェルフェア・フロム・USA』日本社会事業協会、1950年。
- 黒木利克『現代社会事業の展開─社会福祉事業法の解説』中央社会福祉協議会、1951年（本書では、一番ヶ瀬康子・井岡勉・遠藤興一編『戦後社会福祉基本文献集8　現代社会福祉事業の展開』日本図書センター、2000年を使用）。
- 黒木利克『社会福祉主事』中央法規出版、1952年。
- 黒木利克『社会福祉の実務と指導─とくに市町村における』時事通信社、1952年。
- 黒木利克編『医療扶助の取扱（生活保護百問百答第五輯）』中央社会福祉協議会、1952年。
- 黒木利克編『ケースの取扱（生活保護百問百答第六輯）』全国社会福祉協議会連合会、1953年。
- 黒木利克『日本社会事業現代化論』全国社会福祉協議会、1958年（本書で

は、一番ヶ瀬康子・井岡勉・遠藤興一編『戦後社会福祉基本文献集 13　日本社会事業現代化論』日本図書センター、2001 年を使用）。
・黒木利克・仲村優一（対談）「公的扶助のあゆみ 100 年—社会福祉主事誕生前夜—」全国社会福祉協議会『生活と福祉（第 159 号）』1969 年。
・経済企画庁編『戦後日本経済の軌跡—経済企画庁 50 年史』経済企画庁、1997 年。
・厚生省社会局編『生活保護法関係法令通知』1952 年。
・厚生省社会局保護課編『基準額の内容とその運用（生活保護百問百答第二輯）』日本社会事業協会、1948 年。
・厚生省社会局保護課編『生活保護三十年史』社会福祉調査会、1981 年。
・河野すみ子「占領期の医療制度改革の展開に関する一考察—医療供給体制の整備を中心に—（上）」医療・福祉問題研究会『医療・福祉研究（第 3 号）』1990 年。
・伍賀一道「雇用と働き方から見たワーキング・プア」後藤道夫・伍賀一道・布川日佐史・唐鎌直義・木下武男・名取学・岡田知弘・渡辺雅男・居城舜子・伊藤周平『ポリティーク〈Vol.10〉　特集　現代日本のワーキング・プア』旬報社、2005 年。
・伍賀一道「今日の貧困と格差を考える—ワーキングプアを中心に」医療・福祉問題研究会『医療・福祉研究（第 17 号）』2008 年。
・伍賀一道「『派遣村』から見る現代の貧困」医療・福祉問題研究会『医療・福祉研究（第 18 号）』2009 年。
・伍賀一道「雇用・失業問題—その今日的特徴」『経済（No.179）』新日本出版社、2010 年。
・後藤道夫『反「構造改革」』青木書店、2002 年。
・後藤道夫「日本型社会保障の構造—その形成と転換」渡辺治編『日本の時代史 27　高度成長と企業社会』吉川弘文館、2004 年。
・後藤道夫編『日本の時代史 28　岐路に立つ日本』吉川弘文館、2004 年。
・後藤道夫「現代のワーキング・プア—労働市場の構造転換と最低限生活保障」後藤道夫・伍賀一道・布川日佐史・唐鎌直義・木下武男・名取学・岡田知弘・渡辺雅男・居城舜子・伊藤周平『ポリティーク〈Vol.10〉　特集　現代日本のワーキング・プア』旬報社、2005 年。
・後藤道夫「ワーキングプア増大の前史と背景—戦後日本における貧困問題の展開」『世界（No.773）』岩波書店、2008 年。
・小山進次郎「生活保護法に於ける当面の諸問題とその解釈の方向」地方財政委員会事務局編『自治時報（2 巻 2 号）』地方財政委員会、1949 年。

〈参考文献〉

- 小山進次郎編『生活保護の基本問題（生活保護百問百答第三輯）』日本社会事業協会、1949年。
- 小山進次郎編『収入と支出の認定（生活保護百問百答第四輯）』日本社会事業協会、1951年。
- 小山進次郎『改訂増補　生活保護法の解釈と運用』中央社会福祉協議会、1951年（本書では、全国社会福祉協議会による復刻版、2004年を使用）。
- 小山進次郎「生活保護法の原理と原則」大阪社会事業短期大学編『社会事業講座（第六巻）』福祉春秋社、1951年（本書では、一番ヶ瀬康子・井岡勉・遠藤興一編『戦後社会福祉基本文献集5　社会事業講座（第六巻）』日本図書センター、2000年を使用）。
- 小山進次郎編『社会保障関係法（Ⅰ）』日本評論新社、1953年。
- 小山進次郎編『社会保障関係法（Ⅱ）』日本評論新社、1953年。
- 小山進次郎・仲村優一（対談）「公的扶助のあゆみ100年―新生活保護法制定―」全国社会福祉協議会『生活と福祉（第153号）』1969年。
- 小山進次郎・仲村優一（対談）「公的扶助のあゆみ100年―新生活保護法制定―」全国社会福祉協議会『生活と福祉（第154号）』1969年。
- 小山進次郎氏追悼録刊行会『小山進次郎さん』1973年。
- 近藤文二・吉田秀夫『社会保障勧告の成立と解説』社会保障調査会、1950年（本書では、菅沼隆監修『日本社会保障基本文献集第18巻　社会保障勧告の成立と解説』日本図書センター、2007年を使用）。
- 近藤文二『社会保障えの勧告―社会保障制度審議会の経過並びに解説と社会保障制度に関する勧告書』社会保険法規研究会、1950年（本書では、菅沼隆監修『日本社会保障基本文献集第19巻　社会保障えの途　社会保障えの勧告―社会保障制度審議会の経過と社会保障勧告書全文並びに解説』日本図書センター、2007年を使用）。
- 佐藤達夫（佐藤功補訂）『日本国憲法成立史（第三巻）』有斐閣、1994年。
- 産別記念会編『産別会議・全労連機関紙―労働戦線・労働新聞・労働者』労働旬報社、1973年。
- 塩田庄兵衛「占領下の労働運動」労働運動史研究会編『日本労働運動の歴史と課題（労働運動史研究50号）』労働旬報社、1969年。
- 塩田庄兵衛『新版　日本労働運動の歴史』労働旬報社、1974年。
- 塩田庄兵衛『日本社会運動史』岩波書店、1982年。
- 塩田庄兵衛『レッドパージ』新日本出版社、1984年。
- 重田信一「戦時下における公的扶助の動向」日本社会事業大学救貧制度研究会編『日本の救貧制度』勁草書房、1960年。

- 自治労連・地方自治問題研究機構『季刊　自治と分権（No.39）』大月書店、2010年。
- 自治労連・地方自治問題研究機構『季刊　自治と分権（No.40）』大月書店、2010年。
- 自治労連・地方自治問題研究機構『季刊　自治と分権（No.41）』大月書店、2010年。
- 自治労連・地方自治問題研究機構『季刊　自治と分権（No.42）』大月書店、2011年。
- 自治労連・地方自治問題研究機構『季刊　自治と分権（No.43）』大月書店、2011年。
- 自治労連・地方自治問題研究機構『季刊　自治と分権（No.44）』大月書店、2011年。
- 自治労連・地方自治問題研究機構『季刊　自治と分権（No.45）』大月書店、2011年。
- 「事典・日本労働組合運動史」編集委員会編『事典・日本労働組合運動史』大月書店、1987年。
- 芝田英昭『新しい社会保障の設計』文理閣、2006年。
- 嶋田佳広「生活保護と就労支援―ハルツ第Ⅳ法改革からの示唆―」『季刊労働法（第217号）』労働開発研究会、2007年。
- 社会科学研究所編『憲法の原点―論評と資料―』新日本出版社、1993年。
- 社会福祉研究所（小野顕）編『占領期における社会福祉資料に関する研究報告書（改訂版）』1979年。
- 社会保障運動史編集委員会編『社会保障運動全史』労働旬報社、1982年。
- 社会保障研究所編『戦後の社会保障（資料）』至誠堂、1968年。
- 初宿正典・大沢秀介・高橋正俊・常本照樹・高井裕之編『目で見る憲法〔第3版（補訂）〕』有斐閣、2009年
- 菅沼隆「第三章　失業保険と労災保険制度の確立（第一節　失業保険制度の成立）」横山和彦・田多英範編『日本社会保障の歴史』学文社、1991年。
- 菅沼隆「日本における失業保険の成立過程（一）―戦後日本の社会保険思想の原点―」東京大学社会科学研究所『社会科学研究（第43巻第2号）』1991年。
- 菅沼隆「日本における失業保険の成立過程（二）―戦後日本の社会保険思想の原点―」東京大学社会科学研究所『社会科学研究（第43巻第3号）』1991年。
- 菅沼隆「日本における失業保険の成立過程（三）―戦後日本の社会保険思

〈参考文献〉

想の原点─」東京大学社会科学研究所『社会科学研究（第44巻第3号）』1992年。
・菅沼隆「米国対日救済福祉政策の形成過程─SCAPIN七七五『社会救済』の起源と展開(1)」東京大学社会科学研究所『社会科学研究（第45巻第2号）』1993年。
・菅沼隆「SCAPIN七七五の発令─SCAPIN七七五『社会救済』の起源と展開(2)」東京大学社会科学研究所『社会科学研究（第45巻第3号）』1993年。
・菅沼隆「生活保護法（旧法）の形成過程─SCAPIN七七五『社会救済』の起源と展開(3)」東京大学社会科学研究所『社会科学研究（第45巻第5号）』1994年。
・菅沼隆「占領期福祉改革に関する覚書─保護請求権理念の生成─」『週刊社会保障（No.1803）』法研、1994年。
・菅沼隆「占領期福祉専門職の概念」『週刊社会保障（No.1854）』法研、1995年。
・菅沼隆「占領期の民生委員と地方軍政部」社会事業史学会『社会事業史研究（第24号）』1996年。
・菅沼隆「パラダイム転換論と占領期福祉改革の理念」『週刊社会保障（No.2009）』法研、1998年。
・菅沼隆「被占領期の生活保護運動─日本患者同盟の組織と運動思想を中心に」社会事業史学会『社会事業史研究（第30巻）』2002年。
・菅沼隆『被占領期社会福祉分析』ミネルヴァ書房、2005年。
・菅沼隆「『六項目提案』の成立過程～福祉事務所の誕生と都道府県の役割」『週刊社会保障（No.2490）』法研、2008年。
・杉村宏『公的扶助論─生存権のセーフティネット』放送大学教育振興会、2002年。
・杉村宏編『格差・貧困と生活保護─「最後のセーフティネット」の再生に向けて』明石書店、2007年。
・全国社会福祉協議会編『民生委員制度四十年史』1964年。
・全国生活と健康を守る会連合会『全生連運動の50年』2004年。
・全国老人福祉問題研究会編『ゆたかなくらし（2010年11月号）』本の泉社、2010年。
・全日本自由労働組合編『全日自労の歴史』労働旬報社、1977年。
・総評社会保障対策部調査研究所『生活保護─意見と生活の実態─』労働出版社、1960年（本書では、一番ヶ瀬康子・井岡勉・遠藤興一編『戦後社会

福祉基本文献集 16　生活保護』日本図書センター、2001 年を使用)。
- 総評・中立・春闘共闘委員会社会保障推進協議会編『社会保障のてびき――どう理解し闘うか――』労働旬報社、1963 年。
- 総同盟五十年史刊行委員会編『総同盟五十年史（第 3 巻)』1968 年。
- 総理府社会保障制度審議会事務局編『社会保障制度審議会十年の歩み』社会保険法規研究会、1961 年。
- 副田義也『生活保護制度の社会史』東京大学出版会、1995 年。
- 副田義也『福祉社会学宣言』岩波書店、2008 年。
- 高澤武司「敗戦と戦後社会福祉の成立」右田紀久恵・高澤武司・古川孝順編『社会福祉の歴史――政策と運動の展開〔新版〕』有斐閣選書、2001 年。
- 高柳賢三・大友一郎・田中英夫編『日本国憲法制定の過程Ⅰ　原文と翻訳――連合国総司令部側の記録による――』有斐閣、1972 年。
- 武居秀樹「日本における『自治体版福祉国家』の形成・成立・崩壊――美濃部東京都政の歴史的意義と限界」政治経済研究所『政経研究（第 76 号)』2001 年。
- 武居秀樹「多国籍企業段階における東京改造と階層格差の拡大――石原東京都政研究の基礎的視角」政治経済研究所『政経研究（第 81 号)』2003 年。
- 武居秀樹「石原都政と多国籍企業の拠点都市づくり――『世界都市＝東京』の矛盾」渡辺治・斎藤貴男・進藤兵・中西新太郎・武居秀樹・安達智則・乾彰夫・清水雅彦・二宮厚美・渡辺憲正・山本公徳『ポリティーク（第 8 号)』旬報社、2004 年。
- 武居秀樹「財界戦略と多国籍企業の拠点都市づくり」『経済（No.115)』新日本出版社、2005 年。
- 武居秀樹「高支持の構造　石原都政を誰が支持しているか――支持層の分析」『世界（No.757)』岩波書店、2006 年。
- 武居秀樹「石原都政の歴史的位置と八年間」『経済（No.139)』新日本出版社、2007 年。
- 竹内章郎・中西新太郎・後藤道夫・小池直人・吉崎祥司『平等主義が福祉をすくう――脱〈自己責任＝格差社会〉の理論』青木書店、2005 年。
- 竹下義樹・大友信勝・布川日佐史・吉永純『生活保護「改革」の焦点は何か』あけび書房、2004 年。
- 竹下義樹・吉永純編『死にたくない！いま、生活保護が生きるとき』青木書店、2006 年。
- 武田公子「ハルツⅣ法によるドイツ社会扶助改革と政府間財政関係の進展」金沢大学経済学会『金沢大学経済学部論集（第 26 巻第 2 号)』2006 年。

〈参考文献〉

- 武田公子「ハルツⅣ改革とドイツ型連邦財政主義の行方」金沢大学経済学会『金沢大学経済学部論集（第 27 巻第 2 号）』2007 年。
- 武田公子「ドイツにおける社会扶助と就労支援」医療・福祉問題研究会『医療・福祉研究（第 18 号）』2009 年。
- 竹前栄治『GHQ』岩波書店、1983 年。
- 田中壽『戦後社会福祉基礎構造改革の原点―占領期社会事業と軍政―』筒井書房、2005 年。
- 中央社会保障推進協議会編『人間らしく生きるための社会保障運動―中央社保協 50 年史』大月書店、2008 年。
- 辻村みよ子『憲法〔第 3 版〕』日本評論社、2008 年。
- 都留民子「失業者たちは『失業』をどうとらえたか―大牟田市・失業者の面接調査から』『経済（No.136）』新日本出版社、2007 年。
- 都留民子「生活保護は社会保障制度のかなめ」全日本民主医療機関連合会『民医連医療（第 440 号）』2009 年。
- 寺久保光良『「福祉」が人を殺すとき―ルポタージュ・飽食時代の餓死』あけび書房、1988 年。
- 寺脇隆夫編『救護法成立・施行関係資料集成』ドメス出版、2007 年。
- 寺脇隆夫『救護法の成立と施行状況の研究』ドメス出版、2007 年。
- 寺脇隆夫「史資料紹介　旧法の全面改正＝生活保護法（新法）の立案過程―木村文書資料中に見られる立法関係資料の紹介と解題―」社会事業史学会『社会事業史研究（第 37 号）』2009 年。
- 寺脇隆夫「史資料紹介　旧法の全面改正＝生活保護法（新法）の立案過程―木村文書資料中に見られる立法関係資料の紹介と解題―その 2」社会事業史学会『社会事業史研究（第 38 号）』2010 年。
- 寺脇隆夫編『マイクロフィルム版　木村忠二郎文書資料　戦後創設期/社会福祉制度・援護制度史資料集成（第Ⅰ期）』柏書房、2010 年。
- 寺脇隆夫編『マイクロフィルム版　木村忠二郎文書資料　戦後創設期/社会福祉制度・援護制度史資料集成（第Ⅱ期）』柏書房、2011 年。
- 東京ソーシャルワーク編『How to 生活保護〔雇用不安対応版〕―申請・利用の徹底ガイド』現代書館、2010 年。
- 戸木田嘉久『労働運動の理論発展史―戦後日本の歴史的教訓（上）』新日本出版社、2003 年。
- 戸木田嘉久『労働運動の理論発展史―戦後日本の歴史的教訓（下）』新日本出版社、2003 年。
- Toshio Tatara 著、菅沼隆・古川孝順訳『占領期の福祉改革―福祉行政の

再編成と福祉専門職の誕生』筒井書房、1997年。
- 内藤誠夫『生活保護法の解釈』日本社会事業協会、1947年。
- 永井憲一・利谷信義・久保田譲・古関彰一・横田力『資料　日本国憲法Ⅰ　1945〜1949』三省堂、1986年。
- 仲村優一『生活保護への提言』全国社会福祉協議会、1978年。
- 仲村優一「占領期社会事業の源流」日本社会事業大学社会事業研究所編『日本社会事業大学社会事業研究所年報（第22号）』1986年。
- 仲村優一『仲村優一社会福祉著作集第5巻　公的扶助論』旬報社、2002年。
- 日本患者同盟四〇年史編集委員会編『日本患者同盟四〇年の軌跡』法律文化社、1991年。
- 日本社会事業専門学校編『現代社会事業の基礎（Basic Papers on Social Work）』日本社会事業協会、1950年（本書では、一番ヶ瀬康子・井岡勉・遠藤興一編『戦後社会福祉基本文献集3　現代社会事業の基礎』日本図書センター、2000年を使用）。
- 日本社会事業大学救貧制度研究会編『日本の救貧制度』勁草書房、1960年。
- 日本社会事業大学編『戦後日本の社会事業』勁草書房、1967年。
- 日本弁護士連合会生活保護問題緊急対策委員会編『生活保護法的支援ハンドブック』民事法研究会、2008年。
- 二宮厚美『憲法25条＋9条の新福祉国家』かもがわ出版、2005年。
- 二宮厚美『格差社会の克服―さらば新自由主義』新日本出版社、2007年。
- 二宮厚美『新自由主義の破局と決着―格差社会から21世紀恐慌へ』新日本出版社、2009年。
- 野中俊彦・中村睦男・高橋和之・高見勝利『憲法Ⅰ（第3版）』有斐閣、2001年。
- 橋本理子「占領期における民生委員制度改革―埼玉県の民生委員活動を中心に―」立正大学社会福祉学会編集委員会『立正社会福祉研究（第12巻第2号）』2011年。
- 橋本寿朗『現代日本経済史』岩波書店、2000年。
- 尾藤廣喜・小久保哲郎・吉永純編『生活保護「改革」ここが焦点だ！』あけび書房、2011年。
- 笛木俊一「生活保護制度の歴史的推移に関する覚書―生存権原理と補足性原理の視点から―」鉄道弘済会福祉センター弘済会館『社会福祉研究（第66号）』1996年。
- 笛木俊一「生活保護制度の歴史的推移に関する覚書・再論（その1）《補足性原則》の〈再構築〉の試みと《セイフティネット論》」全国公的扶助研究

〈参考文献〉

会『季刊　公的扶助研究（第179号）』萌文社、2000年。
・布川日佐史編『雇用政策と公的扶助の交錯』御茶の水書房、2002年。
・布川日佐史編『生活保護自立支援プログラムの活用〈1〉　策定と援助』山吹書店、2006年。
・布川日佐史『生活保護の論点　最低基準・稼働能力・自立支援プログラム』山吹書店、2009年。
・福祉国家と基本法研究会・井上英夫・後藤道夫・渡辺治編『新たな福祉国家を展望する―社会保障基本法・社会保障憲章の提言』旬報社、2011年。
・古畑義和「傾斜生産」大阪市立大学経済研究所『経済学辞典（第3版）』岩波書店、1992年。
・法学協会編『註解　日本国憲法（上巻）』有斐閣、1948年
・法学協会編『注解　日本国憲法（上巻）』有斐閣、1953年。
・法政大学大原社会問題研究所編『日本労働年鑑（第22集）』第一出版、1949年（本書では、労働旬報社による復刻版、1970年を使用）。
・法政大学大原社会問題研究所編『日本労働年鑑（第23集）』時事通信社、1951年。
・法政大学大原社会問題研究所編『日本労働年鑑（第24集）』時事通信社、1951年。
・前田達男「戦後日本における団結の『積極的承認』とその政治過程」金沢大学法学部『金沢法学（第32巻第1・2号）』1990年。
・松井茂記『日本国憲法（第3版）』有斐閣、2007年。
・宮沢俊義「新憲法の概要」国家学会編『国家学会雑誌（第60巻第10号）』有斐閣、1946年。
・宮田和明「社会救済（GHQ覚書）」社会福祉辞典編集委員会編『社会福祉辞典』大月書店、2002年。
・宮本憲一・遠藤宏一「分権型協同福祉社会と財政的自治の設計」宮本憲一・遠藤宏一編『セミナー現代地方財政Ⅰ―「地域共同社会」再生の政治経済学』勁草書房、2006年。
・村上貴美子『占領期の福祉政策』勁草書房、1987年。
・村上貴美子『戦後所得保障制度の検証』勁草書房、2000年。
・村川一郎編『日本政党史（下）』図書刊行会、1998年。
・村田隆史「生活保護制度の『稼働能力者』と失業対策の交錯～旧法の具体的運用と新法制定過程の分析を通じて～」医療・福祉問題研究会『医療・福祉研究（第18号）』2009年。
・村田隆史「保護申請時の福祉事務所の対応に関する問題点と改善への課題

―富山県富山市の実態調査結果から―」医療・福祉問題研究会『医療・福祉研究（第19号）』2010年。
- 村田隆史「『水際作戦』による保護請求権侵害の実態と構造に関する一考察～石川県金沢市を事例にして～」全国公的扶助研究会『季刊　公的扶助研究（第217号）』萌文社、2010年。
- 村田隆史「生活保護法における『自立』規定に関する一考察―小山進次郎氏の文献分析を通じて―」日本福祉図書文献学会『福祉図書文献研究（第9号）』2010年。
- 村田隆史「ホームレス生活への『転落』と生活保護行政～石川県金沢市における聞き取り調査報告～」金沢大学大学院人間社会環境研究科『人間社会環境研究（第21号）』2011年。
- 村田隆史「生活保護行政における保護請求権侵害の実態と構造～福井県A市を事例として～」日本社会福祉学会中部部会『中部社会福祉学研究（第2号）』2011年。
- 村田隆史「生活保護制度の制限扶助主義への転換と『第二次適正化政策』～1960年代『生活と福祉』の分析を通じて～」日本福祉図書文献学会『福祉図書文献研究（第10号）』2011年。
- 村田隆史「労働政策と公的扶助の交錯に関する史的考察～戦後直後の総合的失業対策実施過程の分析を中心に～」医療・福祉問題研究会『医療・福祉研究（第22号）』2013年。
- 村田隆史「社会福祉主事の構想をめぐる対立と専門性～黒木利克の文献分析を中心に～」日本福祉図書文献学会『福祉図書文献研究（第13号）』2014年。
- 村田隆史「生存権をめぐる対立と社会保障～憲法25条と生活保護法（旧法）の関連を中心に～」金沢大学大学院人間社会環境研究科『人間社会環境研究（第28号）』2014年。
- 村田隆史「最低生活保障の分析視点に関する史的考察」公益財団法人日本医療総合研究所『国民医療（第328号）』2015年。
- 村田隆史「社会保障研究の方法論に関する一考察～政策主体と社会運動の評価をめぐる対立を中心に～」日本福祉図書文献学会『福祉図書文献研究（第14号）』2015年。
- 村田隆史「社会保障の基本原理と憲法25条―社会保障改革における『自助・共助・公助』論の批判的検討―」医療・福祉問題研究会『医療・福祉研究（第25号）』2016年。
- 村田隆史「生活保護改善と社会運動の関連に関する一考察～全日土建と日

〈参考文献〉

患同盟を事例として〜」総合社会福祉研究所『総合社会福祉研究（第48号）』2017年。
・森清監訳『憲法改正小委員会秘密議事録―米国公文書公開資料―』第一法規出版、1983年。
・矢部洋三・古賀義弘・渡辺広明・飯島正義・貝塚亨編『現代日本経済史年表　1868―2006年』日本経済評論社、2008年。
・山口県商工労働部労政課編『山口県労働運動史（第一巻）』山口県、1974年。
・湯浅誠『反貧困―「すべり台社会」からの脱出』岩波書店、2008年。
・横山和彦・田多英範編『日本社会保障の歴史』学文社、1991年。
・横山壽一「一九世紀中葉イギリスの労働者生活と生命保険―簡易生命保険の生成と展開（上）」立命館大学経済学会『立命館経済学（第29巻第6号）』1981年。
・横山壽一「一九世紀中葉イギリスの労働者生活と生命保険―簡易生命保険の生成と展開（下）」立命館大学経済学会『立命館経済学（第30巻第1号）』1981年。
・横山壽一「社会保険と営利保険の交錯―1911年イギリス『国民保険法』下の『認可組合』制度と簡易生命保険団体」立命館大学経済学会『立命館経済学（第31巻第1号）』1982年。
・横山壽一『社会保障の市場化・営利化』新日本出版社、2003年。
・横山壽一『社会保障の再構築―市場化から共同化へ』新日本出版社、2009年。
・横山壽一「社会保障構造改革と自立を考える」『まなぶ（No.625）』労働大学出版センター、2009年。
・吉田久一「生活保護制度の成立過程について」日本歴史学会編『日本歴史（第280号）』吉川弘文館、1971年。
・吉田久一『吉田久一著作集1　日本社会福祉思想史』川島書店、1989年。
・吉田久一『吉田久一著作集2　日本貧困史』川島書店、1993年。
・吉田久一『吉田久一著作集3　改訂増補　現代社会事業史研究』川島書店、1990年。
・吉田久一・一番ヶ瀬康子編『昭和社会事業史への証言』ドメス出版、1982年。
・吉田裕編『日本の時代史26　戦後改革と逆コース』吉川弘文館、2004年。
・吉原健二・和田勝『日本医療保険制度史（増補改訂版）』東洋経済新報社、2008年。

295

- 労働省編『資料　労働運動史（昭和20－21年）』労務行政研究所、1951年。
- 労働省編『資料　労働運動史（昭和22年）』労務行政研究所、1952年。
- 労働省編『資料　労働運動史（昭和23年）』労務行政研究所、1952年。
- 労働省編『資料　労働運動史（昭和24年）』労務行政研究所、1952年。
- 労働省編『資料　労働運動史（昭和25年）』労務行政研究所、1952年。
- 労働省編『労働行政史（第二巻）』労働法令協会、1969年。
- 労働省職業安定局編『失業対策事業通史』雇用問題研究会、1996年。
- 労働省職業安定局失業対策課編『失業対策年鑑（昭和26年度版）』国際公論社、1952年（本書では、日本図書センターによる復刻版、2003年を使用）。
- 労働省職業安定局失業保険課編『失業保険十年史』1960年。
- 六波羅詩朗「生活保護法下における『生活保護百問百答』の役割―旧生活保護法を中心として―」日本社会事業大学社会事業研究所『日本社会事業大学社会事業研究所年報（第19号）』1983年。
- 六波羅詩朗「旧生活保護法の変容と民生委員の役割」日本社会事業大学社会事業研究所『日本社会事業大学社会事業研究所年報（第20号）』1984年。
- 六波羅詩朗「福祉事務所の成立と生活保護―新生活保護法制定期を中心として―」日本社会事業大学社会事業研究所『日本社会事業大学社会事業研究所年報（第21号）』1985年。
- 我妻栄「基本的人権」国家学会編『国家学会雑誌（第60巻第10号）』有斐閣、1946年。
- 渡辺治編『現代日本社会論』労働旬報社、1996年。
- 渡辺治編『高度成長と企業社会』吉川弘文館、2004年。
- 渡辺治・二宮厚美・岡田知弘・後藤道夫『新自由主義か新福祉国家か―民主党政権下の日本の行方』旬報社、2009年。

〈参考資料〉

- SCAPIN『Public Welfare（History of the Nonmilitary activities of the occupation of Japan, 1945-1951＝日本占領GHQ正史　Vol.23）』日本図書センター、1990年（〔解説・訳〕菅沼隆『GHQ日本占領史23　社会福祉』日本図書センター、1998年）。
- SCAPIN『Social Security（History of the Nonmilitary activities of the

〈参考資料〉

occupation of Japan, 1945-1951＝日本占領 GHQ 正史　Vol.24)』日本図書センター、1990 年〔解説〕箸方幹逸〔訳〕金蘭九/南雲和夫『GHQ 日本占領史 24　社会保障』日本図書センター、1996 年)。
・社会福祉調査会『生活と福祉（第 2 号）』1956 年。
・社会福祉調査会『生活と福祉（第 7 号）』1956 年。
・社会福祉調査会『生活と福祉（第 12 号）』1957 年。
・全国社会福祉協議会『生活と福祉（第 54 号）』1960 年。
・全国社会福祉協議会『生活と福祉（第 67 号）』1961 年。
・全国社会福祉協議会『生活と福祉（第 68 号）』1961 年。
・全国社会福祉協議会『生活と福祉（第 69 号）』1961 年。
・全国社会福祉協議会『生活と福祉（第 100 号）』1964 年。
・全国社会福祉協議会『生活と福祉（第 144 号）』1968 年。
・全国社会福祉協議会『生活と福祉（第 153 号）』1969 年。
・全国社会福祉協議会『生活と福祉（第 154 号）』1969 年。
・全国社会福祉協議会『生活と福祉（第 158 号）』1969 年。
・全国社会福祉協議会『生活と福祉（第 159 号）』1969 年。
・全国社会福祉協議会『生活と福祉（第 160 号）』1969 年。
・全国社会福祉協議会『生活と福祉（第 208 号）』1973 年。
・全国社会福祉協議会『生活と福祉（第 230 号）』1975 年。
・全国社会福祉協議会『生活と福祉（第 231 号）』1975 年。
・全国社会福祉協議会『生活と福祉（第 283 号）』1979 年。
・全国社会福祉協議会『生活と福祉（第 284 号）』1979 年。
・全日本産業別労働組合会議『労働戦線（第 41・42 合併号、1947 年 7 月 22 日号）』1947 年。
・全日本産業別労働組合会議『労働戦線（第 66 号、1947 年 12 月 21 日号）』1947 年。
・全日本産業別労働組合会議『労働戦線（第 149 号、1949 年 2 月 21 日号）』1949 年。
・全日本産業別労働組合会議『労働戦線（第 151 号、1949 年 3 月 2 日号）』1949 年。
・全日本産業別労働組合会議『労働戦線（第 195 号、1949 年 8 月 4 日号）』1949 年。
・全日本金属労働組合『労働者（第 122 号、1950 年 12 月 21 日号）』1950 年。
・東京土木建築労働組合本部『地下タビ（第 1 号、1947 年 1 月 15 日号）』1947 年。

- 東京土木建築労働組合本部『地下タビ（第2号、1947年2月1日号）』1947年。
- 東京土木建築労働組合本部『地下タビ（第3号、1947年3月31日号）』1947年。
- 東京土木建築労働組合本部『地下タビ（第4号、1947年4月25日号）』1947年。
- 東京土木建築労働組合本部『ぢかたび（第5号、1947年6月10日号）』1947年。
- 東京土木建築労働組合『じかたび（第15号、1948年9月5日号）』1948年。
- 東京土木建築労働組合『じかたび（第16号、1948年10月5日号）』1948年。
- 東京土建一般労働組合『じかたび（第17号、1948年12月25日号）』1948年。
- 東京土建一般労働組合『じかたび（第18号、1949年2月10号）』1949年。
- 東京土建一般労働組合『じかたび（第19号、1949年5月18日号）』1949年。
- 東京土建一般労働組合『じかたび（第20号、1949年10月20号）』1949年。
- 東京土建一般労働組合『じかたび（第21号、1949年12月10号）』1949年。
- 東京土建一般労働組合『じかたび（第22号、1950年1月17号）』1950年。
- 全日本土建一般労働組合・東京土建一般労働組合『ぢかたび—職人と自由労働者の新聞—（第23号、1950年4月中旬号）』1950年。
- 全日本土建一般労働組合・東京土建一般労働組合『ぢかたび—職人と自由労働者の新聞—（第24号、1950年4月下旬号）』1950年。
- 全日本土建一般労働組合・東京土建一般労働組合『ぢかたび—職人と自由労働者の新聞—（第25号、1950年5月上旬号）』1950年。
- 全日本土建一般労働組合・東京土建一般労働組合『ぢかたび—職人と自由労働者の新聞—（第26号、1950年5月中旬号）』1950年。
- 全日本土建一般労働組合・東京土建一般労働組合『ぢかたび—職人と自由労働者の新聞—（第27号、1950年5月下旬号）』1950年。
- 全日本土建一般労働組合・東京土建一般労働組合『ぢかたび—職人と自由労働者の新聞—（第28号、1950年6月上旬号）』1950年。
- 全日本土建一般労働組合・東京土建一般労働組合『じかたび—職人と自由労働者の新聞—（第29号、1950年6月中旬号）』1950年。
- 全日本土建一般労働組合・東京土建一般労働組合『じかたび—職人と自由労働者の新聞—（第30号、1950年6月下旬号）』1950年。
- 全日本土建一般労働組合・東京土建一般労働組合『じかたび—職人と自由労働者の新聞—（第32号、1950年7月上中旬合併号）』1950年。

- 全日本土建一般労働組合・東京土建一般労働組合『じかたび―職人と自由労働者の新聞―（第33号、1950年7月11号）』1950年。
- 全日本土建一般労働組合・東京土建一般労働組合『じかたび―職人と自由労働者の新聞―（第34号、1950年8月1日号）』1950年。
- 日本療養所患者同盟『健康会議（創刊号）』1949年。
- 日本療養所患者同盟『健康会議（第1巻2号）』1949年。
- 日本療養所患者同盟『健康会議（第1巻3号）』1949年。
- 日本療養所患者同盟『健康会議（第1巻4号）』1949年。
- 日本療養所患者同盟『健康会議（第1巻5号）』1949年。
- 日本療養所患者同盟『健康会議（第1巻6号）』1949年。
- 日本療養所患者同盟『健康会議（第1巻7号）』1949年。
- 日本療養所患者同盟『健康会議（第1巻8号）』1949年。
- 日本療養所患者同盟『健康会議（第1巻9号）』1949年。
- 日本療養所患者同盟『健康会議（第1巻10号）』1949年。
- 日本療養所患者同盟『健康会議（第2巻1号）』1950年。
- 日本療養所患者同盟『健康会議（第2巻2号）』1950年。
- 日本療養所患者同盟『健康会議（第2巻3号）』1950年。
- 日本療養所患者同盟『健康会議（第2巻4号）』1950年。
- 日本療養所患者同盟『健康会議（第2巻5号）』1950年。
- 日本療養所患者同盟『健康会議（第2巻6号）』1950年。
- 日本療養所患者同盟『健康会議（第2巻7号）』1950年。
- 日本療養所患者同盟『健康会議（第2巻8号）』1950年。
- 日本療養所患者同盟『健康会議（第2巻9号）』1950年。
- 日本療養所患者同盟『健康会議（第2巻10号）』1950年。

〈参考ホームページ〉

- 国立国会図書館「帝国議会会議録検索システム」〈http://teikokugikai-i.ndl.go.jp/〉
- 国立国会図書館「国会会議録検索システム」〈http://kokkai.ndl.go.jp/〉

あとがき

　本書は、筆者が2012年度に金沢大学大学院人間社会環境研究科に提出した博士学位請求論文「生活保護法の成立過程に関する研究～最低生活保障をめぐる対立を中心に～」をもとにし、加筆・修正を行ったものである。

　金沢大学では、主任指導教員（論文審査委員長）の横山壽一先生をはじめ、論文審査委員の井上英夫先生、伍賀一道先生、石田道彦先生、森山治先生や前田達男先生、武田公子先生にご指導いただいた。「権利としての社会保障を、横山先生、井上先生、伍賀先生から学びたい」と金沢大学大学院に進学したが、正しい選択だったと確信している。厳しくも温かい先生方ばかりで、5年半の大学院生活は本当に貴重な時間だった。研究面で直接的に指導いただくことは減っているが、先生方が今でも研究成果を出し続けることによって、いかに自分が研究者として未熟であるかを実感させられる。もっと成長していかなければならない。

　2012年度に提出した博士学位請求論文の出版が、この時期まで遅れたことについても説明したい。論文の審査過程で、先生方からいくつかの課題が指摘された。当初はその課題を解決してから出版しようと思っていたが、与えられた課題は大きく、また、全てを修正すると論文全体のバランスが崩れる可能性もあった。そのため、出版自体をもう諦めていた。そのような時、周りの方々から「出版の意義がある」と励ましをいただき、博士学位請求論文を加筆・修正することで出版する決意をした。論文の審査過程で与えられた課題には、今後応えていくつもりである。生活保護

法成立過程の研究動向に大きな変化はないが、最新の成果をふまえられていない部分もある。それも含めて、本書の評価については読者の判断に委ねたい。

　全員の名前を挙げることはできないが、本書の出版までには本当に多くの方にお世話になった。金沢大学大学院生の時には、医療・福祉問題研究会で議論や発表の場を与えていただいた。医療・福祉の現場にいる実践者（研究者）と大学にいる研究者が一緒に議論できる貴重な機会だった。いずれは、自分でも医療・福祉問題研究会のような研究会を作りたいと考えている。大学院の先輩でもある河野すみ子さんには、研究会の運営や研究への助言だけではなく、時には先生方への愚痴も聞いていただいた。

　幸いにも、博士後期課程在学中の2012年4月に八戸大学（現・八戸学院大学）で職を得た。知っている人が誰もいない、新しい土地で大学教員としてスタートした。教員としては未熟な筆者を多くの教職員や学生がサポートしてくれた（現時点でも未熟であるとは自覚している）。とくに、吉田稔先生、遠藤守人先生、瀧澤透先生、木鎌耕一郎先生には、大学教員としてのあり方を教えていただいた。

　2015年9月からは、青森県立保健大学で働く機会を得た。ここでも、多くの教職員や学生からサポートをいただいている。現任校故に、個別の名前を挙げることは差し控えるが、社会福祉学科の先生方は研究・教育・社会貢献で優れた実践を行っており、筆者自身も刺激を受けている。他学科の先生方からは、社会科学の研究者とは違う視点で助言をいただいている。何よりも、十分に研究できる環境を与えてくださる大学関係各位には感謝申し上げたい。また、八戸学院大学と青森県立保健大学では、多くの学生がゼミに所属してくれた。けっして真面目に勉強しているだけで

はないが、一緒に貴重な時間を過ごさせてもらっている。

　青森県に住んで7年目を迎えるが、県内の医療・福祉の実践者の方からも多くのことを学ばせてもらっている。青森県社会福祉士会でも学びや活動の機会をいただいている。これからも多くの学生（ゼミ生）が医療・福祉の実践者になると思うが、卒業生を含む医療・福祉の実践者と一緒に学んでいきたいと考えている。

　本書が出版にいたった経緯についても述べておきたい。

　青森県の大学に着任してから、社会保障研究者と議論することが減っていた。研究環境に悩んでいた時、芝田英昭先生に芝田先生が代表をされている社会保障政策研究会に誘っていただいた。年に数回、立教大学で開催される社会保障政策研究会に参加していたが、研究成果を自治体研究社から出版する機会を得ていた。研究会には、自治体研究社のOB編集者である越野誠一さんが参加していた。単著の出版を諦めたということを話したところ、話を聞いてくださった。そして、自治体研究社の編集部に相談してくださり、今回の出版にいたった。筆者のような無名な若手研究者の出版を後押ししてくださった、自治体研究社編集部の寺山浩司さんと深田悦子さんにも感謝の気持ちでいっぱいである。今回は、大学入学後に初めて読んだ中西啓之『日本の地方自治―理論・歴史・政策―』（自治体研究社、1997年）や小川政亮『増補新版　社会保障権―歩みと現代的意義』（自治体研究社、1995年）の編集者だった越野さんが担当してくださり大変心強かった。

　最後になるが、家族と恩師への感謝を述べたい。父・治夫、母・貴美子には研究者になるまでに様々なサポートをしてもらった。「中学校の社会の先生になる」と都留文科大学に進学したが、「大学院に行って研究者になる」と目標を変更した。決して、両親と

は社会保障などに関する考え方が合うわけではないが、応援し続けてくれた。

　そして、本書を都留文科大学文学部社会学科の武居秀樹先生（故人）に捧げることをお許し願いたい。武居先生には地方自治論ゼミで3年間ご指導いただいた。研究の意義や難しさ、楽しさを教えてくれた恩師である。しかし、私が卒業した年の2007年11月に倒れられ、長い闘病の末、2010年10月に54歳の若さで亡くなった。今でも、武居先生の背中を追い続けている。

　　　　　　2018年3月　春が近づいてきた青森にて
　　　　　　　　　　　　　　　　　　　　村田隆史

〈著者〉

村田　隆史（むらた　たかふみ）

1984年4月、福井県福井市生まれ。
青森県立保健大学健康科学部社会福祉学科 講師。博士（経済学）。社会福祉士。

[学歴]
　2007年3月：都留文科大学文学部社会学科 卒業
　2009年3月：金沢大学大学院人間社会環境研究科（博士前期課程）修了
　2012年9月：金沢大学大学院人間社会環境研究科（博士後期課程）修了

[職歴]
　2012年4月：八戸大学（現・八戸学院大学）人間健康学部 助教
　2013年4月：八戸学院大学人間健康学部 講師
　2015年9月：青森県立保健大学健康科学部社会福祉学科 講師

[主要著書・論文]
・『基礎から学ぶ社会保障』（共著）（第6章「労働保険」）自治体研究社、2013年4月
・『増補改訂　基礎から学ぶ社会保障』（共著）（第9章「生活保護」）自治体研究社、2016年3月
・『高齢期社会保障改革を読み解く』（共著）（第7章「高齢者世帯の増加と生活保護「改革」」）自治体研究社、2017年8月
・「最低生活保障の分析視点に関する史的考察」『国民医療（第328号）』2015年11月
・「社会保障研究の方法論に関する一考察〜政策主体と社会運動の評価をめぐる対立を中心に〜」『福祉図書文献研究（第14号）』2015年11月
・「社会保障の基本原理と憲法25条―社会保障改革における「自助・共助・公助」論の批判的検討」『医療・福祉研究（第25号）』2016年3月

生活保護法成立過程の研究

2018年 4月20日　初版第1刷発行
2018年11月30日　初版第2刷発行

　　　　　　　　　著　者　村田　隆史
　　　　　　　　　発行者　福島　譲

　　　　　　　　　発行所　㈱自治体研究社
　　　　　　　　　　〒162-8512 新宿区矢来町123 矢来ビル4F
　　　　　　　　　　TEL：03・3235・5941／FAX：03・3235・5933
　　　　　　　　　　http://www.jichiken.jp/
　　　　　　　　　　E-Mail：info@jichiken.jp

ISBN978-4-88037-679-0 C3036　　　　　　　　印刷：モリモト印刷株式会社
　　　　　　　　　　　　　　　　　　　　　　DTP：赤塚　修

自治体研究社

高齢期社会保障改革を読み解く
　　　　　　　社会保障政策研究会・芝田英昭編著　定価（本体1600円＋税）
医療・介護・年金・生活保護の現状を分析して、市場化、産業化に向かう社会保障政策の欠陥を明らかにする。市民目線による改革案を提示。

基礎から学ぶ社会保障　［増補改訂］
　　　　　　　　　　　　芝田英昭編著　定価（本体2500円＋税）
人権としての社会保障の歴史的発展を踏まえて、その仕組みと原理を分かりやすく解説。社会福祉士・精神保健福祉士養成カリキュラム準拠。

社会保障のしくみと法
　　　　　　　　　　　　伊藤周平著　定価（本体2700円＋税）
判例を踏まえて、生活保護、年金、医療保障、社会福祉、労働保険の法制度を概観して、社会保障全般にわたる課題と関連する法理論を展望。

社会保障改革のゆくえを読む
　──生活保護、保育、医療・介護、年金、障害者福祉
　　　　　　　　　　　　伊藤周平著　定価（本体2200円＋税）
私たちの暮らしはどうなるのか。なし崩し的に削減される社会保障の現状をつぶさに捉えて、暮らしに直結した課題に応える。［現代自治選書］

新しい国保のしくみと財政
　──都道府県単位化で何が変わるか
　　　　　　　　　神田敏史・長友薫輝著　定価（本体1800円＋税）
国民健康保険の運営が都道府県単位に変わった。市町村の役割はどうなるのか。保険料はどうなるのか。新しいしくみのポイントを平易に解説。